民藏论丛

主编/郭齐勇 李军

·2022·

本书获贵州省孔学堂发展基金会资助

孔學堂書局

本书获贵州省孔学堂发展基金会资助

图书在版编目（CIP）数据

民藏论丛 / 郭齐勇, 李军主编. — 贵阳：孔学堂书局, 2022.8
ISBN 978-7-80770-383-9

Ⅰ. ①民… Ⅱ. ①郭… ②李… Ⅲ. ①民本思想—中国—古代—文集 Ⅳ. ①D092.2-53

中国版本图书馆CIP数据核字（2022）第123158号

民藏论丛

MINZANG LUNCONG　　主编　郭齐勇　李　军

责任编辑：陈　真　禹晓妍
版式设计：张　莹
责任印制：张　莹

出　　品：贵州日报当代融媒体集团
出版发行：孔学堂书局
地　　址：贵阳市云岩区宝山北路372号
印　　制：深圳市新联美术印刷有限公司
开　　本：787mm×1092mm　1/16

字　　数：291千字
印　　张：21.25
版　　次：2022年8月第1版
印　　次：2022年8月第1次
书　　号：ISBN 978-7-80770-383-9
定　　价：98.00元

编辑委员会

目 录

特稿

《民藏》研究

《民藏》编纂

特稿

在编纂中传承，在传承中创新

韩 进

今天是武汉大学、贵阳孔学堂文化传播中心、贵州省孔学堂发展基金会三方《合作编纂〈民藏〉备忘录》的签约仪式，这是一桩盛事，我代表武汉大学表示热烈祝贺！

武汉大学文史哲诸学科历史悠久、底蕴深厚，是一方重镇，曾经有黄侃、刘永济、唐长孺、吴于廑、萧萐父等一大批硕学鸿儒在这里著书立说、教书育人，目前宗福邦、冯天瑜、郭齐勇、於可训等知名教授在这里传道授业、金针度人。武汉大学始终站在推动中华优秀传统文化传承创新的前列，现有中国传统文化研究中心、国学院、古籍整理研究所、简帛研究中心等重要中华优秀传统文化传承研究机构，推出过《故训汇纂》《中国古代文学编年史》等等传世之作、经典之作。继去年在京发布《古音汇纂》之后，哲学院郭齐勇教授主编的《中国哲学通史》（10卷本）、文学院吴光正教授主编的《中国宗教文学史》（12卷25册本）也即将完整推出，值得我们期待。

习近平总书记指出，要科学对待文化传统，不忘历史才能开辟未来，善于继承才能善于创新。优秀传统文化是一个国家、一个民族传承和发展的根本，如果丢掉了，就割断了精神命脉。民本思想是中华优秀传统文化的精华，

作者简介：韩进，武汉大学党委书记。本文系作者2021年10月29日在《合作编纂〈民藏〉备忘录》协议签约仪式上的讲话。

其源远流长、博大精深，对中华文明的发展具有重要作用。新时代为深入开展民本思想编纂研究提供了契机。习近平总书记指出：“要治理好今天的中国，需要对我国历史和传统文化有深入了解，也需要对我国古代治国理政的探索和智慧进行积极总结。”此外，习近平总书记在不同场合的讲话中引用“民惟邦本，本固邦宁”“知屋漏者在宇下，知政失者在草野”“圣人无常心，以百姓之心为心”“德莫高于爱民，行莫贱于害民”“利民之事，丝发必兴；厉民之事，毫末必去”等传统民本思想，展示了党和国家领导人“人民至上”“人民为大”的情怀和理念。

盛世修典，太平纂帙。武汉大学、贵阳孔学堂文化传播中心、贵州省孔学堂发展基金会三方合作编纂《民藏》，对传统民本思想进行深入系统的整理研究，既是讲好中国故事的生动素材，更是展示中华文化的重要标识，立意高远，影响深远。启动《民藏》系列丛书编纂与研究工作，系统收集整理体现传统民本思想的相关文献典籍，有利于更好地保存、继承、利用和发展传统民本思想，让传统民本思想成为中华文化重要的活水源头。

感谢李军副书记首倡、擘画这一浩大的文化工程，并推动这一工程进入实质性实施阶段。谨向“儒学大家”郭齐勇教授致谢，您不顾年迈，亲自出征挂帅担任《民藏》总编纂，这种精神、这种情怀令人感佩。谨向贵州省孔学堂发展基金会致谢，支持这一宏大文化工程绝对是大气度、大手笔，体现了高度的文化使命意识和文化担当精神。也感谢湖北省社科联喻立平书记在现场见证这一重要时刻并表示支持这一文化工程。

希望这一文化工程在开放协同的框架下，邀约汇聚全国高校、科研机构、出版机构的专家学者来共同参与。也希望国学院、古籍整理研究所、中国传统文化研究中心、文学院、历史学院、哲学学院等武汉大学的文史哲研究与教学单位，有更多的专家学者响应这一文化工程。此外，武汉大学人文社会科学研究院要将这一工作列入重要学术发展规划，并为这一工程的顺利推进提供必要保障。期待这一文化工程赢得广泛的学界共识，产生很好的社会影响，最终能够获得国家和省级层面有关部委、部门的重视和支持。

希望编纂委员会能够加强顶层设计，在研究中编纂，在编纂中传承，在传承中创新，以赓续中华文明、讲好中国故事为旨归，以推进中华优秀传统文化与马克思主义更好融合、推动中华优秀传统文化现代转型为方向，切实规划好、统筹好、实施好编纂计划，并着力在传统民本思想精华的提炼阐释上下功夫、在典籍资源的活化利用上下功夫、在价值理念的融入融合上下功夫。也祝今天下午举行的《民藏》编纂工作研讨会取得预期的成果。

“其作始也简，其将毕也必巨。”图难于其易，为大于其细。我相信这一文化工程一定能够立得住、传得开、留得下，一定能够为建构中国特色哲学社会科学体系提供新的文化支持，一定能够为推动党的理论创新提供新的文化滋养。让我们拭目以待。

《民藏》是功德无量的学术文化工程

李　军

今天特别高兴能参加武汉大学与贵州省孔学堂发展基金会、贵阳孔学堂文化传播中心合作签约及《民藏》编纂委员会编辑部揭牌仪式，见证《民藏》编纂研究这一大型学术文化工程正式启动。这个项目之所以能这么快进入实质性实施阶段，与韩进书记、沈壮海副书记等武汉大学校领导的高度重视、大力支持，与武汉大学国学院以及相关院所众多专家学者的积极响应、热情参与是密不可分的。在此，我作为《民藏》工程项目的提出者和参与者之一，首先对各位领导和专家学者表示衷心的感谢！

早在2014年，武汉大学就和贵阳孔学堂文化传播中心开展了非常密切的合作。我记得很清楚，2014年8月份，韩进书记应邀带队专程到贵阳孔学堂指导工作，和贵州省文明委签订了武汉大学入驻孔学堂开展中华文化研究活动的协议书，并决定在孔学堂设立武汉大学国学研究基地。7年多来，双方在科研立项、学术研究、学术讲座、学生社会实践等方面深入合作，取得了喜人成绩。目前，在孔学堂入驻的高校有几十所，包括北京大学、清华大学、中国人民大学、四川大学、复旦大学、华东师范大学等，各个学校都开展了一些活动，我觉得武大是其中做得特别好的。郭齐勇先生担任孔学堂学术委

作者简介：李军，时任海南省委副书记，研究员。本文系作者2021年10月29日在《合作编纂〈民藏〉备忘录》协议签约仪式上的讲话。

员会主席，吴根友、欧阳祯人、陈文新、孙劲松等武汉大学教授担任孔学堂学术委员会委员，积极参与孔学堂的很多学术活动，比如在孔学堂书局出书、在《孔学堂》杂志发表文章、在孔学堂的明伦堂、阳明大讲堂开展讲座等，可以说丰富多彩，成果丰硕。这次启动《民藏》工程，表明武汉大学与贵阳孔学堂文化传播中心的合作进入到一个更高的层次，必将产生更广泛的影响。

刚才听了韩书记和各位领导、专家的发言，我深受启发，因此谈三点体会。大家知道，民本思想是中华优秀传统文化的重要内容，在中国传统治国之道中历来被奉为指导思想而居于首要位置。进入新时代，在习近平总书记“创造性转化、创新性发展”方针指引下，启动《民藏》编纂与研究这一集学术性、实用性和普及性为一体的学术文化工程，系统整理和利用源远流长、博大精深的民本思想文献，实乃功德无量，具有多方面的重大意义。

一、这是坚持古为今用、推陈出新，探索国家治理体系和治理能力现代化的迫切需要

实现国家治理体系和治理能力的现代化，是我们党确保民主执政、科学执政、有效执政、长期执政的一项恢宏目标和艰巨任务。习近平总书记反复强调：“一个国家的治理体系和治理能力是与这个国家的历史传承和文化传统密切相关的。解决中国的问题只能在中国大地上探寻适合自己的道路和办法。”习近平总书记深刻指出：“在漫长的历史进程中，中华民族创造了独树一帜的灿烂文化，积累了丰富的治国理政经验，其中既包括升平之世社会发展进步的成功经验，也有衰乱之世社会动荡的深刻教训。我国古代主张民惟邦本、政得其民，礼法合治、德主刑辅，为政之要莫先于得人、治国先治吏，为政以德、正己修身，居安思危、改易更化，等等，这些都能给人们以重要启示。治理国家和社会，今天遇到的很多事情都可以在历史上找到影子，历史上发生过的很多事情也都可以作为今天的镜鉴。中国的今天是从中国的

昨天和前天发展而来的。要治理好今天的中国，需要对我国历史和传统文化有深入了解，也需要对我国古代治国理政的探索和智慧进行积极总结。”这些重要指示为国家治理体系和治理能力现代化指明了“古为今用、推陈出新”的努力方向。

作为我国古代治国理政思想的核心，民本思想无疑是中华优秀传统文化最闪光的精华，也是最值得总结提炼、传承发展的。党的十八大以来，习近平总书记把惠民利民、安民富民，重视民心民意等民本思想精华运用到治国理政的实践中，在系列重要讲话中多次引用“治国有常，而利民为本”等经典，强调“惠民利民，安民富民是中华文明鲜明的价值导向”，使民本思想在新的历史条件下得到充分发扬。2018 年 6 月，习近平总书记在十九届中央政治局第六次集体学习时，引用了朱熹的名言“国以民为本，社稷亦为民而立”，并借用这句古语强调加强党的政治建设，要紧扣民心这个最大的政治，把赢得民心民意、汇集民智民力作为重要着力点。在党的十九大报告中，习近平总书记更把“坚持以人民为中心”作为新时代坚持和发展中国特色社会主义的基本方略之一。在一年多来的新冠肺炎疫情防控中，习近平总书记多次强调“人民至上”的方针。就在前天，习近平总书记在中华人民共和国恢复联合国合法席位 50 周年纪念会议上的讲话中，便引用了《淮南子》中的名句：“为治之本，务在于安民；安民之本，在于足用”。这充分证明，民本思想在当今时代仍具有旺盛的生命力，对我国推进国家治理体系和治理能力现代化有着诸多启发和实践意义。这是启动《民藏》编纂工程的重要政治价值和时代价值。

二、这是坚定文化自信，推进马克思主义与中华优秀传统文化相结合的迫切需要

文化自信，是一个国家、一个民族更基础、更广泛、更深厚的自信。正如习近平总书记指出的，“坚定文化自信，是事关国运兴衰、事关文化安全、

事关民族精神独立性的大问题”，“没有高度的文化自信，没有文化的繁荣兴盛，就没有中华民族伟大复兴”。中国人民和中华民族的文化自信，源自5000年源远流长的中华璀璨历史文明和博大精深的中华优秀传统文化。环顾世界，中华文明是唯一一个没有中断的文明，而在5000年文明发展中孕育的中华优秀传统文化，体现了中国人的知识智慧，是中华民族独特的精神标识。中国自秦朝以来虽然经历了朝代更迭，但总体上能够保持大一统的局面，这跟我们极具特色的传统文化有着密不可分的关系。

我们党是马克思主义的忠实继承者和成功实践者，也是中华优秀传统文化的忠实继承者和弘扬者。马克思主义是中国共产党人理想信念的灵魂，中华优秀传统文化是中华民族的根和魂。中华优秀传统文化中的许多思想与马克思主义相融相通，民本思想就是其中最为融通的。比如，我们党提出的“全心全意为人民服务”的根本宗旨，一方面来自马克思主义的人民观，另一方面也与中华优秀传统文化中“爱民、保民、安民、顺民、富民、乐民”等许多民本思想一脉相承。再比如，我们党在改革开放新时期提出“小康社会”的目标，在新时代鲜明提出的“人民对美好生活的向往，就是我们的奋斗目标”等，既得到了马克思、恩格斯关于“无产阶级的运动是绝大多数人的，为绝大多数人谋利益的独立的运动”“生产将以所有的人富裕为目的”等思想的科学指引，也得到了中华优秀传统文化中“裕民、富民、乐民”等民本思想的滋养。事实上，我们党的很多重要观点，都可以从民本思想中找到端倪。“江山就是人民，人民就是江山，人心向背关系党的生死存亡”，就受到了“得民心者得天下”的启发；“人民群众是各项政策目标的惠及者，政策好与坏，干部优与差，群众最有发言权”，与“知屋漏者在宇下，知政失者在草野”有异曲同工之效。而民本思想里有很多观点，比如，“政之所兴在顺民心，政之所废在逆民心”“治理之道，莫要于安民；安民之道，在于察其疾苦”“利民之事，丝发必兴；厉民之事，毫末必去”等，都可以直接用在我们党治国理政的实践中，没有任何隔阂。我注意到，沈壮海副书记最近出版了一本新著，叫《人民最大》，影响很大，被列入多个重点书目、畅销书目。这本书分别从最大底气、最大政治、最大政治优势、最大政绩、最大幸福等进行全面解读，引用了很多民本思想中的名言警句，令人耳目一新、印象深刻。可见，民本思想是推动马克思主义与中华优秀传统文化相融合的重要内容。

习近平总书记在庆祝中国共产党成立100周年大会上的重要讲话中强调，要坚持把马克思主义基本原理同中国具体实际相结合、同中华优秀传统文化相结合。坚持文化自信，推进马克思主义与中华优秀传统文化相结合，就必须对中国优秀传统文化进行深入挖掘，全面了解我们的民本思想，把其融入马克思主义的创新发展过程中，使马克思主义更加具有中国内容、中国作风和中国气派，也让民本思想焕发新的生机活力。

三、这是系统整理民本思想遗产，推动民本思想实现当代转化的迫切需要

习近平总书记多次指出，要加强古籍典藏的保护修复和综合利用，深入挖掘古籍蕴含的哲学思想、人文精神、价值理念、道德规范，推动中华优秀传统文化创造性转化、创新性发展。做好古籍工作，把祖国宝贵的文化遗产保护好、传承好、发展好，对赓续中华文脉、弘扬民族精神、增强国家文化软实力、建设社会主义文化强国具有重要意义。为此要提升古籍整理研究和编辑出版能力，根据不同类型古籍的具体情况，有针对性地做好整理研究和编辑出版，系统整理蕴含中华优秀传统文化核心思想理念、中华传统美德、中华人文精神的古籍文献，为治国理政提供有益借鉴。

中国历来有整理文化遗产的传统，其中的集大成者称之为“藏”，蕴含有“宝藏”之意。我国历史上曾多次把佛教经典及其注疏编纂为《大藏经》，也曾多次把道教经典及其注疏编纂为《道藏》。前辈们提出过编纂《儒藏》，但一直没有实现，直到20世纪90年代，四川大学舒大刚教授首先提出，后来北京大学也着手，《儒藏》工程轰轰烈烈开展起来，迄今已经进行了20多年。

川大版《儒藏》被列为该校承担的国家“211 工程”“985 工程”规划项目、山东省“十二五”“十三五”时期文化改革发展规划纲要重点项目以及中国孔子基金会、贵阳孔学堂重大项目，共计 650 种，总字数接近 5 亿字，目前，已出版 453 种，计划在今年完成剩余种数的出版工作。北大版《儒藏》先后被列为教育部哲学社会科学研究重大课题攻关项目，“十一五”“十二五”国家重大出版工程规划（重点图书出版规划项目）。从 2016 年开始，《儒藏》（精华编）连续获得国家出版基金资助。2014 年习近平总书记视察北大时，亲切探望总编纂汤一介先生，询问《儒藏》编纂情况，并称赞其为中华传统文化继承、发展、创新作出了重要贡献。目前，《儒藏》（精华编）中国部分 282 种已于 2020 年 4 月全部出版，韩、日、越三国的编纂工作也在进行中。《儒藏》全本的编纂也进入实质性阶段。另外，还有山东大学于 2010 年启动《子海》整理与研究项目，华东师范大学 2010 年启动《子藏》编纂项目。这些重大文化工程，为弘扬中华优秀传统文化起了基础性作用，也成为中华文化当代复兴重要的标志性成果。并且，通过组织实施这几个重大学术项目，对北京大学、四川大学、山东大学等高校吸引、培养学术科研人才，提升古籍整理与保护，提高古典文献、中国史、中国哲学史、汉语史、文学史等相关学科建设水平，增强学校在国内外的学术影响力和社会影响力都作出了重大贡献。

遗憾的是，虽然历朝历代及至我们党都十分注重民本思想，但迄今民本思想一直没有得到系统深入的整理，散见于相关文献典籍之中。这次启动《民藏》编纂工作，目的就是通过对民本思想相关文献资料的收集、整理，为今后相应领域的学术研究奉献系统的文献史料，进而与时俱进地开展深入研究，应该说填补了中华文化民本思想整理、传承、研究的重大空白。这次《民藏》收书范围将突破传统，不仅收录常见的传世文献，而且收录新发现（出土）的文献和域外文献。历朝历代汇编的典藏文献为编纂《民藏》打下了基础，《民藏》将尽量继承和吸收上述各种典藏已经取得的成果，同时还将尽量搜集不曾收入上述各书的各种文献典籍，包括海外文献典籍，并对收集的文献资料进行精编。《民藏》收录的文献，经过简明校勘及新式标点，以简体、横排的方式印刷出版，还将制作成可供全文检索的电子文本，便于阅读和利用，以更好地满足文化传承和学术研究的需要，为研究民本思想及相关领域的学者提供一个权威、全面的平台。在此基础上，将对《民藏》进行持续研究，使有关民本思想的著述更加丰富完备、更加体现时代特色，推动民本思想实现“创造性转化、创新性发展”。

刚才韩书记讲到，武汉大学的文史哲是老牌的优势专业，还谈到老一辈学者的风骨，让人敬仰。早在20世纪80年代武汉大学就成立了古籍整理研究所，是受教育部全国高校古籍整理和研究工作委员会首批直接指导、资助的23家高校实体研究所（中心）之一。武汉大学古籍所成立后，先后完成了《汉语大字典》《故训汇纂》《古音汇纂》等多项国家级、省部级大型文化工程和重大科研项目。另外，20世纪90年代武汉大学还组建了中国传统文化研究中心，后来被列为教育部人文社会科学重点研究基地和国家“985工程”创新基地。2001年，武汉大学在国内率先创办国学本科试验班，2010年又成立国学院。这样的例子很多，我就不一一列举，这些都充分说明武汉大学在编纂研究《民藏》方面具有雄厚的科研力量和人才优势，我相信以武汉大学学术力量为主，加上相关高校和科研院所的力量，完全能够完成好这项工程。

当然，这个堪称学术文化领域的“三峡”工程，绝非一家之力、一日之功所能完成的，需要各方通力合作、持之以恒地攻坚克难、深入推进。近期我们了解了一下，北京大学和四川大学编纂《儒藏》项目得以持续顺利进行的主要经验有：一是积极争取中央领导、国家部委和地方的重视支持，确保项目有充足的经费保障。二是建立学术能力过硬的专业研究团队。北京大学设立了“《儒藏》编纂与研究中心”，有十几个专职研究人员，并将完成课题与培育人才紧密结合起来，开设“儒家思想与儒家经典”研究方向，2007

年开始每年招收6名博士研究生。学生入学后一边参与《儒藏》编纂工作，一边系统学习。毕业后有的就去北京大学出版社担任《儒藏》编辑。四川大学古籍所也招收了相关专业的特聘教授、副教授、专职博士后承担《儒藏》科研项目，促进了一批青年学术骨干的成长，同时还广泛邀请海内外学者，包括返聘一些退休专家参与项目课题研究。

受到北京大学、四川大学推进项目的启发，我建议：一是争取将《民藏》编纂列入国家级项目。二是组建一流的研究整理队伍。刚才韩书记在讲话中希望武汉大学的文史哲、国学院、古籍所等各个院所积极参与，这令人鼓舞。将来可以招聘一些研究传统民本思想的专职教师，聘请一些近年来退休的教授专家，招收一批相关研究方向的师资博士后、项目博士后，参与《民藏》工程。建议武汉大学在国家儒学专项指标、全日制和非全日制博士指标方面对这个项目予以倾斜。今天双方签订的协议里面有一条内容非常好："甲方（武汉大学）把《民藏》编撰列入人文社科发展重点规划，并且为该项政策顺利实施提供政策支持和相应工作保障，在乙方（孔学堂）设立博士后创新实践基地，以《民藏》项目编纂为主要任务，培养国学专业博士后。"博士后出站后可以到孔学堂高等研究院工作。贵阳孔学堂高等研究院是双轨制，既可以走管理系列，也可以评学术职称，现在比较缺乏传统文化的学术人才，可以通过实施这个项目，发现、引进一些高层次人才。

《民藏》项目之应该与可能

李　军

非常高兴今天能有机会在武汉大学与各位专家见面请益，就《民藏》编纂与研究工作在一起交流。首先做一个简单的自我介绍，否则有的老师可能会纳闷，为什么一个政府官员会参与这么一个古籍整理方面的学术研讨会。

我是武汉大学 1978 级中文系的本科生，1982 级古典文献学专业的硕士研究生，是武汉大学古籍整理研究所的首批研究生。20 世纪 80 年代初，国家教育部之所以在武汉大学等高校开设古籍所，是因为在“文化大革命”中，古籍整理出版事业遭到严重破坏，陈云同志为此多次大声疾呼。大家可以看到《陈云文选》里面有一篇《整理古籍是继承祖国文化遗产的一项重要工作》，就是陈云同志对古籍整理的多次重要谈话内容。1981 年 9 月，中共中央据此下发了《关于整理我国古籍的指示》，所以要感谢陈云等老一辈革命家，让我非常幸运地成了古籍所的研究生。当时黄焯老先生①还健在，周大璞先生②是古籍所所长，都是我们几位研究生的指导老师。我的硕士毕业论文题目是《世说新语版本杂考》，周大璞先生点评到，这篇论文“探讨其书的本名、

作者简介：李军，时任海南省委副书记，研究员。本文系作者 2021 年 10 月 29 日在《民藏》编纂工作研讨会上的发言。

① 黄焯（1902—1984），著名语言文字学家，国学大师黄侃之侄。曾在南京任教，后任武汉大学中文系教授和博士生导师、中国语言学会理事、中国训诂学研究会顾问、湖北省语言学会顾问。

② 周大璞（1909—1993），著名语言学家，中国训诂学会副会长，曾任武汉大学中文系教授、系主任，古籍研究所所长。

成书的时间、各家的注释、散见他书的佚文，以及历代的版本，博采通人之说，间下己意，亦颇有可取”。我在读研究生的时候，还参与了《武汉大学研究生学报》的创办，听说这个刊物一直在办，真令人高兴。刚才郭齐勇先生说：“李军同志是古籍所的前辈。”我在很多场合都曾是晚辈，没想到在这里变成了前辈，不由得让人感慨时光的飞逝。刚才发言的罗积勇老师，是我同一届同一专业的同学，后来他留校任教，成了文学院的教授、博士生导师，还担任了古籍所副所长，我毕业后到文化部搞政策研究。周大璞先生曾问我：“所学专业知识能用上吗？”我说：“用得上。”他老人家挺高兴。毕业后，我一直没有放弃和中断过对学术问题的思考，发表过一些文章，也出版过小册子。当然，完全比不上在座各位老师的学术成就。2011 年，我在贵州省工作期间推动建设了孔学堂，为弘扬中华优秀传统文化尽绵薄之力。我提议和参与编纂《民藏》，可以说是武汉大学古籍研究所经历的必然结果吧。

刚才，各位老师围绕推进《民藏》工程工作，从不同角度畅所欲言、各抒己见，谈了许多真知灼见，令我深受启发。比如，有的老师讲到合理分类，有的老师讲到取材的边界问题，都值得重视。《民藏》是一项规模浩大的系统工程，需要集众人之智、众人之力，持之以恒地坚持 10 年、20 年乃至更长时间才能大功告成。像刚才有老师提到，李格非先生主编的《汉语大字典》，就用了 20 多年。在这个过程中，必然会碰到许许多多的难题，但正因为难，才意义重大，才显担当精神和才智功夫。2003 年，北京大学准备编《儒藏》时，已经 76 岁高龄的汤一介先生就说，要“事不避难，义不逃责”。他老人家为《儒藏》真正做到了“鞠躬尽瘁、死而后已”。我认为，在当前开展《民藏》编纂与研究，可以说既是必要的，也是应该的、可能的。关于必要性，刚才孙劲松院长作了很清楚的阐释，我这里就不再重复，主要从应该和可能两个方面谈谈对《民藏》工程的看法。

之所以说应该，是因为它充分体现了“为人民做学问”的学术追求。习近平总书记深刻指出：“为什么人的问题是哲学社会科学研究的根本性、原则性问题。哲学社会科学为谁著书、为谁立说，是为少数人服务还是为绝大多数人服务，是必须搞清楚的问题。”他强调，广大哲学社会科学工作者要坚持人民是历史创造者的观点，树立为人民做学问的理想。而《民藏》研究的对象是民，研究的出发点和落脚点都是为民，旨在通过系统地回顾梳理整理民本思想遗产，不断挖掘其历史内涵，阐发其时代价值，推动民本思想实现当代转化，其价值无疑是具有鲜明的人民性的。当然对于什么是民，从古至今有非常多的论述，众说不一，有的观点还引起了争论。在学术研究中，发表一个观点引起争论很正常，也是好事，因为有争论说明大家都在思考研究这个问题。应该讲，不管对“民”的认识有多少分歧，一个不争的事实是，民本思想已经成为中华传统文化的核心内容，是中国传统政治文明的精华所在，已经融入到中华民族的血脉里。我曾经到海南一个非常偏僻的少数民族村调研。因为村委会是中国治理体系中最基层的单元和具体政策的执行者，我问村委会主任：“你觉得自己在村民中是什么身份？”他说：“我是他们的‘父母官’。”尽管我们要批评他有“父母官”这种带有封建残余的观念，但换个角度来看，如果他真把自己当成一个父母官，像父母对待孩子一样去对待村民，“爱民、利民”，那他肯定不会去为非作歹、祸害乡里。这个例子说明了民本思想的深远影响，也说明在当前，“官民”关系问题也即干群关系问题依然很有研究的价值。如何使各级官员、各级干部都“全心全意为人民服务”，可以从民本思想那里获得滋养。中国知识分子历来就有“为天地立心、为生民立命、为往圣继绝学、为万世开太平”的理想追求和家国情怀，如果我们在这个过程中，把自己的抱负、情怀体现在一本本的《民藏》著作中，那是非常有意义的。我们这一代学者应该有这样的责任感使命感，弘扬十年磨一剑的精神，静下心来沉潜学术、精耕细作，践行好习总书记“为人民做学问”的要求，为在 21 世纪将源远流长的传统民本思想继承好、弘扬好并进行发展提升，使其始终熠熠生辉，然后传之后世作出积极贡献。

之所以说可能，是因为课题有强大的保障条件。常言道“兵马未动，粮草先行”。这个“粮草”就是各项保障。首先是组织领导保障。成立由韩进书记担任组长的《民藏》编纂工作领导小组，还成立了编纂委员会及其编辑部、办公室，这些工作机制自今天开始运转。第二是经费保障。四川大学古籍研究所在编纂《儒藏》时，是先有专业队伍，然后定了选题再到处找经费，主持编纂工作的舒大刚同志为此经历了许多艰辛，贵州省孔学堂发展基金会还对这一项目进行了资助。而《民藏》项目是先有经费保障，贵州省孔学堂发展基金会已经决定以重大研究项目形式对其进行持续资助，首期1000万元。听说《民藏》项目后，不少企业家表示慷慨解囊，保守估计可以达1个亿的资金规模。第三是出版保障。孔学堂书局为出版托底，同时与中华书局等知名出版社联系，争取能联合出版《民藏》。刚刚进入CSSCI扩展版来源期刊的《孔学堂》杂志也会开辟专栏，刊发相关的学术研究成果。第四是课题保障。确保将《民藏》纳入湖北、海南、贵州等地的省级课题，力争使《民藏》成为国家级重大项目。武汉的夏天太热，而贵阳的夏季凉爽，各位老师可以带着《民藏》项目，跟学生一起入驻孔学堂开展研究，贵阳孔学堂文化传播中心将为大家提供周到细致的服务。这些都为《民藏》工程提供了良好的条件保障，可以使大家没有后顾之忧地从事研究。

坚持“质量第一”

李　军

今天非常高兴能在位于三亚市的南海文化研究院与各位专家见面，总结前一段《民藏》编纂工作，讨论研究推进下一阶段工作。十分遗憾的是，因为疫情原因，这次会议时间一推再推，而且本来很多老师都是要到现场参会的，现在只能改为以线上方式参会。线上会议有便捷的好处，但今天看来整体的效果还是比现场碰撞交流差得多。南海文化研究院就建在大海边上，希望各位老师下次都能够到会，在欣赏椰风海浪、山林海礁的同时进行思想碰撞，我想效果一定会更好。

今天上午武汉大学国学院孙劲松院长介绍了前期《民藏》编纂工作推进情况，郭齐勇老师介绍了“经部民论”的辑录、编纂计划，其他各分部的牵头老师则介绍了编纂构思计划，提出了一些具体想法。舒大刚老师在上午和下午都发表了重要意见。下午的会议审议了课题管理方案，确定了年度工作任务。听了各位的介绍，我感到现在《民藏》的编纂工作正在有条不紊地推进，目前取得的工作成果令人欣慰。从去年 7 月开始，我和郭老师、孙院长等以微信、电话等方式多次深入商量讨论分类方法、编纂体例和进度安排。今天看来，编纂体例既有传承，也有很多创新之处，体现了立足现代、科学求实

作者简介：李军，时任海南省委副书记，海南省人大常委会党组书记、副主任，研究员。本文系作者 2022 年 3 月 5 日在 2022 年度《民藏》编纂工作研讨会上的发言。

的学术态度。整个编纂方案的工作进度计划也很合理。比如，在分类方法上，突破《四库全书》“经史子集”的四部分类法，将入选内容分为经部、历代宝训、学人名臣、官箴、荒政、司法典籍、农书、教育典籍民论及文学作品之民情等九大部类，各部类间互不重叠，一目了然，很好地避免了以往“经史子集”的四部分类编纂方法可能造成的内容交叉弊端，既便于搜索查找，也符合现代人的阅读习惯。在编纂体例上，要求每本书都有导论，概要地说明这本书涉及的民本思想，这是非常有必要的，因为《民藏》项目属于主题类、专题类的文献整理，不是简单的点校。

今天中午和郭老师商定，九个部类之间体例可以不完全一致，但每个部类内部要统一体例。在收录范围上，既收录常见的传世文献，也收录新发现的文献和海外文献，体现了丛书总括、聚集、众多之意；既有全书收录的（丛书编纂特点），也有节选收录的，对散见的、局部的材料进行辑录的（类书编纂特点）。围绕涉民主题，尽可能地广收全收。比如，在计划安排上，首先启动经典民论部分，这是中华民族博大精深的民本思想的源头和基础所在，是民本思想的基因，其中很多都是流传度很广的千古名篇、名句。将《尚书民论》《周礼民论·仪礼民论》《礼记民论》《周易民论》《诗经民论》《左传民论》《公羊传民论》《穀梁传民论》《论语民论·孝经民论》《孟子民论》等十部“经部民论”作为整个《民藏》工程的开篇之作，在当下尤为意义重大，也十分紧迫。初编是200本的书目，还有《民本思想精要》《续编》和《民本通史》，整个是500本左右的体量，构成一个浩大文化工程。今天提交会议的样章，能看出几位作者是下了功夫的，总体来讲也写得不错。当然大家提了一些意见，我想也是很正常的，因为初稿就是提供一个靶子让大家来批评的。在此我代表《民藏》编纂委员会向各位作者表示感谢。总的来讲，自去年10月底《民藏》工程正式启动以来，在各方共同努力下，可以说是进展明显、卓有成效。

首先，这得益于武汉大学和孔学堂两家单位的高度重视。从武汉大学方面来讲，学校将《民藏》编纂工作列入武汉大学人文社会科学发展“十四五”规划，将参与编纂工作计入学校教师的科研工作量。武汉大学党委书记韩进亲自担纲编纂领导小组组长，武汉大学窦贤康校长在前不久学校教职工代表大会上所作的学校工作报告中，还专门介绍了“启动《民藏》编纂等大型文化工程”。各位老师平常的科研工作一定很多，也很有意义，但我想这次参加《民藏》工作能够进入到武汉大学学校的年度工作报告，受到学校如此重视是不容易的。沈壮海副书记在《民藏》正式启动前给予了许多指导，还多次出面争取全国哲学社会科学工作办公室支持。今天武汉大学人文社会科学研究院张发林副院长亲自到会指导，介绍有关政策，使我非常感动。张院长是《民藏》工程的总协调，在推进过程中做了大量工作，发挥了重要而特殊的作用，一方面和全国哲学社会科学工作办公室加强沟通联系，一方面还要和学校内部各方面进行沟通协调，跟我也多次有微信往来。今天我代表《民藏》编纂委员会对张院长表示衷心的感谢。从贵阳孔学堂文化传播中心方面来讲，索晓霞主任高度重视，积极参与了工作，承担了任务，今天贵阳孔学堂文化传播中心肖立斌副主任亲自到会，王大鸣同志领导的贵州省孔学堂发展基金会为《民藏》工程第一批书提供了经费保障。

第二，这得益于《民藏》编委会编辑部、办公室及各位专家学者的尽心竭力。郭齐勇先生作为《民藏》总编纂，在《民藏》编委会组建、制定编纂计划、明确编纂体例、组织撰写样章等方面做了大量工作，付出了很多心血，今天上午和下午又讲了重要意见。《民藏》编辑部主任孙劲松及各位编委会成员、工作人员，还有九个分部的牵头人，这段时间以来认真开展课题论证、搜集整理资料、确定书目，也做了大量工作。这里我要提一下，在今年的除夕之夜，罗积勇教授还给我发了很长的一条信息，详细介绍了“历代文学作品之民情”部分材料收集整理、精选分类的情况，并对书目修改提出想法建议，这种勤奋和负责精神令我十分钦佩。设在贵阳孔学堂的《民藏》办公室认真编辑《民藏》通讯，并精心筹办了今天的会议。

第三，这得益于各级各方的大力支持。这几个月来，不管是在海南，还是在北京，我给一些领导和部门汇报《民藏》工程时，都得到了肯定和支持。比如，曾经负责宣传思想工作的中央政治局原常委刘云山老领导，就肯定“研究《民藏》很有意义”。中央宣传部常务副部长王晓晖同志在听取汇报时，对《民藏》工程给予鼓励。曾担任过中央政策研究室主任、中央文献研究室主任的滕文生同志，也认为《民藏》工程价值重大。中共湖北省委宣传部、湖北省社会科学界联合会将其列入了湖北省中华优秀传统文化传承发展工程“十四五”重点项目规划。很多老师关心《民藏》课题是不是省级重点项目，现在这个问题已经明确了。这些都使我们深受鼓舞、备感振奋，为我们下一步工作打下了重要基础。从去年10月初我们在贵阳孔学堂文化传播中心召开第一次会议，到10月29日在武汉大学召开《民藏》编纂研讨会，到现在才不到半年时间，就取得如此进展很不容易，也让人充满了信心。我想《民藏》工程就像今天这个节气——惊蛰一样，呈现出万物萌发、生机勃勃的喜人态势。

九层之台，起于累土。今天会议上，大家就《民藏》编纂方案、编纂体例、首批书目等重大问题交换了意见，课题管理、经费保障等细则措施也已明确。去年两次会议是铺垫性的，而今天这次会议表明《民藏》编纂工程进入实质性推进的一个阶段。今天各位老师发表的意见都很有价值。《民藏》编辑部、办公室和贵州省孔学堂发展基金会的同志会后对大家提出的问题要深入研究，尽快进行答复，提出明确的工作措施。在这个阶段提出这些问题非常有意义，表明各位老师们对参与《民藏》工程是越来越“入戏”了，也体现了一种认真负责的态度，把这些问题解决了，也有利于下一步开展工作。

关于下一步的工作，我想讲四点意见：

一是进一步积极争取更多的支持。前一段时间我们已经在这方面做了一些工作，接下来还要努力争取上级部门的支持。我们将继续向中央宣传部、国家教育部、全国哲学社会科学工作办公室、全国古籍整理出版规划领导小组等上级部门请示汇报，争取在国家社科重点课题申报等方面得到更大的支持。刚才舒大刚老师讲了这个问题，这也是各位老师关切的问题。老实讲，我们在这方面下的功夫还是较大的，也取得了重大进展，比如，全国哲学社会科学规划办公室初步明确，可以将《中国民本通史》作为委托课题。好事多磨，相信今后会有更好的结果。另外，适当时候，我们计划在北京召开一次高层次的座谈会，邀请学术界的权威人士对《民藏》工程的价值意义、编纂方法等进一步进行论证研究。

二是在“经部民论”等首批书目的编纂工作中坚持质量第一。刚才郭老师讲了首批计划的50本书目，这是《民藏》工程的首批产品，其学术质量如何，要接受学界和历史的评判，在很大程度上决定了整个《民藏》工程的品质，决定了其能不能在国内外学术界占据地位。因此，必须坚持质量第一。希望参与首批书目的老师们能够弘扬“板凳能坐十年冷”的治学精神，以严谨、务实的态度把所负责的书编纂好整理好，要经得起挑剔，成为质量上乘的精品佳作，绝对不能出现硬伤。确保书的质量其实也是对自己的学术声誉负责，对整个《民藏》工程负责。古代文献的整理编纂非常考验学术功底和治学作风，像武汉大学古籍整理研究所编纂的《故训汇纂》《古音汇纂》等巨著都是老师们十几年、二十年埋首书斋、接续攻关的成果，获得了学术界的高度评价。我注意到，今年2月，武汉大学古籍整理研究所冷门绝学传承团队还获得了教育部评选的第二批“全国高校黄大年式教师团队”，这是为武汉大学争光，为古籍所争光。这个团队之所以能够被评为全国先进，就是因为这两本著作质量上乘，也希望《民藏》工程能达到这样的质量。相反，如果心浮气躁、急功近利，出现疏漏错误，那就会成为笑柄。比如，去年12月，中华书局出版的《梁佩兰集校注》，就因为低级错误比比皆是，而在网上引起热议。这本书是中华书局的经典丛书——“中国古典文学基本丛书”之一，还得到了“国家古籍整理出版专项经费”的资助，然而存在多处错字、漏字、断句错误等硬伤，注释注水、生搬硬套等问题。书的校注者是一名香港的学者，出现这样的问题，不光是影响了他本人的声誉，也影响了中华书局的形象。尽管中华书局后来及时进行了道歉，并很快采取了下架书籍、退换货、新版修订等措施，但中华书局还是受到很严重的伤害。因此，《民藏》工程各本书的编纂出版一定要引以为戒，决不能出现类似事件。要始终坚持质量第一，在底本筛选、校勘、标点、注释、提要等各个环节都坚持高标准，严格遵守交稿、审读制度及流程，请编辑部尽快拿出方案。当然，我们强调质量第一，也不能成为作者拖延时间的理由。课题管理办法中也明确，立项项目如果逾期未能完成，原则上不能延期。因特殊情况申请延期最多也只有一年时间，到期仍未完成，这个课题就要被取消。希望大家对自己承担的课题以及自己负责介绍、带动的课题，都要按照明确的时间节点有序推进。

三是深入开展民本思想的研究。我们对民本思想相关文献资料的收集整理，是为了古为今用、服务现实，特别是在推进马克思主义与中华优秀传统文化相结合、推进国家治理体系和治理能力现代化等方面有所贡献。这就要求我们在《民藏》整理编纂的基础上，从学术史、思想史的角度，对民本思想的发展演进过程进行深入研究，真正做到“辨章学术，考镜源流”。我注意到舒大刚先生在主持《儒藏》编纂工作中，就特别重视这项工作，专门组织出版了一套四川大学《儒藏》学术丛书。我还注意到北京大学《儒藏》编纂与研究中心陆续出版了“儒家思想与儒家经典研究丛书”。《民藏》工程安排了《中国民本通史》这样的研究工作，在“经部民论”的编纂过程中，如果老师们有时间有精力，可以同步进行深度研究。今天中午我和《孔学堂》杂志的执行副主编周小华同志在一起研究工作时，就谈到要编辑出版《民藏论丛》，将去年 10 月以来各位老师在民本文献整理、民本思想研究方面的成果汇编成册出版。

四是要团结一心，久久为功。《民藏》工程是一个规模浩大、涉及面广、周期长的文化工程。在实践中，类似这样大规模的学术文化工程一般都以某个高校的研究力量为主牵头组织开展，比如四川大学的《儒藏》、浙江大学的《中华礼藏》、华东师范大学的《子藏》等。承担这些学术工程，也是对高校科研学术能力、人才队伍实力的一次大练兵、大检验、大展示。《民藏》编纂由武汉大学牵头，武汉大学在古籍保护整理与研究方面渊源长久、基础扎实、力量雄厚，今天参会的大部分都是武汉大学的老师。当然，不能搞“武大郎开店”，还要充分调动校外力量，广泛联合全国乃主海外、国外对民本思想有研究的学者，包括青年学者，使《民藏》工程成为完全对学者开放的学术工程。在推进《民藏》工程过程中，大家要齐心协力、团结协作、久久为功，共同克服遇到的各种困难问题。整个工程要用 15 年甚至更长时间才能完成，在这个过程中出现困难问题很正常，只要我们齐心协力就能克服。我明显感到《民藏》工程团队的学术素养、工作作风、精神状态都是很好的，我看到了《民藏》工程一定能够成功的美好前景。

真诚欢迎大家下一次来到美丽的南海之滨参加《民藏》研讨会。

深化合作，共推中华民本思想的系统整理与研究

索晓霞

能够与武汉大学共同实施《民藏》这一集学术性、实用性和普及性为一体的学术文化工程，我们感到非常荣幸！贵阳孔学堂文化传播中心是贵州省委、贵阳市委倾力打造的多功能、复合型、地标性的大型文化综合体。自2012年9月28日正式落成以来，贵阳孔学堂文化传播中心以“弘扬传承中华优秀传统文化，培育践行社会主义核心价值观”为宗旨，在促进中华优秀传统文化的传承研究、传播推广、普及应用和创新发展等方面做了大量工作，得到了业内专家和社会各界的广泛支持，成为贵州省贯彻落实习近平总书记关于中华优秀传统文化“创造性转化，创新性发展”方针的重要平台。

自建设之初，贵阳孔学堂文化传播中心就一直得到百年学府、世界名校——武汉大学的大力支持和帮助。2014年8月6日，孔学堂成立学术委员会，邀请到郭齐勇先生担任主席，并先后邀请陈文新、吴根友、欧阳祯人、孙劲松几位教授担任学术委员；2014年8月9日，武汉大学作为首家与孔学堂签约的入驻机构，在孔学堂中华文化国际研修园9号楼挂牌成立了“武汉大学（孔学堂）国学研究院”；2018年续签了5年研修期；我们常年举办的传统文化公益讲座、领导干部历史文化讲座、研学体验、传统文化活动，以

作者简介：索晓霞，贵阳孔学堂文化传播中心主任、党委书记。本文系作者2021年10月29日在《合作编纂〈民藏〉备忘录》协议签约仪式上的讲话。

及入驻研修、课题招标、论坛会议、交流研讨等等，都得到了武汉大学的广泛支持和参与。

截至目前，武汉大学专家学者主讲孔学堂各类讲座 32 期、孔学堂讲会讲习 6 期，入驻研修 29 人次，主持孔学堂各类课题 9 项。贵阳孔学堂高等研究院与武汉大学阳明学研究中心合作编辑出版了《阳明学研究》4 辑。2014 年，国内唯一以中英文双语形式宣传、展示、交流传统文化研究成果的学术刊物——《孔学堂》杂志创刊，重点出版中华优秀传统文化著作的出版社——孔学堂书局正式挂牌。《孔学堂》杂志创刊 7 年间，先后刊登了 10 余篇武汉大学专家学者的文章，今年顺利入选 C 刊扩展版。孔学堂书局在郭齐勇老师的支持下，于 2015 年启动“孔学堂文库”的策划和实施工作，主要出版儒学为代表的传统文化研究专著，截至今年共出版了 40 册专著，孔学堂文库已成为孔学堂书局出版的在学界有重要影响力的学术研究书系。

今天在珞珈山下，贵阳孔学堂文化传播中心、贵州省孔学堂发展基金会与武汉大学达成了新的战略合作，正式成立《民藏》编纂委员会及其编辑部、办公室。此次合作，是三方深入贯彻落实习近平总书记“对古代治国理政的探索和智慧进行积极总结”重要指示的一项具体举措，是“马克思主义与中华优秀传统文化相结合”的一次全新探索，是推动传统民本思想“创造性转化、创新性发展”的一种积极尝试。在武汉大学的学术支持下，在贵州省孔学堂发展基金会的全力资助下，我们贵阳孔学堂文化传播中心及贵阳孔学堂高等研究院将竭力做好《民藏》编委会的协调、保障工作，统筹孔学堂书局、杂志社将配合做好研究成果的出版、刊发。

最后，我们期待历史悠久、底蕴深厚、人文荟萃、大师云集的武汉大学与环境幽雅、体制创新、平台开放的贵阳孔学堂文化传播中心，以此次合作为契机，共同为系统整理民本思想遗产“古为今用、推陈出新”，推动为中华优秀传统文化的“创造性转化、创新性发展”作出积极贡献！

发挥基金会公益职能，弘扬中华优秀传统文化

王大鸣

首先，我代表贵州省孔学堂发展基金会向今天出席《民藏》签约仪式的领导和来宾致敬。

一、弘扬中华优秀传统文化是贵州省孔学堂发展基金会慈善文化事业的宗旨

贵州省孔学堂发展基金会成立于2013年12月23日，宗旨是通过社会化筹措资金，支持贵阳孔学堂文化传播中心及中华文化研修园的建设、运行、发展和助研、助教、助学、助出版等有关活动，搭建贵州省弘扬孔子思想和儒家学说、传播中华优秀传统文化的重要工作平台，推动优秀传统文化教育及其他有关事业的健康发展。

习近平总书记于2013年在考察孔子研究院时指出：“一个国家、一个民族的强盛，总是以文化兴盛为支撑的，中华民族伟大复兴需要以中华文化发展繁荣为条件。”贵州省孔学堂发展基金会自成立以来，按照党中央，贵州省委、贵阳市委的要求，积极发挥基金会的公益职能，规范、有效、系统地不断推进优秀传统文化公益事业的传播、传承和发展，为孔学堂文化事业

作者简介：王大鸣，贵州省孔学堂发展基金会秘书长。本文系作者2021年10月29日在《合作编纂〈民藏〉备忘录》协议签约仪式上的讲话。

发展作出了积极贡献。

二、《民藏》编纂研究是新时代发展的需要

《民藏》的编纂与研究，是中国进入新时代发展的现实需要，也是坚定“四个自信”的需要。民惟邦本，本固邦宁。习近平总书记在党史学习教育动员大会上指出：“我们党的百年历史，就是一部践行党的初心使命的历史，就是一部党与人民心连心、同呼吸、共命运的历史。历史充分证明，江山就是人民，人民就是江山，人心向背关系党的生死存亡。”[①]这一重要论述，充分彰显了我们党全心全意为人民服务的根本宗旨，是我们做好弘扬中华优秀传统文化事业的根本遵循。

武汉大学、贵阳孔学堂文化传播中心和贵州省孔学堂发展基金会共同启动《民藏》编纂与研究这一集学术性、实用性和普及性为一体的学术文化工程，系统收集整理体现民本思想的相关古代文献典籍，具有十分重大的意义。

“创造性转化、创新性发展”，习近平总书记的指示为基金会在慈善事业领域，助力继承和弘扬中华优秀传统文化指明了方向，持续不断资助优秀传统文化事业是贵州省孔学堂发展基金会义不容辞的责任和义务。我们将切实按照要求，扎实助力于《民藏》编纂与研究文化工程实施，为实现中华民族伟大复兴的中国梦贡献力量。

---

① 黄敬文：《习近平在党史学习教育动员大会上强调：学党史悟思想办实事开新局　以优异成绩迎接建党一百周年》，《人民日报》2021 年 2 月 21 日。

#《民藏》研究

“经部民论”小引

郭齐勇

“经”是我国保存至今的最古老的文献。刘勰《文心雕龙》说：“经也者，恒久之治道，不刊之鸿教也。”足见古人对被尊为“经”的崇敬，将它看作安邦治国的根据。如《尚书》，它是传统政治哲学的经典，被视为“大经大法”。《书大序》（伪孔安国《尚书序》）：“（孔子）芟夷删裁烦乱，剪截浮辞，举其宏纲，撮其机要，足以垂世立教。典、谟、训、诰、誓、命之文，凡百篇，所以恢弘至道，示人主以轨范也。帝王之制，坦然明白，可举而行。”

顾颉刚说，儒家以《尧典》建立古史帝王系统和古代制度，以《皋陶谟》描述他们的政治道德与理想，以《禹贡》综述大一统的地理和贡赋等。当然古史辨派对待《尚书》的极端做法是另外一个问题。

以下我们拟就“从五经到十三经”“经今古文”“经部民论编纂”等三个方面，谈谈经类文献中民本思想的辑录、编纂工作。

一、从五经到十三经

“经”这个名词起于战国晚期，此前只是称《诗》（或《诗三百》）《书》《易》云云。据《庄子·天运》：“孔子谓老聃曰：‘丘治《诗》《书》《礼》《乐》《易》《春秋》六经，自以为久矣。’”这句话至少说明，在战国晚

作者简介：郭齐勇，武汉大学国学院名誉院长、教授。

期便有了“六经”的说法，人们已承认有了六部重要的经籍、典册。

《礼记·经解》篇说：“《诗》温柔宽厚，《书》疏通知远，《乐》广博易良，《易》洁静精微，《礼》恭俭庄敬；《春秋》属词比事。”（类似的说法又见《孔子家语·问玉》）《庄子·天下》篇说：“《诗》以道志，《书》以道事，《礼》以道行，《乐》以道和，《易》以道阴阳，《春秋》以道名分。”（类似的说法又见《荀子·儒效》与《郭店楚简·语丛一》）后《乐经》失传（一说没有此书），遂成五经。

东汉时加入《论语》《孝经》，共七经。唐承隋制，以“明经”科取士，《礼》分为三：《周礼》《仪礼》《礼记》（指《小戴礼记》），《春秋》分为三：《春秋左传》《春秋公羊传》《春秋穀梁传》，但将《论语》和《孝经》排除在外，故为九经，即：《诗》《书》《周礼》《仪礼》《礼记》《易》《春秋左传》《春秋公羊传》《春秋穀梁传》。

晚唐文宗时，在九经基础上加入《论语》《孝经》《尔雅》共十二部儒家经典刻成石经放置于太学内，史称“开成石经”或“开成十二经”，遂成十二经。宋代，《孟子》地位提升，至宋末，因受朱子《四书章句集注》影响，加入《孟子》，故为十三经。

二、经今古文

古文经是用先秦古文写成的经典，古文经学比较重视文字、音韵、训诂，以求得古人作书时的意思；今文经是秦火以后，儒生口授用隶书写成，今文经学重视其中微言大义的阐发，以契合时代所需。

西汉朝廷重视今文经籍，设立学官传授，而在孔壁和民间发现的古文经籍长期仅由民间传授。王莽因改制需要，重视《周官》，此经得以列入学官，东汉初又被取消。章帝时，治古文经的贾逵受重视，古文经籍也随之风行，古文经学地位始提高。其后马融、服虔、郑玄等在讲解经义、训诂文字方面取得很大成就，古文经学兴盛，成为魏、晋、六朝、隋、唐经学的主流。

六经的次序，今文经学排列为：《诗》《书》《礼》《乐》《易》《春秋》，是按由浅至深顺序；古文经学排列为：《易》《书》《诗》《礼》《乐》《春秋》，是按由早到晚的顺序。

现存“十三经”多采用古文经，其主要特点是按字义讲解经文，训诂简明，不凭空臆说，反对谶纬，神秘主义的东西少。清代考据学家继承古文经学的旨趣，对古籍语义和历代名物典章制度加以整理、校勘、辨证、注疏、辑佚等，取得了极高的学术成就。

三、经部民论编纂

经部民论，选取经部文献中与“民”相关的部分，通过注释与点评，揭示民本思想的传统意蕴，阐发其现代价值。经类文献，我们选定：《尚书民论》、《周礼民论·仪礼民论》、《礼记民论》（含《大学》《中庸》）、《周易民论》、《诗经民论》、《左传民论》、《公羊传民论·穀梁传民论》、《论语民论·孝经民论》、《孟子民论》等九部。每一部书一般不超过20万字。

《尔雅》是训诂名物之书，未列入，其他经部各书均入选。上述经、今、古文之争始于汉代，历代不绝，我们不取门户之见，而是理性地看待二者，以阮元校刻《十三经注疏》作为原文及集释底本，今古文兼采，均为我们编纂所用。今古文之争，包括相关的出土文献的问题，汉宋之争的问题，则在导论及各篇题解、注释部分加以说明。

如伪《古文尚书》，它并不是凭空捏造的，而是作伪者将先秦到魏晋征引《尚书》的内容，加以编排、组合、串联而成的；伪孔《传》也并非一无是处，它汇集了孔安国后两汉到魏晋古文经学对《尚书》注解，若能分辨其时段，其价值是不言而喻的。关于汉宋之争，我们以同样的态度视之。

具体到编选原则，因为经部文献篇幅不长，除去无关宏旨的部分，如《论语·乡党》篇，其余全收，保持其完整性与独立性，以示全面、客观；且按原书篇目编选，如《尚书》，分别为：《尧典》《舜典》《大禹谟》等篇之节选，原文无篇目，可依据选录资料酌定添加。

各篇题解之提示、申论，词句之注释、解说，尽量剖析疑难，发挥意蕴。篇首设有篇旨（题解），简要介绍此篇内容，申论其民本思想要旨。再选取反映民本思想的原文，以相对完整的一段或几段文字为单位。在注释部分，经部文献涉及义理问题较多，采集注，历代训注解述者，无虑百数十家，采其长而略其短。其中，关键概念根据需要另附现代诠释；重要名物、史实、概念加注解释；难字、生僻字注音。最后是点评部分，总述其民本思想与实践之大意，阐发现代价值等。

民本中国

——治国安邦之本探源 *

傅治平　王瑾锐

在世界文明发展史中，中国是唯一没有中断的古老文明。这个古老的文明从远古走来，在华夏民族的历史进程中，有序地传承着，并在传承中不断地丰富发展着。虽然，在华夏文明的历史传承中，也曾一次次受到过外来文明的冲击，但最终的结果，不是华夏文明被征服乃至消失，反而是外来文明被同化，并成为古老文明焕发青春的营养。探讨中华文明历久不衰的原因，我们会发现，中华文明中所蕴涵的国家治理文化——民本思想，仿佛就是这中华文明的引擎。从有国家以来，“以民为本”被历朝统治者当作治国兴邦之道。在民本思想的作用下，不论朝代如何更换，“保民”的政治路线都若隐若现地延续下来，华夏子孙则一代代被作为邦国之根本而存留延续下来，从而使得中华文明从远古传到至今而始终保持着旺盛的生命力，并让活在当下的中国人感到新鲜，感到亲切，感到骄傲，并激起将其薪火相传、创新转换的豪情。

一、民本思想，远祖锤炼

根据典籍记载，最早提出“以民为本”思想的，是中国历史上建立第一

* 基金项目：贵州省孔学堂发展基金会重大课题“中国民学学科理论体系的构建”阶段性成果。
作者简介：傅治平，海南孔子学会专家委员会主任，二级哲学教授，享受国务院特殊津贴专家；王瑾锐，海口经济学院讲师。

个王朝的领袖大禹。其实，中国的民本精神之源，却可溯及更远，在还只是部落联盟的炎黄时期，已有了辉煌开篇。当然，这个辉煌开篇充满着苦难、忧患。

（一）民本文化，生于忧患

华夏文明的产生，抑或民本思想的产生，确实可用“生于忧患”来归纳。胡适在《白话文学史》里说：“古代的中国民族是一种朴实而不富于想象力的民族。他们生在温带与寒带之间，天然的供给远没有南方民族的丰厚，他们需要时时对天然奋斗，不能像热带民族那样懒洋洋地睡在棕榈树下白日见鬼，白昼做梦。所以《三百篇》里竟没有神话的遗迹。所有的一点点神话如《生民》《玄鸟》的‘感生’故事，其中人物不过是祖宗与上帝而已。”[①] 把中国神话的不发达归结为民族气质的重实际而不富于幻想。鲁迅在推究中国神话不发达的原因道：“中国神话之所以仅存零星者，说者谓有二故：一者华土之民，先居黄河流域，颇乏天惠，其生也勤，故重实际而黜玄想，不更能集古传以成大文。”[②] 这两位文学大师虽然都是讲中国文化特征，但是都突出了中国自然环境的“颇乏天惠”。

其实，“颇乏天惠”说得还是比较委婉的，实际情况甚至可用“十分恶劣”来表示。在华夏民族的发祥地，黄河流域遍布沼泽、丛林，面临着周期性的洪水灾难，面临着不断在夏季酷热和冬季严寒之间交换的气候上的灾难，即使想躲避也无路而走。因为，当时的黄河流域可谓是一个十分封闭的环境，周遭是高山环伺，东边却是波涛汹涌的大海。除了在忧患中立定脚跟，很难冲破封闭寻找新的生存地，而要立定脚跟，就必须调动所有族人的力量，群策群力地与厄运作殊死搏斗，且代代相因，方可求得一条生存之路。所以，也可把华夏文明，称之为忧患文明，是苦难忧患中产生的文明。这一点，在

---

① 胡适：《白话文学史》，上海古籍出版社 1999 年版，47 页。
② 鲁迅：《中国小说史略》，上海古籍出版社 1998 年版，第 10 页。

远古神话寓言中得到充分的证实。古代神话中的“后羿射日”“愚公移山”“精卫填海”……都告诉我们，华夏民族的先祖们，就一直在忧患中寻找生存之道，在与天斗、与地斗、与凶猛的野兽斗，在不可能生存的环境中开辟出可以安居的家园。

在充满忧患的环境中，充分体现“民惟邦本”的地位作用。与大自然作生死搏斗，靠的是什么？靠的是人多力量大，靠的是“子子孙孙无穷匮也”。因为，面对来自大自然的挑战，个人力量十分渺小，必须众志成城。可以说，在当时，人是第一生产力，是社会最重要的因素。这也导致了任何一个部落首领，都对自己的族人予以极大的重视与爱护，他们要靠自己的感召力、凝聚力把万众族人凝聚一团，一起去直面苦难、战胜苦难。

（二）中国治道，民本初轫

在中国的远古神话传说中，传颂许多著名的部落领袖为了部落亲人的安宁，而不顾个人生死安危，吃苦在先、率先垂范的事迹。他们的英雄业绩还在后世流传的一些典籍中断熠熠生辉。《太平御览》卷七十九引《管子》曰：“黄帝钻燧生火，以熟荤臊，民食之无肠胃之病。”《淮南子·修务训》中记述南方之神炎帝采药为民治病，“一日而遇七十毒”，《山海经》里的“夸父逐日”“精卫填海”“后羿射日”“女娲补天”“大禹治水”……这些华夏民族始祖的壮举，莫不以恤民爱民为出发点。

特别是大禹治水的故事，感动着华夏民族几千年。为了治理滔天洪水，大禹承继父亲鲧的死志，带领着一批助手，跋山涉水，风餐露宿，走遍了当时华夏大地的山山水水，披荆斩棘，开山凿岭，三次路过家门都没有进去，以至于从出生到长大几岁的儿子见了面也不认识父亲，“笑问客从何处来”。大禹历时 13 年，采取疏通的方式，终于降伏洪水，让流离失所的人民重新筑室安居。而正是由于大禹治水的丰功伟绩，舜帝把部落联盟首领的位置禅让给大禹，大禹则借此建立起了华夏的第一个国家——夏。

宋代大文豪苏轼科考时曾写了一篇让主考官欧阳修大加赞赏的文章，题为《刑赏忠厚之至论》，文章极力推崇上古始祖的爱民情怀，文中写道："尧、舜、禹、汤、文、武、成、康之际，何其爱民之深，忧民之切，而待天下以君子长者之道也。有一善，从而赏之，又从而咏歌嗟叹之，所以乐其始而勉其终。有一不善，从而罚之，又从而哀矜惩创之，所以弃其旧而开其新。"①意谓古代贤明的帝王，皆深爱着百姓，且深切地替百姓担忧，用君子长者的关爱来对待天下人。有人做了一件好事，在给予奖赏之余，还会为之唱赞歌传颂，鼓励他有始有终地坚持把好事做下去；如果有人做了一件不好的事，在惩罚他之余，还寄予哀怜与同情，并希望他抛弃错误而开始新生。这些爱民的事迹都载入到了商周之前的典籍里。此外还有许多许多，例如，尧帝存鳏寡，赈荒歉，一民饥寒，则曰："我饥寒之也"；舜帝对于民众的善言善行，必施之于己，自己的好东西必然舍己从人；禹帝竭力以劳万民等等。在这些先祖看来，他们为民众所做的一切，皆是上天为之所用的根本原因。

在流传至今的远古神话传说中，后人可以强烈地感受到华夏祖先为解民众疾苦，艰苦奋斗、迎难而上、勇于抗争、乐于奉献的伟大精神，这些精神成了中华民族精神的源头和象征，也成了中国民本思想的源头和象征。对于远古神话传说产生的原因，有多种说法，但有一个根本原因是不能忽略的，即寄寓着民众对当世领袖的期望。远古神话传说的主角，绝大多数为部落首领，是部落中能力最强，又最能吃苦的人，为了民众的安危，把生死都抛却一边，他们的英雄事迹深深铭刻在部落成员头脑中。在没有文字记载的情况下，民众用口耳相传的方式颂扬着他们，并在颂扬的过程赋予其神格，也暗示着人民对领袖的一种期许：希望他们能够始终把人民的幸福安危当作其行为的出发点与落脚点，一如从前的贤君明主那样治理国家。

---

① 〔宋〕苏轼：《省试刑赏忠厚之至论》，《苏轼文集》卷二，孔凡礼点校，中华书局1986年版，第33页。

（三）民惟邦本，凝成理念

如果说，上古神话里的英雄人物只是通过行为昭示其以民为本的思想，那么在神话中的最后一位英雄大禹那里，则变成了国家管理者必须牢记的治国理念。这个理念就是大禹对后代的训诫：“民可近，不可下。民惟邦本，本固邦宁。”（《尚书·五子之歌》）意谓对国民必须重视恭敬，而不能轻贱藐视，必须把人民当作国家的基础，且时时加固，只有基脚打牢了，国家这个庇护民生的大厦才安稳。这是大禹传授给后代的治国理念，而如何加固这个国家的基础，则成为后代每个执政者时时思考的一个重大问题，成为治国安邦的第一要务。在传统戏曲里有一句唱词说得好，“有道君王安天下，无道君王害黎民”，便把能否爱民益民当成评判君王有道无道的重要标准。

可惜，大禹的后代没有记住祖先的训诫。在夏王朝延续约 471 年后，夏桀丢掉了祖先的精神遗产，他荒淫残暴，令国民生活在水深火热之中，却自比于光辉普照天下的太阳。当时，老百姓皆指着太阳诅咒，“时日曷丧？予及汝皆亡”（《尚书·汤誓》），意思是百姓情愿与夏桀同归于尽。太史令终古看到夏桀这样荒淫奢侈，便进宫向夏桀哭泣进谏说：“自古帝王，都是勤俭爱惜人民的力量，才能够得到人民的爱戴，不能把人民的血汗供给一人的娱乐。这样奢侈，只有亡国。”却遭到夏桀的斥责。最终，这个自比为太阳的帝王，因为失去了民心而丢掉了江山。

从夏桀手里夺取江山的商汤，汲取了夏朝灭亡的经验教训，也汲取了大禹的治国理念。他作《汤诰》，要求其臣属“有功于民，勤力乃事”，把“民惟邦本”的理念贯穿到勤奋为民的事功之中去，从而开创了商朝的盛世。商朝延续了约 554 年而亡国，而亡国的原因，也是因为帝辛沉湎酒色、穷兵黩武、重刑厚敛、拒谏饰非，由一位励精图治的有为君王变成了一位罔顾民生的典型暴君，乃至重蹈夏桀覆辙，自毁邦本，丢掉了祖宗打下的江山。

灭商而建周的周武王，在总结夏桀商纣亡国的教训时，对“帝王天命”之说发生了怀疑。认为君王虽然受命于天，但天命应该是根据民意而定。所以，君王要得天下必须先得民心，而得民心，不能靠暴力而要用德行。因此，他把大禹总结出来的“民惟邦本”的治国理念，变成了更为具体的“敬德保民”“以德配天”的治国纲领，并围绕着这个纲领建立起一系列礼制，修德勤政，蓄养万民，让君臣的治国理政举措紧扣民意和民情，从而创造了一个刀枪入库、马放南山的国泰民安新局面。

中国民本思想，至此有了一个基本的框架，既有了指导思想，也有了实践的规范和举措。这就是：民惟邦本，安邦必固本。

二、百家争鸣，民本拓展

周朝后期是诸侯列国争霸称雄的天下混战时期，也被称为春秋战国时期。周朝礼崩乐坏，让官学下移，那些有官衔的读书人——“士”，不再是“有职之人”或“有爵之称”，而沦为“四民”之首。他们的入仕方式由官方的挑选变为双向选择，加之诸侯国急剧兼并造成的人才渴求状态，以及一些僭国大夫笼络人心形成的礼士之风，为士人跻入仕途提供了多条路径，导致游士之风大起，治国安邦之策竞献。浏览春秋战国历史，我们会发现，在那些能够争霸称雄的国家里，一定都会有一些由游士而晋升为国之重臣的人才在支撑。

（一）游士风起，竞说主张

在春秋五霸里，齐有管仲、晏婴等，晋有狐偃、赵衰等，秦有百里奚、蹇叔、由余等，楚有伍举、孙叔敖等，越有范蠡、文种等……在战国七雄里，魏有李悝、吴起、乐羊、西门豹、范雎等，赵有赵奢、廉颇、蔺相如等，燕有乐毅，齐有田单，秦有张仪……这些为列国诸侯所纳用的“士”，在辅佐诸侯国君主争霸称雄的过程中，虽然招数各有差异，但无不用上祖宗留下的治道：以民为本，励精图治。那些辅佐君主获得争霸称雄的胜利者，用其成功的实践充实了治国兴邦之道。

伴随游士之风而起的，便是诸子百家的争鸣。不甘蛰居的游士，争相游说自己的治国主张，以谋求官爵、施展抱负。由于各个诸侯国的国情不同，对争霸称雄的诉求也不同，有需人才的，有需强兵的，有需富民的……游士想要打动那些国家君主，就要想出针对性的治国主张及理论依据，从而形成不同的思想流派。

据《汉书·艺文志》言："凡诸子百八十九家……蜂出并作，各引一端，崇其所说，以此弛说，取舍诸侯。"春秋战国时期，真正能够体现百家争鸣、百花齐放气象的，是齐国齐威王搭建的一个供天下游士争鸣的平台——稷下学宫。稷下学宫的创办者齐威王的初衷是"寡人忧国爱民，固愿得士以治之"（《战国策·齐策》），期冀通过创办学宫，发现一些治国安民的人才。为让真正的人才脱颖而出，稷下学宫的办学方针是"不任职而论国事""不治而议论""无官守，无言责"……来这里的先生虽然不会都当官，但待遇却很高。稷下学宫办了150多年，曾容纳了当时"诸子百家"中的几乎各个学派，如道、儒、法、名、兵、农、阴阳、轻重诸家，也汇集了天下贤士多达千人左右（如果包括先生率领的弟子，人数逾万）。凡到稷下学宫的文化人，无论其学术派别、思想观点、政治取向，以及国别、年龄、资历等如何，皆可自由发表自己的学术见解，还可以针砭时弊、直言进谏，且不会因言而罹罪。如果有谁提出好的建议，即封其相应的官职让其践行。稷下学宫的自由学术风气，使各学派在这里不用担心报复，进行着争辩、设难、吸收、相融。许多新学说在争鸣中崛起，如黄老之学，邹衍创立的"五行学说""五德终始说"等；许多学术著作在这里完成，如《宋子》《管子》等；许多名人在这里当过先生与管理者，如被后人称为"亚圣"的孟子，先后3次在稷下学宫当了20多年的先生，荀子在这里3次担任学宫之长——"祭酒"（虽然荀子自认为只有子贡与自己，才是继承孔子思想的学者，但后人却视其为法家，他的学问在当时被称为"帝王之术"[①]）。

---

① 参见〔汉〕司马迁：《李斯列传》，《史记》卷八十七，中华书局1982年版，第2539页。记载李斯"乃从荀卿学帝王之术"。

（二）争霸称雄，“民”声最响

百家争鸣，与其说争鸣治国兴邦主张，不如说争取自己的地位。因为，那个时候的国家之“本”，便是所谓的“四民”。春秋《管子·小匡》指出：“士农工商四民者，国之石民也。”认为士农工商四民是国家柱石，在春秋之际四民平等，都是国家重要组成部分。如果谁提出的治国兴邦的主张能被诸侯君主所认同采纳，就可能由一介平民而一跃成为权贵。而由于诸子百家争鸣，以其治国思想襄助诸侯争霸称雄，拓展了“以民为本”的多维思路，充实了“以民为本”的内涵，遂使民本思想在中国蔚为大观，以至于后世对民本思想的传承与践履，皆未能脱出此际民本思想的窠臼。

例如，襄助齐桓公登上春秋首霸的管仲，在被封为相国之后，告诉齐桓公治民之道：“凡牧民者，必知其疾，而忧之以德，勿惧以罪，勿止以力。慎此四者，足以治民也。”（《管子·小问》）随后实施了一系列的裕民主张，这些主张被后人用九个词归纳：老老、慈幼、恤孤、养疾、合独、问疾、通穷、振困、接绝。这个施政纲领，把人们向往的大同社会的民众福利一网打尽。管仲之后60多年，又出了一位中兴贤相晏婴，《晏子春秋》记述了齐相晏子的一系列名言，“卑而不失尊，曲而不失正者，以民为本也”。“义，谋之法也；民，事之本也。”“谋度与义者必得，事因于民者必成。”“意莫高于爱民，行莫厚于乐民。”等都贯通着浓厚的民本思想。他为了刹住弥漫于齐国上下的“奢靡之风”，为端正官风，治理民风，带头“节俭力行”以“薄身厚民”，维持了齐国的最后辉煌。

例如，被孔子赞扬“养民也惠”的郑国宰相子产，首个对当时盛行的天命鬼神思想提出质疑，提出了“天道远，人道迩”（《左传·昭公十八年》）的著名论断。他为相20余载，善政爱民，使郑国从一个弱小且被人欺负的国家逐步走向振兴。后世治国者不仅记得“人道远”这样的名言，也特别记得他对民意的重视与警示：“防民之口，甚于防川。川壅而溃，伤人必多，民亦如之。是故为川者决之使导，为民者宣之使言。”（《国语·周语上》）

例如，率先称雄于七国的魏国，其最为强盛时期是魏文侯在位时期。魏文侯之所以能够强国称雄，一个重要原因就是任用李悝进行了中国历史上的首次变法。这次变法废除了周以来的世袭制，颠覆了传统井田制，就此传统的奴隶主贵族经济被彻底打破，大批原本属于奴隶主贵族的庄田，通过开阡陌的方式，转入了新兴地主阶级和农民的手中，从而确立了延续整个封建社会的土地私有制和个体小农经济制。

春秋战国争霸称雄的数百年历史，许多人都把这个时期称为霸道为主的时代，鲁迅先生在《关于中国的两三件事》中就直言不讳地指出："在中国，其实是彻底的未曾有过王道。"① 其实，春秋战国是王道霸道互用的竞争史。所谓王道，指君主治国实施以仁义治天下的政策；所谓霸道，则凭借武力、刑法、权势等进行统治的政策。从上面列举的几例来看，那些能够争霸称雄的诸侯，其实是王霸兼用，刚柔相济。霸道扩疆，王道固本，无霸道无以得天下，无王道无以安天下。但在那样烽火连天的时代，单纯行王道之治，最终会被周边虎视眈眈的诸侯国吃得骨头都不剩，曾主持诸侯会盟的宋襄公的悲剧结局，就是单讲王道的后果。但是以霸道治国，是刚性统治。过刚易折，刚性统治容易失去民心，政权也难以持久。而以乾坤定矣，本应钟鼓乐之，却时起杀伐之声，则民不堪其扰而乱之——这是历史给我们的启示。

（三）民本传承，蔚成体系

在中华文明史中，融入治道的学说有许多种。或者说，百家争鸣时期崛起的所有学说，都可以纳入治道，只是在不同时期，因被治政者关注的程度而出现显、隐之别。正如白居易撰文所说"文章合为时而著"②（在当代也有"文艺为政治服务"的口号），能够为时而用的自然成为显学，不能为时而用的自然成为隐学（隐学不等于消亡，只是以一种少为人知的方式在少

① 鲁迅：《关于中国的两三件事》，《鲁迅全集》（第 6 卷），人民文学出版社 1958 年版，第 9 页。
② 〔唐〕白居易：《与元九书》，《白居易集》卷四十五，顾学颉校点，中华书局 1979 年版，第 962 页。

部分人群中传承，或许在某个时期因社会的重视而复兴，成为显学）。纵览中华文明几千年的发展史，有几家学说则是始终没有离开过治政者的视野，一直稳居于显学的位置。这就是在先秦时期已经蔚成体系的儒学、道学、法学。这几家学说，既含治世之道，更含恢宏的世界观，构成了汉民族的哲学体系，涵养了华夏民族核心价值观——民本思想。

孔子创立的儒学，是痛感“郁郁乎文哉”的周礼崩溃，举起“克己复礼”的旗帜，发展起来的一套以礼乐文明为核心、以“庶富教”为治道的儒家思想，主张“藏富于民”，认为“百姓足，君孰与不足？百姓不足，君孰与足？”（《论语·颜渊》）而孔子的继承者孟子，更是把民本推上更高的位置。直接喊出“民为贵，社稷次之，君为轻”（《孟子·尽心下》）的口号，在当时可谓振聋发聩。

老子创立的道学，起源可溯至泰古二皇。春秋时期，老子集古圣先贤黄帝、伊尹、太公等人的大智慧，形成了无为无不为的道德理论。5000余字的《道德经》，标志着道家思想正式成型。《道德经》论述修身、治国、用兵、养生之道，而多以政治为旨归，亦属“内圣外王”之学。不仅当时受到社会的推崇，而且成为古往今来治国治家的至尊宝术，亦被称之“帝王术”（曾有人将道家学说视为“出世”的养生之学，其实谬也。老子“无为而为”实是极高明的帝王之学）。李约瑟说，“中国人性格中有许多最吸引人的因素都来源于道家思想。中国如果没有道家思想，就像是一棵深根已经烂掉的大树”“道家思想乃是中国的科学和技术的根本”“（道家哲学）对中国科学史是有着头等重要性”。[①]更有学者认为，道家思想是国民思想的中心，“仁者见之谓之仁，知者见之谓之知，百姓日用而不知”（《周易·系辞上》）。在《道德经》中提出的许多命题，几乎都围绕着处理好君民关系，特别是其

① ［英］李约瑟：《科学思想史》，《中国科学技术史》（第2卷），科学出版社1990年版，第178、145、175页。

核心观点“无为而治”引申出来的“与民休息”，几乎成为后世每一个朝代的开国君王所采用的安邦之策。

法家，是春秋战国百家争鸣中名声靠前的“九流”之一。作为中国历史上研究国家治理方式的重要学派，其提出的治国举措，便是以法治国。法家，作为诸子百家中的重要一家之说，其思想源头可上溯于春秋时的管仲、子产。战国时期的李悝、吴起、商鞅、慎到、申不害等人则予以大力发展，遂成“百家”中的一个重要学派，这些被认定为法家的人物皆把“民本”推为治国要略。至战国末期，韩国王室公子之一的韩非，在其法治主张始终得不到采纳时，退而著书，写出了《孤愤》《五蠹》《内外储》《说林》《说难》等著作，洋洋10万余言，形成了以法为中心的法、术、势相结合的政治思想体系，强调“吏者，民之本纲也”“吏治则民治矣”，强调要君王要“设民之欲为其功”。正如学者评论，儒家的民本思想偏重于理想主义，操作性不强，而法家的民本思想则落脚在立法，以保证有一定的操作性。

而从上述几门显学中摘引的观点来看，虽然在治国理政上各有侧重点，儒家重德治，法家彰法治，道家倡无为而治。但在民本思想这方面来看，各自的观点能够互为诠释、互为会通，在现实中常常会难解难分地融合在一起，且被用于治国理政的实践中，并被整合成具有中国特色的民本治道，一直传承下来。由此而言，民本思想不是某种单一学说，而是多元理论综合而成的应用性治国理论。这一点，可从历代推崇的帝王之学的学术著作书目中有所了解。在古代推崇的帝王之学中，就有儒家的《大学》《中庸》《论语》《孟子》《诗经》《尚书》《礼记》《易经》《春秋》，道家的《道德经》《庄子》《参同契》《黄帝阴符经》等，佛家的《心经》《金刚经》《坛经》《药师经》等，法家的《管子》《韩非子》《商君书》等，这些帝王之学里几乎都蕴涵了民本思想。这些列为帝王之学的经典告诉我们：民本并不只是某一学派的主张，而是融合百家的思想精华。古代善治的君王所创造的大治盛世，皆可归因于汲取百家思想精华而创造出来的具有时代特色的民本思想。

三、固本方略，千秋认同

自秦以后，2000 多年的封建社会经历了许多次改朝换代，但始终没有把民本思想排除在官方意识之外。不仅一些儒学思想家、政论家经常宣扬民本思想，不少帝王也公开承认“民惟邦本，本固邦宁”的理念。而且，民本思想也造就了一批懂得“水能载舟，亦能覆舟”“与民休息”的帝王，也造就了许多体恤民情、敢于为民请命的贤臣良吏。几千年来，朝代虽不断更迭，国家治理体制、治理举措虽相应地有所改变，即所谓“一朝天子一朝臣”。但是，作为理论形态的民本治道却往往会原封不动地搬过来。在历代那些君王以及辅佐的臣子们看来，祖先传下来的民本治道，似乎是治理国家的金科玉律，是永远不会失效的治国利器。皇帝可以轮流做，但以民为本的治国安邦思想不能丢，不管是谁来当皇帝，坚持了民本之道的传承，就能得到拥护，丢掉了民本之道的传承，就会导致邦国动荡，甚至遭到民众揭竿而起的反抗。

（一）朝代兴替，民本不移

大禹建立的夏朝，历经近 471 年后，亡在夏桀的手中，其灭亡的原因就在于夏桀丢掉了祖宗“民惟邦本”的训诫。夏桀到晚年时，政治暴虐，生活淫乱，致使民不聊生。当时夏朝老百姓竟指着太阳恶毒地咒骂：“时日曷丧？予及汝皆亡！”（《尚书·汤誓》），宁愿与桀同归于尽。而灭掉夏朝的商汤正是打着“顺乎天而应乎民”的旗号建立的商朝。之后，商朝覆灭，也是因为商朝最后一个君王商纣王沉湎酒色、重刑厚敛而失去民心所致。到周朝后期，即春秋战国时期，因周天子“千金买笑”“烽火戏诸侯”而失去人心、权力旁落，从而使得陆续产生的“五霸”“七强”得以“挟天子以令诸侯”。反之，那些春秋战国时期能够“挟天子以令诸侯”的称霸争雄者，又无一不是借助了前朝贤明君王治理国家的治道精神：以民为本，励精图治。

自春秋战国之后，华夏大地上陆续出现过几个站在世界巅峰的强大帝国，当然也出现过短暂的分裂局面。不论是大一统的帝国，还是暂时分割成几个鼎足而立的国家，在国家治理方面，几乎都是沿袭老祖宗的那一套，以此证明自己是最正宗的传承者，而且他们还通过其治国理政的实践，进一步丰富、拓展了民本治道的内涵。

秦朝，是秦始皇结束诸侯混战的局面建立起的第一个封建帝国，对这个短暂的帝国，后人“过秦”者居多。且认为对于中国文明的最大的“过”，是焚书坑儒，几乎造成中华文明的断层；是苛政猛于虎，陷民于水火。据近年来的一些研究表明，历史上诿过于秦始皇的做法似不公允。首先，焚书、坑儒是两件关联度不高的事，不应扯在一起算账。“焚书”是在秦始皇听取丞相李斯建议而下令做的。当时是秦始皇设宴犒赏70位博士官，其中也包括儒家的博士官，当大家讨论到当时一些私学以古非今、谤议朝廷的事情时，李斯建议：“除博士官署所掌管的重要典籍之外，民间收藏的《诗》《书》，诸子百家著作的，在规定期限内全部送到地方官那里去一起烧掉。不听从者予重罚。”秦始皇采纳了李斯的建议，确实令人焚了许多民间收藏的儒家著作，但官府收藏的所有儒家著作皆保留了，而且在“焚书”之后，“召文学方术士甚众，欲以兴太平”（《史记·秦始皇本纪》），找了许多读书人讨论如何实现天下大治，并没有“坑儒”。至于“坑儒”事件，发生在“焚书”之后很久，且坑埋的不是儒生，而是些骗秦始皇说能找到“不死药”的方士。这些方士借找“不死药”得了秦始皇很多好处，却到处说他坏话，之后又逃跑。这才惹怒秦始皇，令人查找这些方士并坑埋。据现代一些学者研究，秦始皇在当皇帝的十来年间，倒还是为儒家做了的一些事的：一是设置博士官启用儒生，例如，因孔子的九世孙孔鲋“博通六艺”，秦始皇拜其为少傅（少傅系太子的老师，属从一品，可谓高官了）；二是安排整理儒家经典；三是统一文字；四是在政治实践中融入了儒家的一些主张，例如，按照儒家主张的宗庙制度建宗庙，按照儒家的贵贱、男女、孝义等观念约束臣民行为。一句话，包括以儒家思想为重要内容的中华文明，在秦始皇时期并没有造成断层。再说苛政，主要是指刑法苛刻、赋税繁重。自商鞅变法以来，秦朝是首个强调法治的，从亡秦的硝烟冲杀出来的刘邦集团，其实是袭秦制而建立汉朝的。对前秦（主要是秦二世）因刑法苛刻、徭役繁重而亡国的深刻教训有着切身的感受，且刘邦集团大多来自社会下层，皆能体会到百姓的疾苦。因此，建立大汉王朝之初，首次把战国时期形成的黄老之术运用到国家治理上来，实施了与民休息的政策，征收较低的赋税和减少徭役，鼓励发展生产，利用和亲政策，避免对外战争等，促进了当时社会经济的发展和文化的进步，为之后的“文景之治”奠定了基础。随着国家变得强盛，对于国家的治理也出现了新的变化，出现了由无为到有为、由道家治道到儒家治道的嬗变趋势。因为，到汉武帝时期，疆域扩大、人口增多、国力充实，从政治上和经济上进一步强化专制主义中央集权制度，已成为治国者的必然选择。而儒家的春秋大一统思想，仁义思想和君臣伦理观念，显然与汉武帝时所面临的形势和任务相适应。因此，当董仲舒提出的“罢黜百家，独尊儒术”建议之后，很快得到采纳并实施，从而使儒家取代了道家在政治思想领域的统治地位。

大唐帝国，因为开国皇帝把自己当成道家开山祖师李聃的后代，不仅把李聃封为皇帝，还把老子开创的道学也作为治国的指导思想。不过，唐太宗在推崇道学的同时，对儒学依然重视。曾在朝堂公开宣称：“朕今所好者，惟在尧、舜之道，周孔之教。”因此，他把“周孔之教”与老庄学说，一并作为科考的重要内容。不过，到晚唐时期，有几个皇帝痴迷佛教，几欲使佛教成独尊。当时，有识之士依据儒学思想，提出反佛意见。在唐宪宗元和十四年（819），儒佛矛盾便以一种激烈的形式爆发了：唐宪宗要迎佛骨入宫内供养三日。韩愈听到这一消息，写下《谏迎佛骨》一文上奏宪宗，列举历朝佞佛的皇帝“运祚不长”，且“事佛求福，乃更得祸”①。韩愈谏书没能阻挡唐宪宗迎佛骨，却因“一封朝奏九重天，夕贬潮阳路八千”②，险些

① 〔唐〕韩愈：《论佛骨表》，屈守元、常思春主编：《韩愈全集校注》，四川大学出版社 1996 年版，第 2288 页。
② 〔唐〕韩愈：《左迁至蓝关示侄孙湘》，屈守元、常思春主编：《韩愈全集校注》，第 759 页。

送命。可惜，这些信佛皇帝，只是希望用佛教找到长生不老之术，而不曾想到以佛教宣传的慈善施恩于民间。不过，这一时期的儒学并没有被压制，仍然作为正宗的治道被传承着。特别是韩愈与柳宗元领导的复古运动，“文起八代之衰，而道济天下之溺”[①]，使儒道顽强地立于中流。

宋朝，是中国治道系统整合得最完善的时期，也是中国治道出现新发展的时期。这一时期，宋朝文人已经成为社会中坚，并且完成了文化和权力的对接，中国出现了大批集官僚、文人、学者为一身的“复合型人才”。传统文化铸就了宋朝书生的气节，他们以天下为己任，将责任感与使命感倾注于经邦济世的建功立业中，实现自我的生命价值。所以，这一时期尽管外敌频频入侵，国家时时处于战争的风雨飘摇之中，连京都都不能保守，但却维持了319年之久。特别是最后的几十年，在蒙古国强敌压境的情况下，大臣宁愿被迫抱着幼主投江也不投降，宰相被俘宁死不归降，彰显着华夏文明传承给中国知识分子的一个特质——气节。

宋朝覆灭在蒙古国的铁骑之下，忽必烈入主中原。忽必烈采用华夏民族的祖宗旧典，建元中统，之后又用过“至元”。中统年号，又有自居“中原正统”之意，至元取《易经》“至哉坤元”之义。从年号和国号，皆可见忽必烈对儒家的尊崇。他将“汉法”与蒙古传统结合，忽必烈入主中原之后，继承了中原封建王朝“前代之定制”，选拔汉人才，任用汉人经营国家财政，管理国库，延续前朝的科举制度，且科举考试完全采用前朝大儒朱熹编写的《四书集注》作教材。同时，忽必烈还通过修编历史，把国家纳入华夏的历史进程中去，使得中国历史的链条始终保持着完整。

明朝，在儒学方面，因科考以宋朝的程朱理学为纲，遂使程朱理学大兴。而在明中叶，王守仁在贵阳阳明洞创立的阳明心学，则成为儒学在明朝奇峰突起。由于心学上承南宋陆九渊的心学而集大成，故后世称之为“陆王心学”。

---

① 〔宋〕苏轼：《潮州韩文公庙碑》，《苏诗文集》卷十七，第509页。

又因王守仁创立心学之后，以此治世、育人，遂使心学广为传播。同时，明朝皇帝崇道教，也虔信佛教，佛道皆兴盛。朱元璋和朱棣两朝，都有佛门高僧辅佐政事。特别是明成祖朱棣，更是在庆寿寺僧人道衍的帮助下夺得了帝位。朱棣给道衍赐名为姚广孝，并让其入朝为官，成为历史上有名“黑衣宰相”。姚广孝虽出身为和尚，但精通三教，并且与明初儒释道各家学术领袖都有不错的关系，当宰相之后，做了不少大事：负责为朱棣迁都，规划设计了北京城，主持编纂了明代最重要的百科全书《永乐大典》。

大清王朝也是一度被视为入主中原的“异族”。但清朝政权则延续了近300年的时间，其治权时间远超元朝。清朝统治能够延续如此长久的重要原因，就是在于对华夏文明的始终认同（到后来不仅仅是认同，而是被同化）。与元朝一样，大清王朝的命名，也是从中华文明中获得的启发。中国历朝兴替之际所喊的口号，无非“惟有德者乃可称天子”“有德者受命，无德者废弃”这一些。皇太极取国号为“清”，就因为“有德”便含“清”的意思，又恰与“满洲”语意相合。清人进关入主北京之后，提倡满汉一体、满汉一家，满族人从上至下学习汉文化（到后来，除了少数方面，其他基本汉化了），发展汉文化。例如，创造清朝盛世的乾隆皇帝亲自主持编纂《四库全书》，召集纪昀等360多位高官学者编撰，3800多人抄写，耗时十三年编成的丛书。丛书分经、史、子、集四部，故名四库，共3500多册书，7.9万卷，3.6万册，约8亿字。丛书编成之后，乾隆又命人手抄了7部《四库全书》，分别藏于全国各地。尽管编纂的《四库全书》删改了许多内容，毁了许多书，但此举多少表示了乾隆对汉文化的推崇，在传承传统文化方面起到了一定的作用。此外，清朝皇帝对汉族儒生的重视，也是不遗余力的。后人总结的清朝24大名臣名单中，汉人名臣占了14位，另一份10大名臣名单中，汉人名臣占到了其中8个席位。而后人评议的晚清四大中兴名臣，则全是汉人。应该说，在国家治理方面，清王朝对汉族大臣是相当倚重的（颇有讽刺意味的是，清末呼吁取消科举制度，甚至要砸烂孔家店的，却都是汉人）。

对于元、清两个朝代帝王重视汉文化的原因，学界有诸多研究，大多认为这两个朝代的帝王重视汉文化，是出于“以汉治汉”的目的。但不管目的如何，在客观上起了保证中华文化之脉不断裂的作用，是应该值得肯定的一点。也许，元、清统治者最初存在着“以汉治汉”的目的，但随着被汉化的程度加深，完全被汉文化同化之后（这一点在清朝表现特别突出），对汉文化真正地认同，从而保持了中华文明的持续发展。而元朝和清朝对中国治道的传承，最能证明马丁教授所提出的观点：中国人的国家观念在于是对文明的认同，而不是民族的认同。按照西方国家治理的理论逻辑，异族入主，将会以异族的文明替代原有民族的文明，古希腊、古罗马文明就是在这样的情况下消亡的。这个理论逻辑在现代西方国家治理实践中仍然存在，即把某一类文明视为普世适用的文明，并要强加于其他国家，从而导致文明的冲突。所以，亨廷顿认为，文明的冲突既是现代世界的骚乱之源，也是一个国家的动荡之源。元朝和清朝作为一个少数民族政权入主中原，并没有用本族文明来取代汉族文明，而是继续采用汉制，无疑昭示了一点：中国在数百年前就解决了因文明而发生冲突的这个世界性问题。元朝与清朝之所以在入主中原后能够延续政权近 100 年和近 300 年，就是因为对这块土地上生长的古老文明给予了最大程度的认同。

（二）彰于史实，资治而传

中国民本治道的传承，在历朝史官编撰的史志中表现得更充分、更完整。某种意义上讲，中国民本治道就是史实的理论升华，并通过史志传承下来。没有史志，后来者无从知道大禹对后代的训诫，没有史志，后来者也无从知道历代的明君贤臣实施了哪些以民为本的治国举措。

据说，华夏民族自从有了文字之后，就有了史官制度，造字的仓颉就是史官之一。到了夏商时期，史官有了比较明确的分工：有记言的左史，记事的右史（到周朝，史官分工更细）。史官一个最大的责任，就是“秉笔直书”，把君王的重要的言行和国内发生的重大事情都真实地记载下来，然后汇编成史书。《尚书》就是古代历史文献的汇编，里面记载的《五子之歌》，就记录了大禹对子孙后代“民惟邦本”的训诫。而根据成书时间来看，春秋战国时期的《春秋》和《左传》，则是中国最早的史书。传说孔子写《春秋》的目的就是要原始察终，见盛知衰，惩恶扬善，拨乱反正。为达此目的，孔子在写作时非常讲究遣词造句，这就是后人说的：“微言大义，以一字寓褒贬。”因此，《春秋》既是后世史书的范本，亦是历代帝王的教科书。不过，从《史记》开始，编撰的褒贬义不再寓于记述史实的文字中，而是直接以点评的方式，表明对历史上人物与事件的评价。这个评价，既代表史官的观点，很多时候更代表当时君王的立场，当然更多时候则是站在客观立场上予以点评。但不管怎样，由于记述的历史相对真实，也必然成为后世的一面镜子。历史的经验教训，作为一件宝贵的精神财富，以史志为载体而千秋万代传承下来，作为后代的镜鉴。

中国历朝历代的君王之所以重视史实的记录及史志的编写，就在于“鉴于往事，有资于治道”，以历史为镜，就能照见本朝治国理政的是非对错，并找到最好的治道。所以，宋神宗指定当朝的龙图阁直学士司马光撰写《资治通鉴》时，就为之明确写作的侧重点，要“论次历代君臣事迹”。书成之后，并欣然为之作序说：“故赐书名曰《资治通鉴》，以著朕之志焉耳。”[①]《资治通鉴》的得名，既是史家治史以资政的自觉意识增强的表现，也是封建帝王利用史学为政治服务自觉意识增强的表现。因为《资治通鉴》不同于历史上所有的史志，其内容主要以政治、军事的史实为主，借以展示历代君臣治乱、成败、安危之迹，作为历史的借鉴，因此成为历代帝王将相、文人骚客、各界要人争读的教科书。对其追捧的热度大大超过其他史志。元代学者胡三省说：“为人君而不知《通鉴》，则欲治而不知自治之源，恶乱而不知防乱之术。为人臣而不知《通鉴》，则上无以事君，下无以治民。为人子而不知《通

① 〔宋〕赵顼：《序》，〔宋〕司马光：《资治通鉴》，中华书局1956年版，第30页。

鉴》，则谋身必至于辱先，作事不足以垂后。”[①] 把这本书当作人人皆须借鉴的一面镜子。

事实上，《资治通鉴》成书之后，成为后世皇帝必读的“教科书”。元朝第四位皇帝元仁宗支持将汉文著作翻译成蒙文以供学习，当时翻译的就有《尚书》《大学衍义》《贞观政要》《资治通鉴》等，称这些书有益于国家。明代两朝帝师、首辅张居正同翰林院讲官以《资治通鉴》为主，其他史书如《通鉴外纪》《续资治通鉴》《宋元通鉴》等为辅，给年仅 10 岁的万历皇帝朱翊钧量身定做了一本宫内读本为《通鉴直解》，选取了一些重要历史片段与事件加以讲解，其中融入了张居正等人对历代王朝兴衰的总结，以及对重大历史教训的独特见解。清朝留传至今的就有康熙、乾隆御批的《资治通鉴》。新中国的缔造者毛泽东将这部 300 多万字的史书读过“一十七遍”。一直到临终，他的床头还放着一部《资治通鉴》，这部书有不少页都用透明胶贴住，是一部被他读破了的书。他曾向身边的护士解释《资治通鉴》所记载的历史为什么只从周威烈王写起，他说：“这年，周天子命韩、赵、魏三家为诸侯，这一承认不要紧，使原先不合法的三家分晋变成合法的了，司马光认为这是周室衰落的关键。‘非三晋之坏礼，乃天子自坏也。’选择这一年的这件事为《通鉴》的首篇，这是开宗明义，与《资治通鉴》的书名完全切题。下面做得不合法，上面还承认，看来这个周天子没有原则，没有是非。无是无非，当然非乱不可。这叫上梁不正下梁歪嘛。任何国家都是一样，你上面敢胡来，下面凭什么老老实实，这叫事有必至，理有固然。”[②]

史志是镜子，也是治道传承的重要路径。中国现存的“二十五史”，不仅生动地展现出中国 5000 年的历史画卷，也展现了中国民本治道传承的完整轨迹。如果说，这历史画卷中有许多波澜壮阔的战争画面和波谲云诡的宫

---

① 〔元〕胡三省：《新注资治通鉴序》，〔宋〕司马光：《资治通鉴》，上海古籍出版社 1987 年版，第 6 页。
② 陈思：《毛泽东对〈资治通鉴〉的研究》，《文摘报》2019 年 7 月 9 日。

廷争斗场景，但充满正能量的治道精神——以民为本，励精图治，也顽强地贯穿在整个“二十五史”的篇章里。遗憾的是，民本思想在中国历史上虽然被当作良治方略，但却没有系统地展示在某一本专门的典籍中，而是零星地散佚在历代的经史子集中。最近孔学堂等组织一批专家教授在编纂《民藏》，欲将历史与民有关的资料收罗完备，据有关人士透露，《民藏》将形成100多部类集，总字数达数千万。这一浩大的文字工程的完成，必将弥补这个遗憾。

（三）道之得失，兴亡在兹

历史告诉我们，“以人为本，励精图治”作为中国治道精神，牵系着邦国的兴衰存亡。《孟子·离娄上》有一段话，可借用来说明治道与邦国兴亡的关系。孟子是这样说的：“得天下有道，得其民，斯得天下矣。得其民有道，得其心，斯得民矣。得其心有道，所欲与之聚之，所恶勿施，尔也。”意思是说，获得天下的方法与路径，就在于获得民众的拥护；获得民众的拥护的方法与路径，就在于获得民众的认同；获得民众认同的方法与途径，就在于民众所喜欢的，就为他们聚积起来，民众所厌恶的，就不要加在他们头上。一句话，获得民众认同的最有效方法，就是古代中国的良治之精髓：以民为本。谁能获得这个良治之道，就能获得最大的支持，且战无不胜，即孟子在另一篇文章里所说：“得道者多助，失道者寡助。寡助之至，亲戚畔之。多助之至，天下顺之。以天下之所顺，攻亲戚之所畔，故君子有不战，战必胜矣。”（《孟子·公孙丑下》）

事实上，历史上各个朝代强盛大治的时期，往往是对老祖宗的那一套行之有效的治理方略贯彻得最好的时候，而每一个朝代盛极而衰地走下坡路的时候，往往都是后来的继承者背离乃至抛弃了老祖宗那一套的时候。所以，几乎每一个新兴的朝代开始之际，都会吸取前朝帝王亡国的教训，将前朝的教训，当作一面镜子，时刻提醒自己：“失去民心就会重蹈前朝覆辙。”同时，拾起被前朝不肖子孙丢弃的东西，并以此迅速疗治战争带来的重大创伤，重塑一个天下大治的强盛新时代。

历代，将民本思想贯穿于治国理政的实践中，主要体现在以下几个方面：

一是恤民利民。每一个朝代开国之际，都实施了与民休息的恤民政策，不仅是汉唐宋明立朝开国时如此，就是少数民族入主中原的元、清朝，其治国方略中，民本仍摆在重要位置。例如，元朝忽必烈登上帝位之初，即发布诏令："国以民为本，民以衣食为本，衣食以农桑为本。"[①] 可以说，凡怀民本思想的明君贤臣，无不想着恤民利民，他们赈灾惩恶，轻徭薄赋，兴修水利，鼓励耕种。为减轻民众负担，调整官与民的利益关系，缓解官与民的矛盾。许多朝代还推行过一些富民强国的制度，如汉的"代田法"和"区田法"，唐代的"租庸调制"，宋代王安石变法提出的方田均税法、均输法、青苗法、募役法等，明代的"一条鞭法"等等，都是一定程度减轻民众的负担，把统治者以民为本的思想贯穿到治国理政的实际中去。唐朝诗人杜牧也写了篇"过秦"的鸿文《阿房宫赋》，表达的主题落脚在"爱民"这一点上。赋的结尾尤其发人深省："呜呼！灭六国者六国也，非秦也。族秦者秦也，非天下也。嗟乎！使六国各爱其人，则足以拒秦。使秦复爱六国之人，则递三世可至万世而为君，谁得而族灭也？秦人不暇自哀，而后人哀之。后人哀之而不鉴之，亦使后人而复哀后人也。"

二是畏民安民。每一个新的朝代产生，其开国帝君总以前朝覆灭为镜，寻找前朝覆灭原因，无不总结出同一条原因：失去民心而导致帝位被推倒。事实上，几乎每个朝代的替换，都有农民起义的影响，或者是直接被起义的农民军推翻。唐太宗就形象地把民众当成载舟之水，水可载舟亦可覆舟。秦朝灭亡之后，贾谊写了一篇鸿文《过秦论》，分析了强大的秦朝，不仅地势险峻，且兵力强大，却被一个没有什么能力的农民，带着一群拿着树棍子做武器的农民给灭亡了，究其因，只缘不施行仁政而使攻守形势发生了变化。贾谊由此而作结论："安民可与为义，而危民易与为非。"让人民安宁，人

① 〔明〕宋濂等：《元史》卷九十三，中华书局 1976 年版，第 2354 页。

民也会友好相与；陷人民于危难之中，人民就会与朝廷作对了。贾谊写这篇文章的时候，正是“文景之治”前期，但他以其敏锐的目光，洞察表象，窥见繁荣中潜伏的危机：当其时，权贵豪门大量侵吞农民土地，逼使农民破产流亡，苛重的压迫剥削和酷虐的刑罚，加深了统治者与民众间的矛盾，加之封建割据与中央集权的矛盾，各种社会矛盾交织在一起，大有让汉朝重蹈秦朝覆辙的危险。他借《过秦论》劝诫汉皇，希望汉文帝能够吸取历史经验教训，始终把“安民”放在重要的位置。

三是把民本作为检验明君贤臣的重大标准，把是否坚持民本治国方略当作检验是否为明君贤臣的标准。或者说，历史上的明君贤臣，其身上的最大闪光点，便是重民爱民，为民解难。历史上被称为“青天大老爷”的几位名臣，他们身上的最大闪光点，就是能够为民伸张正义。宋朝的“包青天”如此，明朝的“海青天”如此，清朝的“彭青天”亦如此。民本就是天地间的一杆秤，能够衡量出腐浊与清廉。

纵览中国古代民本思想的演变，我们会发现，古代民本并不只是口惠而实不至的说法。或许，民本在学者的心目中只是一种思想，一种美丽的想法，但很多时候，民本变成了可具体实施的方略，成了指导、评判一切的定性标准。这一点，是我们在分析古代民本思想过程中，所不应忽略的重要方面。

唐朝诗人杜牧写作一篇骈文《阿房宫赋》，这篇文章给后人的启示便是：沉于奢、施暴政，必然将百姓置于与自己完全对立的地位，当百姓忍无可忍之时，就是统治者覆亡之日。同时，也从反面昭示着“以民为本，励精图治”对于统治者的重要性——兴亡在兹。谁坚持传承祖宗留下来的以民为本治道，谁就能兴旺，谁丢掉从祖宗传承下来的以民为本治道，谁就会走向衰亡。这也是中国5000年历史总结出来的一条朝代兴替的铁律！

四、创新转换，当代为用

当代，传统民本思想得到极大地发扬和提升，中国共产党的立党初心，就是为人民奋斗终身。而从中国共产党成立百年来所进行的革命、建设、改革实践中看到，中国共产党不仅是继承了古代民本思想的优秀部分，而且将其进行了创造性转换和创新性发展，把古代民本思想提升到一个全新的境界。

古代民本思想在当代的转换发展主要体现在四个方面：

（一）治国到立国，邦本成邦主

古代的“民惟邦本”一词，用白话文翻译，可有两种意思：一是“把人民当成国家的根本”，一是“人民是国家的根本”。前一句里，“人民”是宾语，后一句里，“人民”是主语。而这两句翻译，恰恰就可说明民本思想的古今之变。

古代民本思想，说到底就是治国之道。如果说，在君王为国家主人的背景下的“民惟邦本”隐含的是君王的治国至道，用现代话说，就是把人民当作国家的根本。春秋时期的管仲告诉齐国的君主说：“夫霸王之所始也，以人为本。本理则国固，本乱则国危。”（《管子·霸言》）意谓要想称霸，首先就必须“以人为本”（管仲所说的“人”，实为“民”的代指，许多时候“人”与“民”通用。百家诸子的一些文章中提及的“楚人”“齐人”“鲁人”等，实指“楚民”“齐民”“鲁民”），在这里“以人为本”是“争霸”的前提。而且，管仲这位扶持齐桓公登上霸主宝座的贤相，不仅仅是坐而论道，还围绕着顺民心，应民情而付诸践履，从而形成相对完整的民本思想体系。在政治上，崇尚德礼，爱民惠民；在经济上，提倡节约，重农富民；在法律上，主张严格执法，安民定民。他所做的这一切，旨在固本强基，以达到“争霸”的目标。也就是说，以人为本，只是治国的一种手段。

现代中国民本思想的核心，不是只当成执政者的治国之道，而是作为建立国家政权的根基——“以人为本”成为立国精神，现代的民本，是让人民实实在在地成为当家作主的国家主人。国家的根本大法《宪法》上指出：“中国共产党领导中国各族人民，在经历了长期的艰难曲折的武装斗争和其他形式的斗争以后，终于推翻了帝国主义、封建主义和官僚资本主义的统治，取得了新民主主义革命的伟大胜利，建立了中华人民共和国。从此，中国人民掌握了国家的权力，成为国家的主人。”也就是说人民是立国的根本。“民惟邦本”则转换发展成现代中国立国的理论基础，“天下是人民的天下，人民是天下的主人”“江山是人民，人民是江山”。如果说，中国历代一些明君贤臣所推行的惠民富民举措，本质上是为了更好治理民众，以维护自己的统治地位。而当代民本思想的核心，不是只把“民本”当成执政者的治国之道，更重要的是将民当作建立国家政权的根基——“以民为本”成为立国精神。人民是国家的根本，亦是能够实实在在当家作主的国家主人。不否认，古人也有过类似的观点，亦认为“天下为主，君为客”，却始终无法付诸实践，而现代民本思想却让这样的观点在践履中得到最高的升华。

（二）君父到民仆，人民为中心

从君父到民仆的转捩，是古代民本向现代民本转捩的最鲜明特征。可以这样比喻：古代民本与现代民本的最大不同处在于传统民本思想是慈父理论，现代民本思想是孝子理论、公仆理论。

何谓“慈父理论”？即古代的民本思想把君王设计为慈父，老百姓则是子民。所谓“溥天之下，莫非王土，率土之滨，莫非王臣”（《诗经·北山》）。据考，民本思想起于商周，后世出土的殷商甲骨文里面出现“民”字。不过，据后世文字记载，民本思想萌芽似应发生更为久远，盖因千古流传的上古神话传说中，三皇五帝的亲民爱民惠民的形象跃然而出。远古之时，燧人氏“钻木取火，以化腥臊”，让人民“饭熟食”，是对民本思想的践行；有巢氏“构木为巢，以避群害”，让人民安居，也是民本思想的践行。黄帝为民操劳，得民心，顺民意，颛顼“养材以任地……治气以教化”（《史记·五帝本纪》）；帝喾“顺天之意，知民之急，取地之材而节用之，抚教万民而利诲之”（《史记·五帝本纪》）；帝尧“九族既睦，便章百姓”（《尚书·尧典》）；舜“举八恺，内平外成”（《史记·五帝本纪》）；禹为治理洪水，造福于民“乃劳身焦思，三过家门而不入”（《史记·夏本纪》）……上面列举之事，无一不闪烁着民本之光，无一不表现出如慈父般的君王对子民的关爱有加。也就是说，君王也好，大臣也好，都以当好百姓父母为最高标准，即使是小小的七品县令，也被称为“父母官”。而在百姓敬拜的神位上，中国古代君王如同西方“三位一体”的上帝一样，集五种角色于一身——“天地君亲师”，君王是天地之子，也是万民之父、万民之师，这五种角色里就包含着“慈父”形象。按此，君王及其臣子对民众的关切，就应如慈父对自己子女的疼爱，让自己的子女过得幸福平安，为自己的子女提供良好的发展空间，如慈父那样顺民、惠民、富民。

传统民本思想设计的君父形象，是在明中叶开始动摇，并在辛亥革命中坍塌的。在古代民本思想发展史上，明中叶以降是一个特殊时段。在这个时段，出现了一些被称为异端的声音，成为民本思想发展史上的一个拐点，更有人将其称为中国最早的启蒙运动。在这场启蒙运动中，进步思想家尝试对2000余年的君主专制这一庞然大物加以“解构”，以探寻新的政治文化组建之径。以李贽、何心隐、黄宗羲、顾炎武、王夫之、吕留良、唐甄等人为代表的明清哲人，以巨大的勇气，迎难而上，从学理层面挑战专制政治，具体进路是：离析君主专制主义，猛烈抨击其两翼之一的法家极端尊君论，对另一翼的儒家民本论加以辨别，承继、发挥“重民”“恤民”部分，扬弃、更替“尊君”“卫君”部分，这样，在明清之际的哲人那里，先秦以来的民本思想获得改造与升华，形成了被当代专家称之为的“新民本”。其中，推动民本思想转折的杰出代表是黄宗羲，他所撰写的《明夷待访录》，对君主制度发起了史无前例的挑战。他不像以往的士人只是针对君王的不道而发表看法，而是直指君主的根基——君主制，要改变君王独裁的政治格局。在这部书的《原君》篇中，黄宗羲重申了一个古老的，且为儒家一直坚持的命题：“天下为主君为客。”在他看来，君权是“为民”所设，那么君权就不一定非要父传子继。如果说，宋代的农民起义是“只反昏君，不反皇帝”，而黄宗羲则把矛头指向了皇帝，对君主与君主制提出了尖锐的批判，把对皇帝的道德约束转变为权力的制衡。

所以，他可称作是中国政治思想史上从民本走向民主的第一人。

辛亥革命，把皇帝拉下了马。中华民国的缔造者孙中山对传统的民本思想进行了改造，并通过“三民主义”的“民生”“民权”“民主”，对古代民本作了新的提升。新中国诞生后，其主要缔造者毛泽东更是用中国共产党的立党宗旨对古代民本思想作了创造性的转换，把国家领导人和管理者，定位于“勤务员”，是全心全意为人民服务的“人民公仆”。他的《为人民服务》一文就十分精到地解读了执政党及其领导者角色的地位作用，“我们的共产党和共产党所领导的八路军、新四军，是革命的队伍。我们这个队伍完全是为着解放人民的，是彻底地为人民的利益工作的”①。强调党和党的所有领导干部都来自人民，都应该为人民服务。而在《论联合政府》一文中，他再一次强调：“紧紧地和中国人民站在一起，全心全意地为中国人民服务，就是这个军队的唯一宗旨。”② 实际上，对这支为人民服务的革命队伍，还有一个更为接地气的称呼：人民子弟兵。把党的一切领导干部都当成“人民的子弟”，人民则是一切领导干部的父老乡亲。全心全意地为人民服务，是领导干部反哺父老乡亲养育之恩的最好举动。而在改革开放之后，参考西方国家建立的公务员制度，更是明确地规定了所有领导干部的地位作用为“civil servant”（直译为“公众的仆人”），就是如仆人一样忠心耿耿地为人民服务的勤务员。

（三）神授到民授，去留由民定

传统民本思想尊重皇权，现代民本思想强调民权。传统的民本思想里，“民贵君轻”是中国古代最精彩的思想命题之一，其核心理念是：在政治权力本原的意义上，民众比君主更重要。儒、道、墨、法等重要学派普遍认同这个命题，其中法家的理论贡献尤为突出。慎子的“立天子以为天下”和商鞅的

① 毛泽东：《为人民服务》，《毛泽东选集》（第 3 卷），人民出版社 1967 年版，第 905 页。
② 毛泽东：《论联合政府》，《毛泽东选集》（第 3 卷），第 940 页。

“为天下位天下”就是孟子“民贵君轻”的理论先导，包括一些明君也坚持这种观点。但很多时候却是“口惠实不至”，更多的则是肯定“朕即天下”。从心底里相信自己是“天之子”，认定“君权神授”，其皇权有着不可侵犯的神圣性。在现实中，君王恣意挥霍着溥天皇土的所有产出，恣意行使着“一言兴邦，一言丧邦”的特权，包括对天下臣民的生杀予夺。可以说，皇权在一个国度是至高无上、无法被超越的，包括对全国的人民土地财富的控制、管理，还有行政、军事、立法、司法、文教等大权。而且，因为“君权神授”，其皇权可以至死握在手中，即使死了也只将权力在其子孙后代中世袭，除非改朝换代了，皇权几百年都不会易姓。所谓“皇帝轮流做”，只能出自叛逆造反者之口，更多时候是“只反贪官不反皇帝”。因此，即便一个朝代濒临衰落之际，一些外姓权贵想偷天换日，也不敢明目张胆，还得打着原姓帝王的旗号，即“挟天子以令诸侯”。即使认为皇权具有独裁、专制的弊端，传统的民本思想却始终坚持“尊君”。

在现代的民本思想里，主权在民，民权摆首位。国家的权力来自人民，国家的领导人与管理者的权力不是神授而是民授，不能终身享用，也不允许世袭。如果不能代表人民的意志，人民可以随时罢免。取缔了帝制，缔造了中华民国的孙中山先生，提出了立国的“三民主义”，其中对“民权”的解读，就是“人民有选举、罢免、创制、复决四权（政权）以管理政府，政府则有立法、司法、行政、考试、监察五权（治权）以治理国家。其核心观念强调：政府拥有治权，人民则拥有政权”。而毛泽东缔造的人民民主政权所具有的两个鲜明突出特征，充分展示了民权真正落实：第一，民主主体的广泛性。在我国，包括工人、农民、知识分子和其他社会主义劳动者，拥护社会主义的爱国者，拥护祖国统一的爱国者在内的全体人民都是国家和社会的主人，他们平等享有管理国家和社会事务的权利。第二，人民享有民主权利的广泛性。我国《宪法》第二章确认我国公民享有政治、经济、文化等社会生活各方面的广泛的民主自由权利。而且，民主的真实性表现在人民当家作主的权利，有制度、法律和物质的保障。如果说，传统民本思想强调君王大臣要为民作主，现代民本思想里，人民是权力主体，是真正的主人。国家领导者作为民众权力的代言人，所要做的事情，就是如何体现人民的意志，让民作主。因此，在现代，国家领导没有终身制，更没有世袭，领导的更替在于人民的选举。

（四）人治到法治，民众自管自

民惟邦本，本固邦宁。如何才能固本强基呢？传统民本把固本强基的担当放在“人”，即明君贤臣身上，现代民本把固本强基的担当落实在“法律”上。简言之，传统民本重“人治”，现代民本重“法治”。

君王治理也好，官吏治理也罢，都是“人治”。因此，老百姓幸福安宁，都系于君王、系于代君王管理“率土之滨”的王臣，也就是说，民本思想的践履者是以君王为首的统治集团。因此，民本理念的落实关键在于有一个贤明的君王和一些清廉的官吏。有一个贤君，有几个良臣，就能实现天下大治，就能让老百姓岁稔平安。所以，在传统社会里，老百姓最大的希望，就是皇帝圣明、地方官吏皆为青天大老爷，“清官”意识是传统民本思想的重要内容。而历史上所颂扬的清官，无一不被称之为爱民如子的“父母官”。一个朝代的兴衰，就在于君王臣子的治理是否得民心，即“得民心者得天下，失民心者失天下”。历史上的亡国之君大多因为荒淫无道而失去民心，最终丢掉江山。夏桀如此，商纣如此，隋炀帝亦如此。人治的结果往往就陷入“人存政举，人亡政息”的历史周期的怪圈。

在民主的现代世界大潮中，民主自治是一大亮点。权力归还民众，让老百姓自己管理自己，已经是现代民本发展的必然趋势，而保障民主自治的顺利进程，则是具有刚性的法治。工具书对法治的解释说：“法治是一种贯彻法律至上、严格依法办事的治国原则和方式。它要求作为反映社会主体共同意志和根本利益的法律具有至高无上的权威，并在全社会得到有效的实施、普遍的遵守和有力的贯彻。法治作为一种先进的治国方式，要求整个国家以及社会生活均依法而治，即管理国家、治理社会，是凭靠法律这种公共权威，这种普遍、稳定、明确的社会规范；而不是靠任何人格权威，不是靠掌权者的威严甚至特权，不依个人意志为转移。”由此可见，法治是取代人治的最先进的治国方式。“法治”似乎少了“人治”所具有的温情，但让关切民本的温情持续得更为长久。一句话，民本在法治背景下可以展现最圆满的状态：民众自管自。

古代民本思想在当代的转换，使古老的“民惟邦本”的思想有了更新、更切实际的说法，“以人为本”发展为“人民至上”“以人民为主体”“以人民为中心”。新的说法都落实在中国共产党的执政实践中，让中国人民有了更为切实的当家作主的“国家主人翁”意识。而且，由于民本思想的广泛运用，落实在执政党执政兴国的各个方面实践中，正在形成更为系统、更为科学的理论体系。一个新型的学科——民学，在一些理论工作者和实践工作者的积极推进中，将以全新的面貌展示民本中国的灿烂光辉！

“民学”及民学研究之我见

徐 圻

一、关于“民学”

我认真读了李军先生的《民学：传统民本思想的当代转化》一文。这篇文章经几度修改、完善，作者对“民学”的学科定位、学术规范、研究对象、研究目标、实践价值等，不断加以深化和提升，形成了关于“民学”这个新兴研究领域的比较系统和全面的思考，为今后这项研究奠定了很好的基础。特别是，在作者的倡导、引领下，武汉大学、贵阳孔学堂等已经启动大型系统性文献研究与《民藏》出版计划，国内众多专家学者也参与其中。《民藏》的研究、出版，为“民学”（即“传统民本思想的当代转化”这个理论与实践目标）的规范研究、深入研究、拓展研究、全面研究，将提供良好的学术与文献支撑。

因此，我对“民学”概念的提出，对围绕“民”进行的学术研究，特别是对这项研究将要体现的理论和实践价值，表示理解、认同、支持，并预祝取得一步又一步的成果！

我先谈谈对《民学：传统民本思想的当代转化》这篇论文的认知。

民，或人民、老百姓，在中国文化语境下是一个最普通、最平实的词汇，

作者简介：徐圻，国际儒学联合会副理事长，孔学堂学术委员会执行主席，教授。

也是一个最简单、最感性的词汇。民间的事或老百姓的事，就是年年月月、每时每刻都发生在我们身上或身边的事，我们每个人都是“民”的一员。唯其如此，民、百姓这类词汇或概念最不容易引起学界的重视，更不用说把“民”作为系统研究的对象了。因此，当我得知作者欲将“民”或人民、百姓作为一项学术思考和实践方略的主题，并展开由浅入深的系统研究时，这个独辟蹊径、别开生面的思路，令我耳目一新、眼前一亮！

当然，《民学：传统民本思想的当代转化》还是一个大纲性质的文稿，还不是全面、系统、深入、细致的探索。但文章的一些基本界定是清晰的，我也是赞同或基本赞同的。比如作者认为：“‘民’指的是相对国家政权而存在的社会群体，同国家政权一起构成治理与被治理的矛盾统一体。”我认为这个界定是合理的、符合实际的，尽管我对“被治理”这个提法还有一点疑问。关于“民学”，作者指出：“就是从历史出发，着眼于现实和未来，融合政治学、经济学、历史学、人学、社会学、管理学等相关学科理论，在系统地梳理、甄别、吸收前人成果的基础上，深入研究民的特征、本质，民的需求结构、特点、表现形式，民的道德，民的心理，民众运动，民的地位，民的权利等民的主体性内容问题，试图揭示与民关系互动协调规律的一门学问。”我认为，这个解说，作为学科的“定位”（总体的内涵、对象、目的等）是站得住脚的；但作为学科的“定义”，尚需在具体的研究开展之后，在取得了相当的学术成果和实践效益后，再行科学界定。就此而言，我认同作者的判断：“民学在当代成为一门独立的学科，是学术逻辑、历史逻辑、现实逻辑共同作用的必然产物。”当然，一门学科的真正确立（我指的是得到社会广泛认同、得到相关权威部门认定、其学术内涵和学科外延得到了科学的诠释），必须有一个过程，我相信假以时日，是能够实现的。我前面说到“民学”独辟蹊径、别开生面，这是从学术研究角度讲的；而在日常生活实践中，它所涉及的领域，是人类文明史上时时处处都发生的事件、事态、事情的动态总和，的确值得作为一门普适的学问来开展研究。我认为尤其应当揭示政与民（政府与人民）、治理与被治理（官与民）、权利（rights）与权力（powers）等之间的关系（既指“实际的”关系，更指“应当的”关系），把这些关系提升为一种规律性的认知并且付诸实践操作，就会成为一门“显学”，一种“共同价值”，能够成为中国共产党执政理念中的构成要件。

作者在梳理了历史上思想家、政治家、民间关于“民”及其相关概念的表达、表述及现代启示后，重点探讨了传统民本思想当代转化的重点。提出了五个重点内容（五个“民”）：民性、民需、民心、民动、民立。

这五个“民”，基本都是第一次提出，特别是“民动”“民立”这两个词，这是很新颖的！以我之见，也根据作者的阐释，这五个词作为单独的概念是可以成立的，而且可以分别将它们说得透彻、说得有理有据。但如果要把这五个“民”（也可再加一两个或更多的“民”）作为有内在逻辑联系的统一体，则难度很大。总的来说，这五个“民”基本都属于实践操作层面的概念，还不是学术或理论层面的义理。在生活实践中，它们之间的联系不言而喻；但在学术框架下，它们之间的逻辑推演关系却是不明晰的。当然，作者仅仅是提出了一个纲要，一些“重点”，对五个“民”（或更多的“民”）做深入、细致、开创性的研究（包括阐释这些“民”之间内在的理论—逻辑关系），是今后“民学”研究的一个重点。我仍然相信，假以时日，是会取得理论突破的。

我为什么要说上面这些呢？因为一门学科的成立与发展，基础理论是垫脚石、压舱石，必须花大力气在基本理论方面做工作。我的意思倒不一定非要发明、开辟出新的概念、范畴、方法和论证体系来，我认为从古今中外文明发展、社会进步的现有成果中挖掘出、引申出、转化出符合我们需要的理念、思路、途径等等，就可以实现“创造性转化、创新性发展”，就可以为“民学”的立论、论证、理论化、系统化营造出合理而有用的条件。

以上就是《民学：传统民本思想的当代转化》这篇论文给我的印象和启示。我接下来要说的，是一些基础理论或历史背景方面的问题，或者说，是我认为“民学”得以成立、得以拓展的一些不能回避的理论问题或学术难点。我把它们提出来并做一些分析。

二、关于“民”与“人民”这两个概念的关系

“民学”研究，或涉“民”研究，绕不开“人民”这个概念或话题，换句话说，讨论“民”的问题，一定要联系“人民”的问题，否则就延伸不下去。“人民”这个词实在是太常见、太普通了，不仅是中国共产党一切纲领和目标的价值基础，而且是现代文明的核心范畴。现代语境下，“人民”就是俗称的“老百姓”，不管是真是假，人民都是任何现代政党的政治诉求之源泉和基础。相反，“民”这个词在现代中国用得比较少，除非是为了修辞的需要而简化性地使用，比如“权为民所用，利为民所谋”“执政为民”等等。这时，“民”和“人民”是可以互换的。“民”在中国古代是个常见词，与帝王、官僚、统治者相对。其涵义，《民学：传统民本思想的当代转化》一文已经做了比较详细的考证。

我刚才说了，“民学”研究，或涉“民”研究，绕不开“人民”这个概念或话题，所以必须对这两个概念及其关系加以澄清、界定。但是恰恰在这个问题上，存在着难点，难就难在这两个概念的区别上。如果现代语境下“民”与“人民”在内涵上基本一致、可以互换，那么“民学”和“人民学”的互换也就可以成立了，而“民本”概念与“以人民为中心”概念，也可以等同了。这显然不是我们构想、设立“民学”这门学科的初衷，因此澄清“民”与“人民”的原则区别就势在必行。

我认为这是不难做到的。在绝大多数情况下，“民”是一个中国古典文化的概念，即皇家、官僚阶层、士大夫、“肉食者”、“劳心者”、“君子”眼里的那些“布衣”“下人”“劳力者”“治于人者”“小人”等等。而“人民”或“老百姓”“群众”，其现代或当代涵义，我就不用赘述了，习近平总书记把“人民”与“江山”等量齐观，足见人民的地位之高、分量之重。由此

可见，通常意义下，“民”和“人民”，这两个概念的涵义有着巨大的反差。

然而，一旦澄清了两者的区别，新的问题又来了：如果研究与“人民”相区别、相对立的那个“民”，就很有可能成了仅仅研究中国古代的“涉民”或“民本”思想，而与现代“人民”概念及其研究相脱离。这个情况，显然也是我们的研究团队必须避免的。“民学”研究真正的理论难点在于：既要立足于、起始于古典的“民”或民本思想，又要最终归结于、落脚于现代的“人民”或“以人民为中心”的思想。尤其重要的是：这里讲的“起始点”与“归结点”之间必须有逻辑的、事实的通道或连接，而不能仅仅给出一个定性的结论就算了。换句话说，一定要在理论上和实践中说明白：传统民本思想是如何实现其“当代转化”的。如果把这个难点克服了，“民学”研究就取得了事半功倍的效果。

还有一点顺便讲一下。现代语境下，“人民”（people）是一个集合概念，即所有个体的人（person）的集合或总汇。这就存在一个“个人”与“群体”的关系问题，应该加以澄清。中国古代社会是基本没有“个人”地位的，没有“个体”“自我”这些词汇，研究与个人价值相关的学问就更谈不上。在中国古代，不论是“官”还是“民”，都指代某个群体、某个阶层，而不涉及张三李四。我觉得，在“民学”研究中，不能不注意到中国传统文化的这个缺漏，否则一些深层次的探索就有可能被阻碍。马克思、恩格斯在《共产党宣言》里有一句名言：在未来的理想社会里，“每个人的自由发展是一切人的自由发展的条件”。[①] 我认为，这句话不仅精辟地说明了个人与群体的关系，而且揭示了古典的“民”过渡到当代的“人民”这个过程的内在机理。

① ［德］马克思、［德］恩格斯：《共产党宣言》，中共中央马克思恩格斯列宁斯大林著作编译局编译，人民出版社 2014 年版，第 51 页。

三、关于“民学”研究与“民主”的关系

在“民学”研究中，或在阐释“民”这个概念的当代涵义的过程中，现代意义的“民主”概念及其与“民”的关系，也是一个绕不过去的话题。现在经常有一种倾向，一提民主、自由等价值，就说那是西方资产阶级的东西，要不得，显得底气不足。其实哪有这个道理？我们都知道，“民主”与“自由、平等、法治、文明”等一系列概念，构成了“社会主义核心价值观”的基本内涵。习近平总书记在“七一”重要讲话中向全世界宣示：“中国共产党将继续同一切爱好和平的国家和人民一道，弘扬和平、发展、公平、正义、民主、自由的全人类共同价值。”① 民主既然是全人类的共同价值，我们就要理直气壮地加以援引和阐发。特别是在“民学”研究中，必须借鉴、结合、贯彻现代民主的价值内涵，把“民”“人民”的主体地位显著地凸显出来。这既是社会主义民主政治建设的需要，也完全符合马克思主义中国化的理论和实践要求。

中国传统的“民本”思想与现代的“民主”价值，是两个起源不同、内涵相异的思想体系。我们现在讨论“传统民本思想的当代转化”这个重大课题，不能不着眼于“民本”和“民主”这两个理念之间的对话与通融。说到当代转化，就涉及转化的结果，即：转化的预期是什么？可否转化？如何转化？转化成什么？等等。在我看来，现代政治学意义上的“民本”，就是我们通常讲的“以人为本”“以人民为中心”，其实现途径不是别的，正是社会主义民主政治的理论和实践，即党的领导、人民当家作主、依法治国的有机统一。说得更明确一点，我们构建“民学”这个学术、学科体系，我们实施《民藏》研究、出版工程，最终目标就是要推进、实现传统民本思想与当代民主政治之间的相容、相兼、相通，为社会主义民主政治和社会主义法治国家建

---

① 习近平：《在庆祝中国共产党成立100周年大会上的讲话》，《人民日报》2021年7月2日。

设提供理论支撑。

必须明确：真正站得住脚的、经得起考验的“人民当家作主”，除了具备理论上的合理性外，必须具有实践中的有效性和可检验性，亦即具有合法性与可操作性相统一、实质公正与程序公正相一致、自下而上与自上而下相结合的民主—法治结构。我认为，研究这种合理性和有效性，探讨这种程序和结构，是“民学”研究的题中之义。还需明确：古代“民本”思想的要义是所谓“为民做主”（载舟覆舟、先忧后乐、与民休息、以百姓心为心、父母官等），而当代“民主”理念的要义则是“当家作主”（老百姓是国家和自己的真正主人，而政府或官员只是人民的工具、守夜人、公仆）。因此，我们的“民学”研究目标之一，就是要阐明权利（rights）与权力（powers）的关系：民权是政权的根基，而不是相反。

孟子曰：“民为贵，社稷次之，君为轻。”（《孟子·尽心下》）2000多年前的孟子已经阐述了人民、百姓（“民”）与江山社稷、政府之间的主次、轻重、本末关系，这是非常了不起的政治理想，尽管这种理想在整个封建时代从未成为过现实。实际上，在2000多年的专制皇权时期，孟子的“民贵君轻”思想从来没有被当过真，无论是帝王、官僚、士大夫，还是儒生、工匠、百姓，都没有当过真。唯有明太祖朱元璋注意到了这个思想的“严重性”，他对《孟子》中的“民贵君轻”表述十分不满，曾要求删除这类“逆反”话语。但孟子的这个思想在1000多年后，与欧洲文艺复兴运动兴起的空想社会主义思潮却有了许多契合点。当社会主义从空想转变为科学之后，特别是在中国特色社会主义的实践过程中，“人民至上”“以人为本”“江山就是人民，人民就是江山”等等思想观念，才真正实现并大大升华了孟子2000多年前的祈愿。

100年前的“新文化运动”引进了大量的西方思想、学说、义理、观念，经过碰撞、甄别、选择，马克思主义独占鳌头，为当时许多先进的中国人所接受、信奉，最后促成了中国共产党的成立。马克思主义是古希腊以来，特别是文艺复兴以后西方文化的一个伟大结晶。马克思主义第一次让中国人知道了人民群众创造历史的伟力，知道了过去等而下之的“民”“民众”成为国家主人的合理性、可能性和现实性，知道了文明社会中人与人与生俱来的“平等”“平权”的禀赋，知道了个人的自由发展是所有人自由发展的前提条件，等等。这是前所未有的思想启蒙，使中国人真正开眼看见了、看清了外面的世界。1939 年，毛泽东在延安曾专门谈到以他为代表的那一代革命者对马克思主义精神实质的理解：“马克思主义的道理千条万绪，归根到底，就是一句话——‘造反有理’。……根据这个道理，于是就反抗，就斗争，就干社会主义。”① 也正如《共产党宣言》所昭示的：“工人革命的第一步就是使无产阶级上升为统治阶级，争得民主。”②

由此可见，真正的“民本”与真正的“民主”在内涵和外延上必须是高度契合的，那就是：老百姓当家作主，成为自己的主人、社会的主人、国家的主人，而执政党、政府、官员，都是人民的工具、公仆、守夜人。因为江山就是人民，人民就是江山！

2004 年 9 月，胡锦涛同志提出了三句话：“权为民所用，情为民所系，利为民所谋。”③ 这三句话曾被比喻为“新三民主义”。后来胡锦涛又在党的十七大报告中明确：“发展为了人民，发展依靠人民，发展成果由人民共享。”④“三民主义”这个理念由孙中山先生提出，即“民有、民治、民享”。孙中山说他的这个三民主义思想直接来自美国总统亚伯拉罕·林肯 1863 年 11 月 19 日著名的“葛底斯堡演说”里的三个短语：Of the people, by the people, for the people（即“来自人民，依靠人民，为了人民”。顺便说一下，

① 转引自毛泽东：《毛主席语录——在延安各界庆祝斯大林六十寿辰大会上的讲话》，《人民日报》1966 年 8 月 26 日。
② ［德］马克思、［德］恩格斯：《共产党宣言》，中共中央马克思恩格斯列宁斯大林著作编译局编译，人民出版社 2014 年版，第 49 页。
③ 胡锦涛：《做好当前党和国家的各项工作（二〇〇四年九月十九日）》，《十六大以来重要文献选编》（中），中央文献出版社 2006 年版，第 317 页。
④ 胡锦涛：《坚持以人为本发展　成果由人民共享》，中国新闻网（https://www.chinanews.com.cn/gn/news/2007/10-15/1049124.shtml.2007.10.15）。

马克思本人对林肯总统的《葛底斯堡演说》是十分欣赏并且推崇的），这是林肯的“三民主义”。所有以上这些表述，落脚点都在“民”或“人民”上。毛泽东同志批判地继承了“三民主义”思想并对其作了马克思主义的修订与提升，简化为一句话：“全心全意为人民服务”（serve the people with heart and soul）。这句话后来被美国西点军校列为了箴言。我们在这里看到，在人民至上的问题上，资产阶级的政治家（林肯）说的话得到了无产阶级革命导师（马克思）的认可、赞赏，而社会主义国家人民领袖（毛泽东）说的话被资本主义国家最高军事学府（西点军校）奉为箴言。这是什么？这就是习近平总书记讲的“全人类共同价值”。

1945 年 7 月，毛泽东在延安与黄炎培先生作过一次著名的谈话（“窑洞对”），讨论中国共产党执政以后怎么跳出治乱兴衰、轮回更替的历史周期律的问题。毛泽东说：“我们已经找到新路，我们能跳出这周期律。这条新路，就是民主。只有让人民来监督政府，政府才不敢松懈；只有人人起来负责，才不会人亡政息。”[①] 这是真理之言啊！如今中国共产党已经执政超过 70 年，为了国强民富、长治久安，为了中华民族伟大复兴的全面实现，民主的问题是必须面对并切实解决的。我们说“道路自信”“制度自信”，无论如何不能避开这个问题。这就是为什么“民主、自由、平等、法治”等理念要写进社会主义核心价值观里去的深层理由。

但是，在民主这个问题上也不能搞绝对化，“人民主权”不能是没有限制的，否则就会发生民粹主义、极端民主化、“大民主”这样的情况，少数人的权利就会受到伤害或被剥夺，就会出现“群众专政”或“多数人的暴政”（马克思）。从历史上看，这种“极端民主化”所导致的恐怖，甚至超过了封建专制和个人独断，而且由于它经常假“人民的名义”来呈现，就更具有欺骗性，也更可怕。公元前 4 世纪，雅典城邦通过公民投票判了伟大哲学家苏格拉底

---

① 转引自红言：《依靠党的自我革命，跳出历史周期率》，《红旗文稿》2022 年第 2 期。

死刑；18 世纪法国大革命期间大量无辜的人通过广场群众表决上了断头台；清末谭嗣同等“戊戌六君子”被砍头时，围观老百姓欢呼雀跃、大喊过瘾；20 世纪三四十年代纳粹迫害犹太人得到了德国民众（包括知识阶层）的“衷心拥护”，等等。

以上种种，我认为都可以作为全面系统的“民学”研究的背景、参照或视野。

四、关于传统民本思想转化为现代民主实践的问题

前文提到，“转化”（能否转化？怎么转化？转化为何？）是“民学”研究的难中之难。这个难点如果不加以解决，研究就难以进行下去。我当然没有能力解决这个难题，但我可以做一些分析，提一点建议。

如果使用“民”这个词来分别指代中国古代的老百姓和当今中国的人民群众的话，那么这两者的涵义和地位就会呈现出天渊之别来。这一点，我在前面分析“民”与“人民”这两个概念的区别时已经指出来了。

古代的“民”，即庶民、臣民、黎民、草民、小民、贱民、布衣、卑职、奴才、下人、小的，等等，这是对老百姓的蔑称（更常常是百姓们的自称）；而今天的“民”，则是人民、公民、国民、市民、选民、居民、股民、网民、群众、你、我、他，等等。这两种“民”天差地别、泾渭分明，不用解释就清晰明了。前一个“民”转化到后一个“民”，我在前面引述马克思、毛泽东时已经说了，途径或手段是“一破一立”：破就是革命、造反、斗争，立就是构建民主政治体系。但如果想仅仅以“批判的武器”（理论）而不是“武器的批判”（实践）的方式，把古代的“民”变成今天的“民”，说实在的，我看不到这种可能性和可行性。因此，如何打通这两者，真正完成传统民本思想的“当代转化”，是“民学”研究遇到的最大挑战。

为了印证我上述不太乐观的结论，我要引述《民学：传统民本思想的当代转化》一文中一段重要的文字，这段文字对中国古代民本思想的实质作了

十分精当的分析，我完全同意。

考察传统民本思想，可以发现其内存的两个方面的矛盾。一是体现在对“民”的地位的认识上。民本思想家一方面认识到“民惟邦本，本固邦宁”，以“君舟民水”作比喻，提出“水能载舟、亦能覆舟”，强调“民贵君轻”，要“畏民”“重民”；另一方面，又在态度上轻视民众，将民众看作愚昧无知、需要被统治教化的群体，甚至蔑称其为“草民”“贱民”“蚁民”，提出诸如“民可使由之，不可使知之”“劳心者治人，劳力者治于人”“民者，暝也”“有道之国，务在弱民”等“愚民”“弱民”的治国方略。二是体现在实践目标上。民本思想家认为“政在养民”“使民富且寿”是善政的最好体现，并提出了类似“轻徭薄赋”“与民休息”等富民、利民政策，这些主张被统治者采纳后，客观上起到了减轻百姓负担、改善民众生活的作用。但从价值取向上来看，这些主张并非为了“养民”而是为了“牧民”，“养民”不过是君主的“牧民”手段，“御民之辔，在上之所贵；道民之门，在上之所先；召民之路，在上之所好恶”，“养民”的真正目的在于引导和约束君的言行，最终是为了保有君位。

既然如此，我们怎么能够从传统民本思想中找到符合现代民主政治的元素来实现其当代转化呢？

中国古代民本思想多出于帝、王、将、相及御用思想家，他们说的话，他们写的书、文，他们的语言表达形式，可以为现当代所用，这是不应该有争议的。不仅传统民本思想，包括所有中华传统文化中的经典表述与宣示，我们都可以加以借用、引申、拓展、弘扬，使之成为对当代中国社会主义现代化建设和实现中华民族伟大复兴过程中合理而有效的表达形式。但是，传统民本思想的精神实质和价值内涵——我前面已经说了——总的来说是不能够为今天所用的。归根结底，传统民本思想是一种“驭民之术”，在那个语境之下，“民”或“人民”绝不可能成为国家和社会的主人，他们只是工具，最多不过是“载舟之水”。

不过，中国古代的君臣关系、官民关系、庙堂—江湖关系也不是一成不变的，不是铁板一块。保守与开明、专断与温和、法家与儒家交替出现，各种表现形式不同，但“为民做主”的本质不变。有一点我们得承认：“青天老爷”比横征暴敛要好，“爱民如子”比欺男霸女要好，“父母官”比恶霸要好，尽管所有这些人的实质角色是一样的——凌驾于百姓之上的统治者。由此我想：建设社会主义民主政治和社会主义法治国家的目标应当渐次推进、分步实施。最基本的一条，就是我们的各级领导干部必须具有亲民的胸怀、爱民的心境、为民的担当。我想，这恐怕就是传统民本思想在当代中国仍然具有生命力的一个具体体现吧。毕竟，我们面对这样一个现实：对“好官”的期盼，仍然是今天中国老百姓的强烈诉求。

社会主义民主政治的核心观念是“人民当家作主”，人民处在最高、最重、最根本的位置上。“民学”研究要确立并且论证的，正是“民”或“人民”的这种至高无上性。我认为，当下的一个重要任务，是论证、确保、捍卫“公民”的法律和社会地位，使民主与法治成为相互支撑、相互补充的共同价值。

“公民”这个概念来自古希腊。在雅典城邦，公民的身份是比较狭窄的，排除了妇女、外地人和奴隶。欧洲中世纪以后，公民权开始普及，每个男性居民都一定是“公民”，妇女公民权在 19 世纪特别是 20 世纪得到了全面确立。在今天，世界上几乎所有国家，都由宪法保障了每一个成年人的公民权。这是了不起的历史进步。如果我们认可雅斯贝尔斯关于“轴心时代”的古代文明定位（即公元前 800 年至公元前 500 年这个期间，地球上不同地区先后兴起了各不相同的伟大文明），那么在所有这些文明中，只有古希腊文明诞生、成长、完善了民主和法治这样一种治国理政、规范社会的政治模式。其中，赋予每一个成年人以“公民权”，是这个政治模式的“压舱石”。如今，“公民权”已成为当今世界不同国家的不同种族、不同阶级或阶层的“标配”身份。在当年的雅典城邦，“公民”就是拥有私人财产，因而有着独立人格和自由意志的人。在今天，财产权已经不再是公民权的前提条件，但“独立人格”和“自由意志”这两条，一直通行于世界各国，哪怕仅仅是字面上的通行。这是任何民主、法治国家得以存在、发展、进步的前提。

我在本文开头就说了，现代政治社会生活中，我们最熟悉、最常用的词汇之一是“人民”二字，这是个集合概念，指大众、全体、个人的总和。中国传统文化里也曾出现过“人民”这个词，比如孟子就说过：“诸侯之宝三：土地、人民、政事。”（《孟子·尽心下》）不过在中国古代绝大多数时期，中下层劳动者、芸芸众生更多的是被“居庙堂之高”的那些人（皇家、官僚、士大夫）俯视的对象，从他们口中说出来的是“民”“众”“百姓”“布衣”这些词汇。民众、百姓的权利和地位（包括个体的、群体的、全体的权利与地位），在整个封建时代几乎无人问津，至于“公民”这个概念或涵义，更是无迹可寻。

中国古代大一统的专制王权长达2000余年，几乎不可能产生民主的思想，更不可能产生民主的政治。朕即天下、君臣父子、宗法传承、血缘伦理、亲亲疏疏、家长制、一言堂等等，都注定了“民”、“众”、老百姓的地位最低，在这方面，儒家和法家经典中有太多的论述。有人说中国古代就有“人人平等”的思想，我是不相信的，至少我不相信那是主流思想。即便孟子说了“民贵君轻”这样的话，那也仅只他一个人说过，而且2000年来很少有人认真对待过他老先生的这句话。

辛亥革命以后，中国老百姓开始享受公民权。如今100多年过去了，这期间经历了许许多多的风雨起伏，“公民”在中华人民共和国已经成为一个无可非议的普通称呼，虽然它还不是一个特别响当当的、神圣不可侵犯的称呼——那正是我们建设社会主义法治国家的一个终极性目标。我们不能不感佩辛亥革命对帝制的一劳永逸的摧毁，不能不感佩新中国开国领袖们对半殖民地半封建社会的终结，不能不感佩改革开放的设计师、决策者们实施“依法治国”的坚定意志。

五、关于“民学”话语体系的构建问题

《民学：传统民本思想的当代转化》一文提出了构建“民学话语体系”的目标，我认为这是必要的。任何一个学科得以成立，必须具备它特定的一些概念、范畴和逻辑架构。文中还提出“以符合中国人的思维方式、语言习惯、概念形式，对马克思主义人民观进行中国化表达，使其更容易为中国人民喜闻乐见”“改变国内学界盛行的西方理论和术语，学术框架方法的状况，有利于破除西方涉民话语霸权、加强对外政治文化传播力”等等。这些想法和见解，我都是赞同的。

我提一点看法和建议。

构建“民学”这门新兴学科的语言表达体系，是一个长期的目标，需要积极而稳妥地推进，不可操之过急。最重要的是必须符合当代中国人已经适应了的语言习惯。20 世纪初新文化运动后，中国人有了两套书面语言——白话文和文言文。如今，文言文（古汉语）早已非常式微、小众，除了特殊情况（专业研究、古文欣赏、语文教学、古籍整理等），基本不会使用。这是五四新文化运动的一个了不起的成就，是中国文化与外来文化全面沟通、全面交流的象征。100 年来，特别是 20 世纪 70 年代以来，我们的中小学生都是通过白话文（普通话）接受教育的。即便是一些非常重要的、必须在日常生活中使用的古汉语词汇，也一定要在做了现代汉语的解析、解读之后才成为可理解的话语，比如“实事求是”，比如“修齐治平”，比如“经世致用”，比如“民有、民治、民享”，等等。

为什么 100 年前白话文能够在中国大地上迅速普及、流行？因为白话文是人们口头语言的书面化，是老百姓最能辨识、最能接受的文字系统。19 世纪末 20 世纪初，大量西方思想、观念、潮流进入中国。开始时，以严复为代表的中国学者将许多西方经典翻译成文言文，比如《天演论》《民约论》《穆勒名学》《法意》等等，在知识界产生了重大影响。但这些作品在中下层民

众中的影响却很小，甚至知之者寥寥，因为这些文言文作品在大众中的可理解性比较弱。后来，在白话文运动中，更多的西方经典被翻译成为老百姓读得懂的书面语言，其影响就迅速扩展开来。陈望道对《共产党宣言》的翻译就是一个很好的例子。

世界上有许多本土语言借用了外来用语，甚至直接套用外语的语音，以此形成表达习惯，成为本土语言中的新词汇。但现代汉语是直接套用外语词汇和语音最少的语言，即便发生这种情况，也往往赋予其中国文化的语义，这是中华文化强大同化力的体现。而在日语、韩语中，则充斥了大量的英文词汇或发音。我们今天的许多汉语概念、词汇，是100年来逐渐从外来语言中引进、借用、转译过来的，这些语词虽仍然是汉字，却具有了古汉语不曾有的、与现代社会发展接轨的语义或功能，比如政治、经济、文化、革命、阶级、改良、自由、平等、文明、共和、公民、宪法、政党、科学、技术、学术、契约、法律、官司，等等。这些概念或词汇，是在经过了相当长时间的适应与磨合之后，才成为中国人习以为常的用语或表达习惯的。我认为，不管今天从事什么样的学术研究，这些概念、词汇已经基本够用了。

既然中国人早已习惯了现代汉语的表述和表达方式，我们在构建“民学话语体系”时就必须遵循中国人的习惯，不能脱离现实的语境而生造语词或过多使用古汉语词汇。我不认为中华语言在沟通、交流、表达、传播方面存在“西方话语霸权”的干扰和挑战。语言是思想的外衣，文字是观念的符号，它们本身没有政治性、阶级性、倾向性，它们就是工具。关键是怎么通过语言、文字、逻辑和修辞来如实、便捷、有效地传输思想内容和精神诉求。

我建议，构建新的话语体系这件事可以先放一放。集中精力思考“民学”的学科内涵、学术规范、研究框架及现实意义，破解“民学”研究中的难题和挑战，这才是目前最应该做的事情。

试论批判地继承传统民本思想

彭京宜

民本，是中华传统文化的一个重要概念。一般认为，它是“民惟邦本，本固邦宁”的简说，而“民惟邦本，本固邦宁”语出《尚书·五子之歌》，意思是民众是国家的根本，只有巩固国家的基石，国家才能安宁。民本思想源远流长，内容极其丰富，甚至十分驳杂，笼而统之地对其进行继承，或者笼而统之地对其进行扬弃，都是片面和有害的。本文试图对我国传统民本思想作一些梳理，在此基础上谈谈如何批判地加以继承，以就教于大方之家。

一

从表面看，我国古代民本思想十分复杂，从概念上看，提出过得民、保民、有民、爱民、养民、利民、亲民、富民、裕民、便民等等，大致分类，有以下三类内容。

第一类：重民。重民，即重视民众在国家政治中的作用。“民惟邦本”可视为重民思想的“元理论”，它告诉人们，民众是国家的根本，丢掉了这个根本，国家就失去了存在的基础。贾谊说：“自古至于今，与民为仇者，有迟有速，而民必胜之。”[①] 即是说，与民众为敌者，迟早要垮台，因为真正

作者简介：彭京宜，海南省孔子学会会长，海口经济学院执行校长、学术委员会主任，教授。

① 〔汉〕贾谊：《大政上》，《新书校注》卷九，阎振益、钟夏校注，中华书局2000年版，第339页。

强大的是民众。孟子说："民为贵，社稷次之，君为轻。"（《孟子·尽心下》）他认为，民众的重要性高于国家，也高于君王，虽然这种认识在当时不可能成为现实，但不能否定它本身所达到的高度。荀子说："君者，舟也；庶人者，水也。水则载舟，水则覆舟。"（《荀子·王制》）荀子把民众和君王的关系，比喻成水和舟的关系，这是很有见地的，历代比较开明的统治者，都喜欢以此作为警示语，警示自己不可以把民众当成群氓和草芥。当然也要看到，由于历史和阶级的局限性，封建统治者没有也不可能真正把民众放在最高的位置。

第二类：惠民。惠民，即让民众得到好处。孔子说，"百姓足，君孰与不足？"（《论语·颜渊》）孔子心目中的小康社会，不只是官员富足的社会，而是社会成员共同富裕的社会，是民众也生活得好的社会。孟子提出"制民之产"，说的就是让老百姓由穷而富，生活有保障，免于饥寒困顿，建设让老百姓生活得好的社会。管子说，"仓廪实则知礼节，衣食足则知荣辱"（《管子·牧民》），他认为，只有百姓都变得富足了，才会有淳良的风气和文明的社会。离开这一点去谈社会和谐，是没有意义的。《荀子·哀公》中则讲得更尖锐："自古及今，未有穷其下而无危者也。"这就是说，百姓富足，国家才会安定；百姓穷困，国家就会覆亡。只有让百姓得到实惠，让百姓富足起来，国家才会长治久安。类似的认识，在古籍中多有所在。在古代社会，与"惠民"相互呼应的概念，还有"裕民""养民""康民"等等，它们的具体含义虽然有所区别，但其基本精神却是大体一致的，即以"惠民"为手段，达到"惠君"之目的。

第三类：爱民。爱民，即爱护和关心民众。孔子思想的核心是仁者爱人，他主张将"孝""悌"等家庭伦理推广到整个社会去，以此来拯救那个礼崩乐坏的世界。孟子则主张"与民同乐"，反对统治者"独乐"，他提出的"乐以天下，忧以天下"，直接启发了宋人范仲淹的名句："先天下之忧而忧，后天下之乐而乐。"显然，孟子不仅主张爱民，而且主张要在情感上与老百姓相融相通。墨子提出"兼爱"（《墨子·兼爱》），主张统治者与老百姓"均事业”“共劳苦”，他反对把老百姓当成会说话的工具，当成没有思想的蝼蚁，当成毫无情感的物件。古代一些贤明的君王和官员，也提出或认同“爱民如子”，虽然他们未必做得到，但其中包含的爱民思想和情感，应当属于传统文化中的宝贵财富。

二

从实质看，我国古代民本思想，大致有三重境界。

第一种境界：价值论，它视民本为政治运作的核心价值。作为“亚圣”，孟子提出了堪称绝冠的论断：“民为贵，社稷次之，君为轻。”（《孟子·尽心下》）民贵君轻，一语道破了实质，道破了根本，道破了放之千年而不易，放之四海而皆准的真理。在这个基础上，王道就不再是一串恐怖的故事，也不是一个玄乎的话题，“乐以天下，忧以天下，然而不王者，未之有也”（《孟子·梁惠王下》）。这就是说，王道就是与民同乐，如此而已。荀子的思想与孟子的思想相类，而且似乎比孟子讲得更加通俗易懂：“天之生民，非为君也；天之立君，以为民也。”（《荀子·大略》）他认为，民众来到世界上，不是为了拱卫君王，而君王来到世界上，是为了服务民众。荀子用极其简洁的语言，把孟子政治学说中的这个核心理念，发挥得恰到好处。所谓价值论的基本特点是：民为本，君为末；民为贵，君为贱。这是最高级的价值取向，也是最根本的政治文明。

第二种境界：工具论，它视民本为一种治国理政的工具。在孔子、老子和管子等看来，君王若要治理好国家，最重要的是以民为本，唯有如此才能使国家长治久安，这是治国理政的不二良方，孔子强调仁者爱人，并以此为核心建立了自己的民本思想体系。这个思想体系以克己复礼为旗帜，对殷周和春秋以来的得民、保民、有民、爱民、养民、利民、亲民、富民、裕民、便民等执政经验和治国理念进行了全面总结，在后世产生了很大的影响。老子的民本思想，与孔子的民本思想形异而神似，在无为而治的旗帜下，他强调“贵以贱为本，高以下为基”，宣扬“圣人无常心，以百姓心为心”，主张“民自化，民自正，民自富，民自朴”（《道德经》第十三章），即民众靠自己可以改变，靠自己可以走正道，靠自己可以发展经济，靠自己可以保持淳朴的民风。总之，以民为本，顺应民意，便可以无往不胜。管仲的相关民本思想则似乎更加系统全面，《管子》一书以“爱民”为核心，讲述了其中的基本方略，如殖民、富民、教民、正民等，在此基础上，还详述了其中的具体路径，如：“放旧罪，修旧宗，立无后，则民殖矣。省刑罚，薄赋敛，则民富矣。乡建贤士，使教于国，则民有礼矣。出令不改，则民正矣。此爱民之道也。”（《管子·匡君小匡》）所谓工具论的特点是，君王要以民为本，之所以要如此，是因为这是治国理政安民、巩固自身政权的根本方法。

第三种境界：权谋论，它视民本为愚弄或欺骗百姓的权术。正像有些论者所指出的那样，我国古代民本思想，早在先秦时期就已达到高峰，如孟子和荀子等人所提出的思想观点。秦以后直至明末清初，民本思想虽然亮点纷呈，美不胜收，但仔细加以分析就会发现，它们并没有超越先秦已经达到的高度。反过来，在漫长的封建社会中，民本思想还出现过许多反复和失落。这种反复和失落表现为：民本这一先进的政治理念常常沦落为封建统治阶级手中的权术，丧失了对封建专制的制衡能力和对社会矛盾的消解作用。例如西汉政治家董仲舒提出“罢黜百家，独尊儒术”，表面上是主张张扬儒学、实施仁政，实际上是排除异端、控制思想，不仅儒家以外的思想被加以排除，而且儒家思想本身的好东西连同所包含的民本思想也被阉割。所谓以民为本，实际上是愚弄人民和欺骗舆论的代名词。

三

明确了古代民本思想的三重境界，就可以来谈下一个问题：今天，我们应当如何批判地继承古代民本思想呢？我认为，最重要的是把握好如下三个重要原则。

一要张扬“价值论”。习近平总书记在庆祝中国共产党成立100周年大会上的讲话中提出，要坚持把马克思主义基本原理同中国具体实际相结合，同中华优秀传统文化相结合。这两个“相结合”，既指明了马克思主义中国化的具体途径，又指明了弘扬中华优秀传统文化的正确方向。中国特色社会主义理论中的一些重要思想，既与古代民本思想中最优秀的部分相契合，又体现了鲜明的新时代的特色，应当进行准确而深入的阐释和宣传。例如“人民至上”，讲的是人民为大，人民为上，人民为贵，人民为本。这是一种核心理念，而不只是一种宣传口号或具体方法，例如“群众路线”，讲的是一切为了群众，一切依靠群众，从群众中来，到群众中去。这是一种根本宗旨，而不只是工作方法、具体策略，例如“公仆意识”，讲的是官员只是公仆，人民才是主人，视官员为“官老爷”，视民众为“下等人”等观念和做法，是极其错误和落后的。还有“纳税人意识”，也是一种先进理念，它具体而微地印证了何为人民至上。事实已经证明并将继续证明，所有这些理念越深入人心，政治就越清明，文明就越发展，社会就越进步，建设社会主义现代化强国就越有保障。

二要慎抛“工具论”。过去我们喜欢说一句话：“党支持和保证人民当家做主，而不是代替人民当家做主。”这就是说，党要“由民做主”，不要“为民做主”。今天怎么看这句话？我以为，从长远看这是对的，因为民主的本义就是人民当家做主，这是人类文明发展的正确方向，也是社会主义民主的必然要求。但是从当前看，它还难以完全成为事实，事实是，党一方面努力按照人民的意愿来执政（为民做主），另一方面也直接让人民选出来的代表实施管理（由民做主，如我国目前的基层群众自治制度）。可以肯定，在今天和以后较长的时间里，“为民做主”和“由民做主”将长期并存，互相依存，动态发展，这是由社会主义初级阶段特定的国情所决定的，是不以人们的意志为转移的。

为了更深入地说明问题，我想就民主和集权的关系讲三个理念。第一，

“民主是人不是神”。民主是个好东西 ，这是毫无疑问的。但是民主（特别是作为一种具体形式）是有缺点的，例如在民主的条件下，效率低下，决策错误等现象并不罕见。第二，“集权是人不是鬼”。集权的名声似乎不太好，但不应当否定它在特定时间和空间的积极意义。世界上不少国家（例如中东和非洲的不少国家）长期战乱、动荡和混乱，缺少的正是“擎天柱”和“压舱石”，这几乎成为一种共识。第三，“极端是鬼不是人”。真正可怕的是极端，民主走向极端就成了民粹，这是很有害的；集权走向极端就成了专制，这也是有害的。在今天的世界上，这两种极端都是存在的，都应当引以为戒。因此，在今天的条件下，不是简单地否定“工具论”，而是在“为民做主”和“由民做主”之间保持一种平衡，一种动态的平衡，才是实事求是的，也才是有效和明智的。

三要摒弃“权术论”。嘴上口口声声“爱民”，内心却把人民当成“草民”，通过“爱民”来骗取民心，以获取个人或少数人的特殊利益，这种思想和做派古已有之，今天也并未绝迹。它们表现为：口头上大讲弘扬优秀传统文化，实际上只喜欢其中一些阴暗的东西；口头上大讲弘扬儒家优秀文化，实际上只偏爱那些愚忠、愚孝、愚节之类的糟粕；口头上大讲以民为本，实际上却笃信“民可使由之，不可使知之”。总之，在这些人看来，以民为本等等，只是一些好听的说法，好看的噱头，可以愚弄民众，可以欺骗舆论，而所有这一切只能说说而已，谁要当真，谁就是幼稚，就是天真，就是书呆子。在他们那里，“民本”等等，只是一种宣传，一种手段，而手段是为目的服务的，目的就是维护统治者的既得利益，维护少数人的既得利益。为了维护这种利益，他们可以抛弃一切，包括践踏老百姓基本的生存权利。这种现象，在中国几千年的封建社会历史中，是屡见不鲜的。因此，坚决摒弃上述权谋论，不让这样的思想和做派躲在“民本”的旗号下生长和繁衍，既是正确借鉴优秀传统文化的重要课题，也是当前思想、文化和政治建设的重要课题。

浅谈“民本”“民学”与《民藏》

舒大刚

很高兴参加今天“民本思想与《民藏》编纂论证会”！我这里主要谈两个问题：一是从“民本”到“民学”，二是“民学”学科建设与《民藏》编纂的感想。

一、从“民本”到“民学”

中华优秀传统文化是以人文精神、仁民爱物、律己利他为基本特征的。自宇宙自然而观之，中华文化是“以人为本”的，《孝经》说：“天地之性人为贵”，《尚书》说：“惟人万物之灵”，从这个意义上讲，是“人本主义”的。自政治社会而观之，中华文化是“以民为本”的，《孟子》说：“民为贵，社稷次之，君为轻”，《左传》说“忠于民而信于神”，就这个意义而言，是“民本主义”的。自人与我的关系而言，中华文化又是“克己利人”的，董仲舒说：“仁者人，义者我也”，就此而言，又是“自律利他”的。抓住此三者，中华优秀传统文化的主体精神就思过半矣。

《关于实施中华优秀传统文化传承发展工程的意见》中，在谈到传承发展的“主要内容”时，从核心价值理念、传统优秀美德和中华人文精神三方

作者简介：舒大刚，国际儒学联合会副会长，四川大学国际儒学研究院院长、古籍所所长，孔学堂学术委员会委员。

面入手，分别做了界说和规定。其中在讲“核心思想理念”就说，中华民族和中国人民在“修齐治平、尊时守位、知常达变、开物成务、建功立业”过程中培育和形成了稳定的基本思想理念，如“革故鼎新、与时俱进的思想”“脚踏实地、实事求是的思想”“惠民利民、安民富民的思想”“道法自然、天人合一的思想”等，它们都“可以为人们认识和改造世界提供有益启迪，可以为治国理政提供有益借鉴”，因此号召：“传承中国文化，就要大力弘扬讲仁爱、重民本、守诚信、崇正义、尚和合、求大同等核心思想理念。”其中“重民本”是儒家重要的执政理念，“惠民利民、安民富民”则是儒家提倡的施政重心。是重民还是重君、利民还是利君，这是儒家与法家（君本）、墨家（尚同）的重要区别，也是一个政权治与乱、存与亡的关键。

在中国，“民本”思想由来已久，一部中国政治史其实就是重民、爱民、利民（当然也有防民、虐民、失民）的历史。虽然“民本”出现在《尚书·五子之歌》（“民惟邦本，本固邦宁”）中疑似晚出，但这种思想却在《周易》《尚书》《左传》《逸周书》及其他先秦文献中就早已产生。《周易》乾卦《文言》：“上九曰：‘亢龙有悔，何谓也？’子曰：‘贵而无位，高而无民，贤人在下位而无辅。’”政之治乱，身之安危，全在于是否得到人民拥戴和贤者辅佐。《尚书·皋陶谟》：“天聪明，自我民聪明。天明畏，自我民明威。”上天神明、威严的力量源泉，全在于“人民”大众。《左传》：“所谓道，忠于民而信于神也。”将“忠于民”和“信于神”作为君主是否有“道”的两大标准。《逸周书·文儆》更系统地记载文王“民本”观，他临终告诫太子发（武王）说：“汝敬之哉！民物多变。”要注意观察人民的利益和动向，“民何向非利？”如果人民利益得不到照顾，就会产生痛苦，对此应当用“乐、礼、义、仁”来调节之。否则，一旦统治者出现败政弊端，人民就会背叛你、反对你，“民之适败，上察下遂信。信何向非私？私维生抗，抗维生夺，夺维生乱，乱维生亡，亡维生死”。因此，君王要时刻警惕，“敬之哉！汝慎守勿失”。还要“以诏有司”及左右臣工“夙夜勿忘”，“若民之向引”，要做好民心疏导。他一再告诫武王：“汝何慎非遂？遂时不远。非本非标，非微非辉。壤非壤不高，水非水不流。”要时刻谨慎才能达到目标，厚培根本才能枝干茁壮，积微光以成辉煌，不辞埃壤才能成高山，不辞细流才能成水流。最后文王警示：“呜呼，敬之哉！倍本者槁！”违背民本，你的政治就枯萎了！只有重视民本，才能政通人和。“汝何葆非监？”只有永远牢记、时刻不忘人民这个根本，才能永无败政，“不维一保监，顺时维周，于民之适败无有时！”这些都是地地道道、完完全全的“以民为本”的思想，可见“民本”学说是先秦儒家大力提倡的政治思想。

细考诸处“民本”说法，我们发现“民本”说与古汉语中“本”字的诸多含义颇为相通。“本”在古汉语中，大致有木下、根、初、始、原、主、心、大等含义，“民本”的各类说法也与之匹配，而有“以民为首、以民为根、以民为始、以民为主、以民为心、以民为大”等意思。现梳理出来，以就正于方家。

首先，《说文解字》解“本”字曰：“木下曰本。从木，一在其下。”一株之木，其下必大，故“民本”有“以民为大”之意。《左传·文公十三年》载：“邾文公卜迁于绎，史曰：‘利于民，不利于君。’文公曰：‘苟利于民，孤之利也。天生民而树之君，以利之也。民既利矣，孤必与焉。’左右曰：‘命可长也，君何弗为？’邾子曰：‘命在养民。死之短长，时也；民苟利矣，迁也吉莫如之。’”讲的也是以民之利害为大，而以君利为小。《荀子·富国》：“天下之本利也”，此处的“本”当即训“大”。

其次，“本”乃树木近地的部位，再向下就是根，故“本”有“根”义。《仪礼·丧服传》：“皆下本”，《礼记·少仪》：“绝其本末”，《吕氏春秋·审时》：“大本而茎杀”，诸处的“本”古注皆训“根也”。前举《尚书·皋陶谟》：“天聪明，自我民聪明。天明畏，自我民明威”，即将天之明威归根于人民。《尚书·泰誓上》：“天矜于民，民之所欲，天必从之。”《尚书·泰誓中》：“天视自我民视，天听自我民听。抚我则后，虐我则仇。”

上天的意志完全以人民的意志为转移，民意是一切是非正误衡量的根本。

其三，“本”为木始，故“本”有“初”“始”“原”义。《尚书·泰誓中》：“惟天惠民，惟辟奉天。”孔《正义》：“言君天下者，当奉天以爱民。”《尚书·蔡仲之命》：“皇天无亲，惟德是辅。民心无常，惟惠之怀。”孔《正义》：“天之于人，无有亲疏，惟有德者则辅佑之。民心于上，无有常主，惟爱己者则归之。”一切德政、惠民、爱心，其出发点归根结底都是源于对民心的敬畏。

其四，“民本”更多的含义是“以民为主”。《左传》此类思想非常丰富，桓公五年随国季梁曰：“所谓道，忠于民而信于神也。上思利民，忠也；祝史正辞，信也。”又云：“夫民，神之主也，是以圣王先成民而后致力于神。”（《左传·桓公五年》）说人民是神的主人，真正的圣君要先把老主人百姓的生存问题解决好了，然后再去事鬼敬神。又《左传·襄公十四年》“君子”曰：“忠，民之望也。《诗》曰：‘行归于周，万民所望。’忠也。”

其五，“民本”即“以民为心”。“本”有“心”义，见《礼记·礼器》：“反本修古”。《左传·襄公十四年》，晋侯曰：“卫人出其君，不亦甚乎？”师旷对曰：“或者，其君实甚。良君将赏善而刑淫，养民如子，盖之如天，容之如地；民奉其君，爱之如父母，仰之如日月，敬之如神明，畏之如雷霆。其可出乎？”又曰：“夫君，神之主也，民之望也。若困民之主，匮神乏祀，百姓绝望，社稷无主，将安用之？弗去何为？天生民而立之君，使司牧之，勿使失性。”立君的初衷用心，是为了保证人民不要失去生存的空间。不仅君主如此，其他制度设施也是这样，“有君而为之贰，使师保之，勿使过度。是故天子有公，诸侯有卿，卿置侧室，大夫有贰宗，士有朋友，庶人、工、商、皂、隶、牧、圉皆有亲昵，以相辅佐也。善则赏之，过则匡之，患则救之，失则革之。自王以下，各有父兄子弟，以补察其政。史为书，瞽为诗，工诵箴谏，大夫规诲，士传言，庶人谤，商旅于市，百工献艺，故《夏书》曰：‘遒人以木铎徇于路，官师相规，工执艺事以谏。’正月孟春，于是乎有之，谏失常也。天之爱民甚矣，岂其使一人肆于民上，以从其淫，而弃天地之性？必不然矣。”君主的价值、国家和制度、言论和文献，皆是出于对人民利益的需要而考虑的，其用意不是要君王骑在老百姓头上作威作福。

正是出于对人民的爱，故孔子提倡“仁政”：“古之为政，爱人为大”“爱与敬，其政之本与”（《礼记·哀公问》），明确要求“为政以德”。赞成“博施济众”为圣人，子贡曰：“如能博施于民而能济众者，何如？可谓仁乎？”子曰：“何事于仁，必也圣乎！尧舜其犹病诸。”（《论语·雍也》）孔子还称赞“子产有君子之道四焉：其行己也恭，其事上也敬，其养民也惠，其使民也义。’”（《论语·公冶长》）说子产是“养民也惠”“使民也义”的君子。仲弓问“仁”，子曰：“出门如见大宾，使民如承大祭。”（《论语·颜渊》）以谨慎役使人民为最大的仁政，反对用刑罚来威服民众，孔子对季康子说：“子为政，焉用杀？子欲善，而民善矣。君子之德风，小人之德草也，草上之风，必偃。”（《论语·颜渊》）

出于对人民意志的敬畏，当子贡问“政”，孔子答：“足食，足兵，令民信之矣。”又曰：“自古皆有死，民不信不立。”（《论语·颜渊》）以赢得人民的信任为政治的首务。子夏也曰：“君子信而后劳其民，未信则以为厉己也。”（《论语·子张》）也以取得人民信任为行动的前提。

出于对人民主人的负责态度，孔子觉得有责任教育民众：“忠焉，能无诲乎？”（《论语·宪问》）又说：“民可使由之，不可使知之。”（《论语·泰伯》）意思是说当人民知道规矩就任他们自由行动，如果还不知道，则应予以适当教化。发动战争也要先教民，后征召入伍，子曰：“善人教民七年，亦可以即戎矣。”“以不教民战，是谓弃之。”（《论语·子路》）对人民进行教化和训练是非常必要的。

孔子对于那些不注重道德和礼仪教化，却要去与民争利的行为，表示出极大的不屑，曰：“小人哉，樊须也！上好礼，则民莫敢不敬；上好义，则民莫敢不服；上好信，则民莫敢不用情。”（《论语·子路》）“上好礼，则民易使也。”（《论语·宪问》）“民之于仁也，甚于水火。水火，吾见蹈而死者矣；未见蹈仁而死者也。”（《论语·卫灵公》）樊迟问“智”，子曰：“务民之义，敬鬼神而远之，可谓知矣。”（《论语·雍也》）孔子主张用礼、义、信、仁来劝导人民，而对鬼神等信仰却保持一定距离。

孔子的德治学说，正是建立在人民中心基础之上的，这一点在孟子“仁政”学说出来后，便推向了极致。《孟子·离娄上》说：“桀纣之失天下也，失其民也。失其民者，失其心也。得天下有道：得其民，斯得天下矣；得其民有道：得其心，斯得民矣；得其心有道：所欲与之聚之，所恶勿施，尔也。”提出得民心者得天下，得民心的根本在于满足人民的合理要求。在《孟子·尽心下》中更提出“民为贵，社稷次之，君为轻”的重大命题，认为“是故得乎丘民而为天子，得乎天子为诸侯，得乎诸侯为大夫”。民贵君轻这一理念，在 2300 多年前产生，无宁是非常宝贵的！

《荀子·大略》也重申《左传》的说法：“天之生民，非为君也。天之立君，以为民也。故古者，列地建国，非以贵诸侯而已；列官职，差爵禄，非以尊大夫而已。”强调君和大夫要为人民着想、为人民服务，一切制度设施，也是从人民的利益出发。

可见，儒家经典中的“民本”思想，具有“以人民利益为首位、以人民为大本、以人民力量为根本、以人民幸福为初心、以人民大众为主人、以人民福祉为中心”等等含义。儒家的政治学说其实就是“民学”的政治运用。认真梳理和发挥“民本”思想资源，对我们夯实“为人民服务”的理念，牢固树立“人民本位”的思想，不无参考价值。

二、“民学”与《民藏》

“民本”既然是中国特色的政治学，“民学”就应当成为研究中国政治的一把钥匙。接下来我想谈两个问题，一个是如何建立“民学”学科，二是如何编纂《民藏》。

孔子曰："德之不修，学之不讲，闻义不能徙，不善不能改，是吾忧也。"（《论语·述而》）在谈论"民本"的语境中，"德"就是重视"人民本位"；"学"就是建立"民学学科"；"闻义"句就是听到"民学"这个好题目我们都要支持它；"不善"句就是现有学科不利于"民本"体系构建就要去修改它。

从前孔子以"文、行、忠、信"四教，前儒解曰："教人以学文修行而存忠信也，忠信，本也。"（《论语解·述而》）文章和德行是有形的，却是表是末；忠、信是无形的，却是质是本。什么是忠信呢？前引《左传》："忠于民而信于神也"，而神又"以民为主"，可见"信于神"也是"忠于民"，是祝史正辞，不说假话。《大学》曰："大学之道，在明明德，在亲民，在止于至善。""明明德"是修己，"亲民"是爱人，"止至善"是终极目标。修己的目的是"亲民"，"止于至善"的途径也是"亲民"，可见"亲民"才是大学之道的重心。孔门四科：德行、政事、语言、文学，"德行"以忠信为本，"政事"以人民为本，"语言"以诚信为本，"文学"以民事为本。凡古之学，莫不以关注人民为主题。

自近代西学东渐以来，门类日繁，学科日增，文、史、哲、政、经、法、理、工、医、军、农、管理、艺术，13大门类，大有为学科而学科，为学问而学问，至于学科、学问的真正主体"民"，却被淹没在学科的汪洋大海之中了。学问成了死学问，学科成了冷学科。民之不存，学将焉附？

我认为，现在李军书记提出的"民学"已经开了很好的一个头！"民学"既合乎中华传统的政治重心、学术重心，也适应现代学术创新创造的发展方向。从中央领导同志到中央文件，都一再提倡要"不忘本来，借鉴外来，面向未来"，要建设"中国特色、中国风格、中国气派的学术体系、学科体系和话语体系"。既如此，"民学"尤其是"民本"思想，就是"最中国"的历史文化和思想学术，就很适合建立起"中国的"学科、学术和话语。

现在我国的学科体系已经很多，13大门类，100多个学科，样样俱全，"洞府"各有主人，不好去对应挂钩，更不能夺席，但是建设类似"学科"

还是有机会的。就在今年初，国务院学位委员会做了一个新决定，就是新门类不会再增加，但是它有一个大“交叉学科”，排在13个门类后面第14个。这第14个交叉学科，就可以往里面装很多新兴学科进去。同时，“民学”也需要多学科共同攻关，共同组合，诸如历史、哲学、政治、经济、法学、文学等等，共同围绕“民本”话题来构建“民学”学科。

“民学”这个话题很大，不仅是西方的“民”和“资”的概念，也不仅是中国的“民”和“官”的概念，还有“民”与“神”、“民”与“天”、“民”与“民”，以及“民心”“民情”“民意”“民生”“民信”“民则”等等，每一个都是很大的课题。在西学语境下，我们是把它分得太细，无论从政治学、社会学，甚至从法学，或以其他什么学来研究，都不全面，都要出问题，比如如果纯粹从法律的角度处理“民事”，那可能官司打赢了，民心也搞死了，这就是有问题的。

现在我们如果用“民学”这个概念，把各种学术的方式、方法、理论整合起来，共同来研究“民”，就能形成一个大的交叉学科。这在当下面对新形势、新任务、新对象，甚至新格局时，是非常重要的一个主题、一个话题，而且极容易建立起新的中国特色“民学”体系。当然具体来说要怎么建，还要论证，还需要表决，甚至还需要批准，但是我们要先做一些基础工作，做好准备。

第一，就是要进行理论研究，将“民学”学科建设的必要性、可行性阐释清楚；其次，将“民学”的目标、体系、分支勾勒出来；其三，将“民学”的理论与实践、历史与现实、中国与外国、现在与未来等的情况说明白，构成一部《民学通论》。

第二，就是要搞清“民学”的历史资源，构建“民学”的文献体系，突显“民学”的丰富成果。我在会上了解到准备了一个《民藏》计划，这个很好！学必有理，言必有据，学科更要有丰富的文献做支撑。“民”者生民之事也，“藏”者文献宝藏也。《民藏》就是“民本”“民学”的物化标志。

中国道教两千年，有类分“三洞四辅十二目”的《道藏》为其标志；中国佛教二十纪，有学兼“大小乘经律论”的《大藏经》为其背书；“民学”三千年，也应该有皆采“经史子集、诗词歌赋”的《民藏》为其立基。我们要把中国历史上这些“民本”文献，统统收集起来，阐释出来，梳理开来，传播出去，并且实现现代转化和发展。这个《民藏》编纂方案，整体论证得不错。

最后，关于人才培养问题，要成学派就得后继有人，因此人才培养刻不容缓！从前孔夫子“以《诗》《书》《礼》《乐》教，弟子盖三千焉，身通六艺者七十有二人”，这样才成其为学派。“民学”也可以搞一个全国民学学会或协会，可以培养人才，现在教育部有一个举措，成立“儒学联合研究院”，每年给博士指标 100 个、硕士 200 个，10 所大学联合培养儒学博士，“民学”正好可以参加进去。既要培养人才，就要思考开哪些课，读哪些书，掌握哪些知识，练就什么技能，编写什么教材。这样一来，“民学”就有了反映自己思想理论的经典（《民藏》），又构建了系统的学科体系、学术体系和话语体系，还有一帮青年人跟着一起来干。同时，可能还得解决一点现实问题，“民学”学者可以深入社会，去做一些调查统计，发现并提出解决民生等问题的对策，为政府做好参谋。

所以我说，“民学”在中国既是治国理政的首要学问，也是传统儒家、政治家治国理政的重要话题。要建设好“民学”学科，既要把“民本”的历史梳理清楚，牢牢树立起以“民本”为特色的中国学术体系；还要把“民本”文献梳理清楚，编成卷帙浩瀚的《民藏》，借以奠定“民学”的资料基础，铸起“民本”的历史丰碑。再往后，撰写《民学通论》以及“民学”系列教材，把“民学”学理、学科、话语都搞清楚。这样一来，富有中国特色、中国风格、中国气派的学科体系、学术体系和话语体系也就都有了。如果我们再运用相关“民学”知识，解决一些民生现实问题，不仅可以取信于民，收获更多信众，还可以取信于官，获得更多资源，“民学”前景真就可大可久了！

《历代法律典籍民论》编纂架构

范忠信

一、“历代法律典籍”包括哪些

“历代法律典籍民论”系列（分卷），旨在从中国古代法律典籍中辑录所有体现“民本意旨”的篇章段落，并加以整理、翻译和注解。

所谓“法律典籍”，不仅指法规文献（即法典或其他法律规范性文件），还应包括执法司法文献（即执法决定文告、司法裁决文书之类），以及法律职业、经验与培训典籍，法律学术研究典籍，等等。简单说来，包括法律规范、法律执行记录、司法审判记录、法律经验记录、法律学术研究等五类文献。

第一类，所谓“法律规范文献”，主要指历代所有法律规范性文件。既包括历代律典、定例、令典、格式、会典、则例等所有法律规范文本，也包括出土文物中的法律规范文本，以及后人辑佚的古代法规。

第二类，所谓“法律执行记录文献”，就是指一般执法（执行法令、振肃纪律，维护官场和治安秩序）活动文献，包括所有执法决定文告（决定、禁令、告示等）及结果记录。

第三类，所谓“司法审判记录文献”，就是指具体案件的审判活动文牍，包括所有案件批词、判词、断由，及奏谳、驳议、复核等案牍文书，以及判

作者简介：范忠信，杭州师范大学法治中国化研究中心主任、教授。

例编纂等文献。

第四类，所谓“法律经验记录文献”，就是古代法律职业人员（包括法吏、幕友等官方法律职业者，及讼师、代书等民间法律职业者等）留下的办案经验、诉讼技巧之类的经验总结文献。这类文献常常兼有法律职业教育的教材性质。

第五类，所谓“法律学术研究文献”，就是古代的律学文献，即官方和民间学者对法律法规（律、令、格、式、则例之类）的注释解读，包括对法律规范进行文句语义解读和伦理精神解读的学术著作。

二、法律典籍中“民本意旨”如何识别

“历代法律典籍民论”系列（分卷）的具体任务，是要从历代法律典籍中搜寻、摘录体现“民本意旨”的篇章段落，并加以整理注解。何为“民本意旨”？应该是指被摘录文本的内容体现了“以民为本”的原则或精神。

要识别古文段落中的“民本意旨”，先得确立一个认定标准，以便据以辨识。“本”的本义，是树干。“以民为本”，主要是就人民与国家的关系而言，就是以人民为国家这棵大树的树干，也就是以人民为根本、本体、本钱。以民为本，无非就是尊重人民的主体地位、顺应人民的意愿、保护人民的权益，反对过分刻剥和搅扰人民，即使与人民主权（国家主人）地位差距尚远，但仍是难能可贵的思想宝藏。因此，只有同时符合以下三重标准者，且主要是在“民与国”的关系中体现了人民的权益和好处者，才算体现了“民本意旨”。

一是赋予人民以各种（在政治社会生活中必不可少的）权益或好处，或对这种具体权益（好处）加以保护（保障）。所谓“权益”，虽非今人所谓“权利”，但至少是对行为方式和经济利益的法律许可及保护，赋予了正当性。古代法律文献中，常以“得”“听”“可”“许”“勿论”“合”“愿”“无罪”“不坐”“不罚”“不加刑”“免”“赦”“上请”“以赎论”等字眼表达了权益确认、赋予和保护之意。有时虽无此类字眼，但也可暗含此意。凡体现对“民”赋予具体权益，并制止对此权益不法侵害的法律规范、实施

记录、经验总结或学术说辞，都体现了“民本意旨”。

二是确认、赋予或保护“民”之权益（好处），是直接的而非间接的。所谓“直接”的，是指法律规范及其实施记录字面上就可以直接读出确认、赋予或保障“民”之具体权益之意，而不仅仅是从制裁某种对应恶行中推论出来的。这大概包括三种情形：

第一，是直接确认或赋予“民”之权益的情形。如汉律“亲亲得相首匿”“父子兄弟欲相代（刑）者，恣听之”的规定，直接赋予（确认）人民以包庇犯罪亲属、代替犯罪亲属服刑的权利；唐律“流移人，父祖兄弟妻妾欲随者听之”“夜无故入人家，（主人）登时格杀者勿论”“祖父母父母为人殴击，子孙还击，非折伤者勿论”“于他人地内掘得宿藏物，合与地主中分”“死罪孕妇，听产后百日乃行刑”的规定，直接赋予（确认）人民以跟随流放亲属到服刑地生活、击杀擅自闯入自己住宅者、为保护尊亲属而正当防卫、掘得埋藏财物与地主均分、孕妇产后百日内不决死刑等权益。

第二，是通过惩罚官吏对应妨害行为直接确认“民”之相应权益。如唐律关于“（官吏）推抑（民之诉）而不受者，笞五十”“邀车驾及挝登闻鼓若上表诉，而主司不即受者加罪一等”“（强）令于律得相容隐者为证，减罪人罪三等”“差科赋役违法及不均平，坐赃论”之类规定，确认了人民有控告申诉（诉讼）权、向皇帝告御状（非常上诉）权、在近亲属罪案中拒绝作证权、要求官吏公平征税派役并举控其违法等权利。

第三，是通过处罚个人“过度”（越界）行为确认“民”之某种权利。如唐律“负债不告官司，而强牵财物过本契者，坐赃论”“失火及非时烧田野者，笞五十”“诸山野之物（他人），已加功力刈伐积聚，而辄取者各以盗论”等规定，就是通过惩罚个人“过度的”行为确认了人民有债权“自力救济”（已告官司或不过债额前提下）、“放火烧田野”（只要在适当的季节时令）、通过先占加功取得物权（在别人尚未加功的前提下）的权利等。

除这三种情形外，所有间接体现“民”有某种权益（且这种权益主要通过“民与民”之间的关系体现出来）的法律规范及其实施记录，不应属于《民藏》选录范围。

举例来讲，唐律以“供养有阙”为“不孝”罪（“十恶”之一）加以制裁，这一规定暗含着行为对象（对方，即祖父母父母）有供养请求权及对供养有阙的诉权。再如唐《户婚令》有“州县官人在任之日不得共部下百姓交婚”的规定，暗含着行为对象（对方，即官员下属的百姓女子）有抗拒监临官员求婚的权利。还有，唐律有制裁“负债违契不偿”的规定，暗含着行为对象（对方即债权人）有依约追债（包括起诉）的权利。“暗含的”“对方的”两种属性并存，就是间接体现。

这类间接体现“民”之权益的规范和记录，是历代法律典籍的主体。因为，历代法律规范及实施记录，除极少数系确认保护官僚贵族特权外，绝大多数是间接体现（认可和保护）“民”之具体权益的。法律规范大多数是指引性、禁令性、制裁性的规定，要么是指明“民”之“应为”行为，要么是制裁“民”之“不应为”行为，要么通过禁止官吏侵害百姓（的行为）来维护“民”的利益，要么是通过禁止个人侵害他人的行为来维护“民”的利益，总之都暗含着（反衬出）对方（被侵害者，即“民”）有对应的某种权益。所有法律法规及其实施记录的实质内容，大多不外如此，都是涉及“民”之权益的。如果因其涉及“民”之权益而全部收入《民藏》，那么“历代法律典籍民论”系列（板块）实际上就可能等同于“历代法律法规汇编”了，就没有选编意义了。

三是法律规范所确认、赋予或保护的权益，应该是一般“民”的权益，而不是有特定身份者（部分“民”）的权益。古代中国法制系“身份法”（强调个人身份和权益差异），有不平等性质，相当多条款中贯穿着官民有别、良贱有别、贵贱有别、华夷有别的原则，部分特殊身份的“民”之权益与一般的“民”是不一样的。比如：

1. 官僚贵族们的（一定范围内的）亲属是有特别身份的“民”，他们也享有“八议”“上请”“例减”“赎刑”等特权，那些身份性法律特权不是“民”的一般权益，不能体现“民本意旨”，所以不能收入《民藏》。

2. 部分在法律上身份受歧视的“民”（如唐律中的“官贱民”即工乐杂户、太常音声人，“私贱民”即部曲、客女、奴婢等），他们的待遇和权益与一般“民”（良民）是有差距的，且不同种类的贱民之间权益也不平等（如奴婢权益不同于部曲）。法律规范为他们规定的特定权益（如改变身份、更换主子、请求“放免”“赎身”等权益），不能视为一般人民权益，因为没有体现“民本意旨”，故相关内容不能收入《民藏》。

3. 关于僧道、生员、军人、商贾、匠人、番人、化外人（外邦人）等特别身份者的特殊待遇或权益规定，凡与一般“民”不同之处（不管是高于还是低于一般“民”），因为也不能体现“民本意旨”，也不能收入《民藏》。

4. 凡因功劳或德行赋予某些“民”以身份性权益（特权），如因战功、战死、官品而给予其本人或子孙以爵位、荣号、谥号、候补职位、减免服役、丹书铁券等待遇，也非一般意义上的“民”之权益，也不合“民本意旨”，故相关法律规范、文牍记录也不应收入《民藏》。

总之，《民藏》收录的只应是不限阶级、种族、家庭出身、户籍类别、宗教、职业、地域之“民”，亦即无特定身份之“民”的一般权益规范及其实施记录。若不坚持这一标准，则“历代法律典籍民论”也就等同于“历代法律法规汇编”了。

三、“历代法律典籍民论”的五个系列

因为前述原因，“历代法律典籍民论”系列（分卷）不可能收录注解整本法律典籍。既然每部法律法规文件或法律实施记录中只有零星条款（文字）体现“民本意旨”，所以只能选辑散见于各种法律典籍中合乎“民本意旨”的篇章片段，合编并注解成一本本书。

简言之，我们拟全部采取“辑本”方式来编注“历代法律文化典籍民论”

系列（分卷）。

“历代法律文化典籍民论”系列（分卷），我们拟按五类文献来分类编注。

（一）《历代法律规范文献民论》（多卷本）。从历代所有法律规范文献中去搜寻辑录所有蕴涵“民本意旨”的条款，估计可以选辑注解成书 5 本左右。

主要资料来源有：

1. 刘海年等主编：《中国珍稀法律典籍集成》，科学出版社 1994 年版。

2. 杨一凡、田涛等主编：《中国珍稀法律典籍集成续编》，黑龙江人民出版社 2002 年版。

3. 杨一凡编：《古代珍稀法律典籍新编》，中国民主法制出版社 2018 年版。

4. [日] 仁井田升：《唐令拾遗》，栗劲等编译，长春出版社 1989 年版。

5. [日] 仁井田升、池田温等辑注：《唐令拾遗补》，东京大学出版部 1997 年版。尚无中文译本。

6. 天一阁博物馆、中国社会科学院历史研究所校证：《天一阁藏明钞本天圣令校证（附唐令复原研究）》，中华书局 2006 年版。

7.〔唐〕李林甫等撰：《唐六典》，陈仲夫点校，中华书局 2014 年版。

8. 杨一凡等校勘：《皇明制书》，社会科学文献出版社 2013 年版。

9.〔清〕伊桑阿等编著：《大清会典（康熙）》，杨一凡、宋北平编，关志国、刘宸缨点校，凤凰出版社 2016 年版；〔清〕允祹：《大清会典（乾隆）》，杨一凡、宋北平主编，李春光点校，凤凰出版社 2018 年版。

10. 杨一凡、王若时编：《明清珍稀食货立法资料辑存》，社会科学文献出版社 2020 年版。

11. 杨一凡编：《中国监察制度文献辑要》，红旗出版社 2007 年版。

此外，还应包括所有零星出版的古代法律规范原文本、出土文本、后人辑佚文本等。

（二）《历代地方执法文献民论》（多卷本）。从历代所有执法活动（即一般执行法令、维护秩序的活动）所形成的实体性文献中搜集资料，估计可以选辑注解成书 3 本左右。

主要资料来源有：

1. 杨一凡、刘笃才编：《中国古代地方法律文献（甲编）》，世界图书出版公司 2006 年版。

2. 杨一凡、刘笃才编：《中国古代地方法律文献（乙编）》，世界图书出版公司 2009 年版。

3. 杨一凡、刘笃才编：《中国古代地方法律文献（丙编）》，社会科学文献出版社 2012 年版。

4. 杨一凡、王旭编：《古代榜文告示汇存》，社会科学文献出版社 2006 年版。

5. 一凡藏书馆文献编委会编：《古代乡约及乡治法律文献十种》，黑龙江人民出版社 2005 年版。

（三）《历代司法记录文献民论》（多卷本）。从历代司法审判的案牍文书或判例中去搜辑，估计可以成书 3 本左右。

主要取材来源有：

1. 杨一凡、徐立志主编：《历代判例判牍》，中国社会科学出版社 2005 年版。

2. 杨一凡主编：《历代珍稀司法文献》，社会科学文献出版社 2012 年版。

3. 杨一凡编：《古代判牍案例新编》，社会科学文献出版社 2012 年版。

4. 杨一凡编：《清代成案选编（甲编）》，社会科学文献出版社 2014 年版。

5. 杨一凡、陈灵海编：《清代成案选编（乙编）》，社会科学文献出版社 2016 年版。

6. 杨一凡编：《清代秋审文献》，中国民主法制出版社 2015 年版。

7.〔清〕祝庆祺：《刑案汇览全编》，法律出版社 2008 年版。

8. 杨一凡编：《清代判牍案例汇编》（甲编 50 册，乙编 50 册），社会科学文献出版社 2019 年版。

（四）《历代法律经验文献民论》（多卷本）。从所有古代法吏、幕友、讼师所留办案经验总结、诉讼技巧总结文献中去搜辑，估计可以选辑注解成书 3 本左右。

主要选材来源有：

1. 杨一凡编：《古代折狱要览》，社会科学文献出版社 2015 年版。

2. 杨一凡主编：《历代珍稀司法文献》，社会科学文献出版社 2012 年版。

（五）《历代律学文献民论》（多卷本）。从历代的律学著作（官方或民间）即学者对法律规范的注解著述中搜辑，估计可以成书 2 本左右。

主要选材来源有：

杨一凡编：《中国律学文献》（第一辑 4 册，第二辑 5 册，第三辑 5 册，第四辑 5 册），黑龙江人民出版社 2004、2005、2006、2007 年版。

对《民藏》的两点期待

李春林

昔有《佛藏》《道藏》，进入 21 世纪后，《儒藏》《子藏》先后启动。现在，武汉大学、贵阳孔学堂文化传播中心、贵州省孔学堂发展基金会又开始合作编纂《民藏》。

《民藏》收集整理传统民本思想资料，研究传统民本思想的创造性转化和创新性发展。作为继往圣、开来学的宏大工程，《民藏》的编纂，受到思想文化界的高度关注。

我对《民藏》，有两点期待。

一是期待《民藏》的编纂实现全时态。

所谓全时态，指的是过去时、现在时、将来时贯通。

过去时，好理解。编纂《民藏》，就是要把历史上有关民本思想的文献资料，应收尽收，网罗齐全。既然敢叫“藏”，那就必须全，要做到蔚为大观，要让人叹为观止，这是基本功。

现在时，见功夫。编纂《民藏》，不是玩古董、钻故纸堆，而要有现场感和代入感，要充分体现当代人对传统民本思想的理解和认识，真切反映传统民本思想依然活在当下。

作者简介：李春林，《光明日报》原副总编辑，北京师范大学新闻传播学院院长，高级编辑，孔学堂学术委员会委员。

将来时，是关键。编纂《民藏》，出发点和落脚点、着眼点和着力点，最终还是要落在传统民本思想的创造性转化和创新性发展上，把为什么要转化、向什么方向转化、以什么方法途径转化等问题搞清楚、说明白，这才是《民藏》的最大价值。

《民藏》编纂的全时态，面对的还是三个老问题：传统民本思想是什么样子的、它从哪里来、要到哪里去。

要解决这些问题，最要紧的工作，便是中通外直，不蔓不枝，把干扰民本思想的不利因素剔除出去，让民本思想的精华和核心凸显出来，然后统之有宗，会之有元，把传统民本思想创造性转化和创新性发展的路径找出来，心无旁骛，直道而行。

一般而言，与民本相对应的，一是官本，二是资本。干扰民本的因素很多，最主要的因素，就是官本和资本。

在中国，过去长时间干扰民本的，主要是官本。一个王朝刚建立时，一般是向民本倾斜的，与民休养生息，形势会向好的方向发展。但过不了多久，王朝就会向官本侧重，形势就会向坏的方向发展。这就是黄炎培先生与毛泽东主席在延安“窑洞对”中谈到的“其兴也勃，其亡也忽”的“周期率”。

在西方，长期干扰民本思想的，主要是资本。政府的重要工作，就是在民本与资本之间搞平衡。总的来看，平衡得不好，所以会出现贫富两极分化，出现“华尔街风暴”，出现周期性的经济和社会危机。

近代中国，肃清封建余毒的任务尚未完成，民本与官本的矛盾依然存在，同时又出现了民本与资本的纠缠。因此，情况更为复杂，隐患也在增加。

民本，词根在本。本者，根也。一棵树，根本只有一个。因此，只要讲到“本”，就有唯一性、排他性。要真正实现民本，就必须把官本和资本排挤掉。

好比养生。养生的一项重要内容是排毒，今天，我们研究传统民本思想创造性转化和创新性发展，一项重要工作，就是把官本和资本的毒找出来、排出去。

因此，研究民本问题，一定要研究民本与官本、民本与资本的关系。只有让官本、资本的地位下降，才能让民本的地位上升；只有民本立起来了，官本和资本才会没有空间。

民本容易流于口惠，官本和资本则总是与实惠连在一起。对于民本，人们常常说而不做；对于官本和资本，人们往往做而不说。让官本、资本的地位下降，让民本的地位上升，实现传统民本思想创造性转化和创新性发展，是一个浩大的系统工程，是一个艰苦的长期工程，是一个知易行难的复杂工程。但也正因为其大、其难、其长，我们编纂《民藏》，我们研究传统民本思想创造性转化和创新性发展，才更加显现重要的现实意义和深远的历史意义。

把民本与官本、民本与资本的关系搞清楚了，我们也就明白传统民本思想创造性转化和创新性发展的方向了。这个方向，应该是传统民本思想向当代人本思想的转化和发展。

民本也罢、官本也罢、资本也罢，都是小概念，而人本是个大概念。不管你是无产者还是资本家，也不论你是民还是官，你都是人，都是众生，众生平等才是大平等，人本才是根本。人立起来了，传统民本思想的创造性转化和创新性发展便有了坚实的基础。人立起来的过程，就是传统民本思想创造性转化和创新性发展的过程。

由民本转向人本，最大的便利，是除去“执”，消除了你我，抹平了彼此，打成了一片。人人为我，我为人人，人人都起来负责，人人都是主人翁，人人都自由而全面的发展。人民不是对象而是全部，人民不是工具而是目的，人民就是江山，江山就是人民，这才是传统民本思想创造性转化和创新性发展的终极目标，这才是由小康社会奔向大同世界的正道通途。

《民藏》在这样的视野和视角下进行编纂，进而在编纂《民藏》的基础上创立“民本学”，一定能够打通许多关节、交叉许多学科，直奔主题、直面现实、直指人心、直向未来，竖穷三际，横遍十方，光风霁月，海阔天空。

二是期待《民藏》的编纂实现全方位。

这里说的全方位，是指《民藏》的收集要全，要涵盖政治、经济、军事、文化、科技、生态等各方面。要既有主流的儒家学说，也有其他各家的学说；既有中国本土的学说，也有外来的如佛教的学说；既有官方的话语体系，也有民间的话语体系。而且更重要的是，要把编纂《民藏》的工作变成出成果、出人才、出学科的全方位的工作。

由编纂《民藏》，我想到了20世纪前半叶两个重要的学术团体。

一个是朱启钤先生发起主持的“营造学社”，这个学社融通古今中外以研究宋代李诫的《营造法式》为主体，构建了中国现代营造学体系，不仅结出了众多的学术成果，而且培养了梁思诚、刘敦桢、单士元等一大批顶尖建筑学家。

一个是顾颉刚先生发起主持的“禹贡学会”，“禹贡学会”既开展学术研究，又组织实地考察，不仅创立了现代历史地理学，而且培养了谭其骧、史念海、侯仁之等一大批历史地理学大家。

朱启钤先生和“营造学社”，顾颉刚先生和“禹贡学会”，都是学界的泰山北斗，他们的境界和成就，我们也许难以企及，但虽身不能至，心向往之。孟子强调“立其大”，我们编纂《民藏》，也要有出成果、出人才、出学科的大追求。“营造学社”是中国现代建筑学的摇篮，“禹贡学会”是中国现代历史地理学的摇篮，编纂《民藏》，也应该努力成为未来“民本学”的摇篮。

当年，编纂《新华字典》《现代汉语词典》《辞海》，培养了大批人才，奠定了当代辞书学的基础。校注“二十四史”，也培养了大批古籍整理人才，形成了古籍整理的体制机制，让古籍整理后继有人。今天，我们编纂《民藏》，为什么不能既出成果，又出人才，还建学科呢？

基于这样的大追求，编纂《民藏》，除了搜罗资料、版本校勘、标点注释等工作外，还应该拿出精力，写好总绪论，写好每一卷的序言，写好每一章的前言，写好每一篇的题解，还应该有阶段性的学术报告。这样，整理和研究就结合了，“照着讲”和“接着讲”就结合了，过去时、现在时和将来时就结合了，出成果、出人才和出学科就结合了，所谓“全时态”“全方位”也就水到渠成了。

武汉大学国学院、贵阳孔学堂高等研究院编纂《民藏论丛》，由孔学堂书局出版。《民藏论丛》分为《特稿》《〈民藏〉研究》《〈民藏〉编纂》三部分，这让《民藏》工程在研究中编纂，在编纂中传承，在传承中创新，在创新中转化，这正是推动实现《民藏》编纂工作“全时态”“全方位”的好办法、好平台。

朱启钤先生是位有文化情怀的官员，顾颉刚先生是位有社会责任感的学者，朱启钤先生创立“营造学社”，得到了学者们的响应，顾颉刚先生创立“禹贡学会”时，得到了官员朱家骅的支持。在中国，要成功办好、顺利办成文化学术的大事，捷径常常是要与政府官员、学术机构和权威学者密切合作。中国人喜欢讲“大事因缘”，现在编纂《民藏》，因缘际会，条件成熟，有李军同志倡导，有郭齐勇教授主持，有武汉大学、贵阳孔学堂文化传播中心、贵州省孔学堂发展基金会作后盾，我们有充分的理由对这次合作的圆满成功充满期待。

更重要的是，中国共产党领导的新中国，为传统民本思想的创造性转化和创新性发展，提供了肥沃土壤和广阔空间。中国共产党的初心和使命，就是为中国人民谋幸福，为中华民族谋复兴。我们的国名里有人民共和国，我们的政府是人民政府，我们的根本制度是人民代表大会制度，我们的基本制度里有人民政治协商，我们的军队是人民解放军，我们的法院是人民法院，我们的检察院是人民检察院，我们的公安是人民公安，我们的医院是人民医院，我们使用的钱币是人民币，我们最大的报纸是《人民日报》，我们最大的出版社是人民出版社，我们创办的新中国的第一所正规大学是人民大学。

当代中国，最核心的价值观是为人民服务，人民永远是中心，人民永远在首位。在这样的时代，在这样的国度，研究传统民本思想的创造性转化和创新性发展，不仅理有固然，势所必至，而且前路浩荡，未来可期。

期待《民藏》的编纂全时态、全方位，传先贤之心印，做后学之津梁，成千秋之功业。

关于民学研究的初步思考

李　军

学术界对传统民本思想的现代性及其转化，近现代以来各家各派争论特别多、观点特别多。在座各位学者在这方面都有很深入的研究，我也看过大家的相关文章，深受启发。我的基本观点是，在习近平同志提出的“创造性转化、创新性发展”方针指引下，建立既传承传统民本思想精华内容，又具有时代内涵和当代表达形式的一门新学科——民学。所谓民学，就是在系统地梳理、甄别、吸收前人民本思想研究成果的基础上，深入研究民的特性、本质，民的需求结构、特点、表现形式，民的道德，民的心理，民众运动，民的地位，民的权利等民的主体性内容问题，试图揭示政与民关系互动协调规律的一门学问。以下初步思考，供大家批评指正。

一、民学研究的初衷

为什么要开展民学研究呢？我是从三个维度来认识这个问题的。

从纵向思想发展史的维度看，历代的思想家、政治家对涉民问题都有自己基于时代背景的思考、研究和实践，从而推动传统民本思想随着时代的发展不断更新内涵、演进完善，在不同的历史时代呈现出不同的面貌和特点。

作者简介：李军，时任海南省委副书记，研究员。本文系作者 2021 年 10 月 5 日在孔学堂学术工作坊对《民学——传统民本思想的当代转化》一文的解释性发言。

比如，不同于先秦时期的百家争鸣，两汉民本思想已经官学化、经典化、制度化、大众化，唐宋民本思想则高度哲理化，而明清随着帝制发展到极致，民本思想也达到极致，黄宗羲、顾炎武、王夫之等人的观点已内含一定的现代性政治因素。进入近代，随着国门大开，西方思潮涌入，传统民本思想受到冲击，呈现多元化发展的态势。孙中山先生提出民有、民治、民享的主张，对传统民本思想既有传承更有极大突破，赋予其新的鲜明的时代内涵，代表了中国近代民本思想现代化的积极成果。谢扶雅就曾经指出，孙中山的“三民主义”是5000年来政治思想的“登峰造极”，实现了传统民本思想与西方民治之说的融会贯通，认为“三民主义”是“民学”发展由传统转为科学的重要标志。中国共产党自成立之日起，就将人民立场作为自己的根本政治立场。在党的百年历程中，从毛泽东、邓小平、江泽民、胡锦涛同志到习近平总书记，历代中央领导核心都很重视传承发扬传统民本思想中的精髓，并进行创新发展。特别是习近平总书记在许多重要场合对古代富民爱民安民的民本思想予以充分肯定，认为其中的“民贵君轻”“平政爱民”“富民强国”“重民保民”“恤民忧民”等思想，在今天仍具有重要借鉴价值。习近平总书记还多次在讲话中直接引用或创造性地化用“民惟邦本”“政得其民”“舟水关系”等传统民本思想中的概念范畴，借“政之所兴在顺民心，政之所废在逆民心”“治理之道，莫要于安民；安民之道，在于察其疾苦”“利民之事，丝发必兴，厉民之事，毫末必去”等古典名句来强调人民至上和民心民意在治国理政中的重要性。可以说，习近平总书记对民本思想理解之深、运用之多，在党内是罕见的。

客观来看，尽管传统民本思想产生的经济基础和上层建筑，特别是君主专制的政治制度早已不复存在，但这一思想中蕴含的哲学思想、人文精神、价值理念、道德规范至今仍然具有深刻的影响，已经内化到中华民族的文化心理结构之中，成为一种精神基因、思想根脉。完全可以说，民本思想是一条中华文明史上从未断流的思想长河。那么，当民本思想这条河流奔腾流淌到当代时，它的内容和形式应该怎么整体呈现？哪些范畴需要剔除，不能再保留？有哪些新的概念和范畴？怎么实现其价值的现代转化？如何激活并使之为现实服务？从古代文献中找一些民本思想的论述，说今天还可以运用，这未免简单化了。我认为，传统民本思想的当代化，是我们当代学界、思想界应该重视、研究并回答好的一个重大时代命题。提出建立民学，就是要根据时代的进步和社会发展的新要求，对传统民本思想的概念、范畴、内涵等进行形式改造、拓展延伸、增补充实、规范完善，使其时代化、科学化、学理化，最终能成为当代的一门显学。这样，当再过一百年乃至几百年、上千年后，我们的后人在研究、观照当今这个时代时，也许就像我们今天在孔学堂这样讨论前人的民本思想，就能看到源远流长的传统民本思想在21世纪，在我们这一代人这里是如何得到继承、弘扬、发展、提升，并始终熠熠生辉，然后传之后世的，就能看到我们这一代人为这一重要思想根脉的延续做出了什么贡献。中国的知识分子历来就有“为天地立心、为生民立命、为往圣继绝学、为万世开太平”的理想追求和家国情怀，我想我们这一代学者也应该有这样的责任感与使命感，一定要在传统民本思想的当代转化方面有所作为，从而显示在中华文化发展的时空坐标系中的存在价值。

从横向思想传播融合的维度看，马克思主义内容博大精深，特别是其中的人民观对中国共产党的影响极其深刻。我们党的根本宗旨、政治立场、价值追求等，都充分体现了马克思主义“人民性”的理论品格。习近平总书记在2021年“七一”重要讲话中有一个十分重要的新提法，就是强调要坚持把马克思主义基本原理同中国具体实际相结合、同中华优秀传统文化相结合。那么，怎么将马克思主义关于人民的理论很好地进行中国化，是我们应该思考的另一个重大的时代命题。从历史上看，一种思想、理论或者文化要进行异域传播，往往必须以翻译为媒介进行本土化的改造、转化，才能避免水土不服，真正落地生根、发扬光大。梁启超就曾说过：“佛教为外来之学，其托命在翻译，自然之数也。”佛教在最初传入中国时，当时的一批中外译者在翻译佛经时就采取了“归化译法”和“格义”的翻译策略，前者即注重译文的通俗易懂，意义清晰明确，最大限度地淡化原文的陌生感。后者即采用比较和类比的办法，用中国本土哲学和道德文化的传统词汇来比附佛经中的概念或解释佛经名相。比如，隋朝智颢的《摩诃止观》将佛教的“五戒”（即不杀生、不偷盗、不邪淫、不妄语、不饮酒）与儒家的“五常”（即仁、义、礼、智、信）、道家的“五行”（即金、木、水、火、土）进行类比。支谦在翻译《般若道行经》时，将其改译为《大明度无极经》，就是因为“般若”梵语原意为“智慧”，将其译为“明”，取自老子的“知常曰明”。正因为很好地与中国本土的儒学、道教进行了融合，佛教才实现了中国化并最终成为中国传统文化的一部分。

我们想象一下，假如马克思穿越时空到了现在的中国，要传播他的人民观思想，直接听他讲德语，绝大多数中国人是听不懂的，所以一定要翻译成汉语，这就是一个中国化的过程。而假如孔夫子穿越时空游学到了现在的中国，要传播他的民本思想，直接用文言文，也没法让人们普遍理解接受，必须翻译成白话文，这就是一个当代化的过程。纵向和横向两个维度交叉起来看，也就是要同时实现马克思主义的中国化和传统民本思想的当代化，其路径就是要让“马夫子”和孔夫子进行对话，这就需要在涉民理论和思想方面有打通古今、融合中外的新表达方式、新概念范畴。将马克思主义关于人民的理论与中国当前涉民实际、与中华优秀传统文化中关于民本的思想相结合的产物，我认为就是当代民学。

关于这个问题，我们的前人其实也早有思考。1926 年 1 月，郭沫若先生在《洪水》杂志第 1 卷第 7 期上发表了一篇《马克思进文庙》的文章，以丰富的想象力和幽默的笔调，描写了马克思来到中国并走进文庙与孔夫子对话的场景。对话的结果是，二人都惊叹双方在注重民生、富民安民、理想大同社会等方面的见解和思想不谋而合。其实这里阐释的就是马克思主义与儒家思想大义相通的道理。马克思主义人民观和中国传统民本思想这二者不应该是互不相干，两条道上的事，而是要合为一体，发展成为一门新的学科体系。

从学科建设的维度看，目前，有若干学科以“人”为对象进行研究，但它们都是基于特定的理论框架，从不同的角度、领域和层次对人某方面的属性、特点等进行研究，并非整体地研究人。比如，政治学注重研究人类的政治行为和政治现象，设计社会秩序；经济学关注人们在经济活动中的行为，从中分析其体现的人性特征；社会学侧重以作为社会主体的个人及其社会行为为研究对象。有的学科虽然从整体上研究人，但或者从生物特征和文化特征角度研究，如人类学；或者从哲学这个思维的最高层次研究排除了民族性、地域性、宗教性乃至性别等属性的抽象化的人，比如，人学研究“人的存在、人性和人的本质、人的活动和发展的一般规律，以及人生价值、目的、道路等基本原则”[①]，“不是有关人的一切问题都是人学研究的对象，也不是一切以人为对象的科学都是人学”[②]。“民”当然是人，但属于相对国家政权而存在的有特定关系的现实的人，这里的“人”是一种社会角色，与人类学、人学研究的“人”显然不能画等号，需要有专门学科予以研究。有必要指出的是，在当代中国政治语境中，民与人民（人民群众、群众、百姓）的内涵基本是一致的。比如，中国共产党的领袖在不同时期提出“为人民服务”“以人民为中心”和“执政为民”“以民为本”，这里的“人民”与“民”是可以替换的。当然，“人民”这个概念属于政治语汇的范畴，在不同的历史时期具有不同的政治适用性。“民”这个概念则涵盖了历史进程中“人”与“民”分化与异化的过程，承继了中国传统文化中所指“黎民百姓”的意蕴，涵盖范围更大。[③] 习近平同志在治国理政中创造性地大量运用中国古代民本思想中的经典语录，特别重视“民”，强调：“为民办实事对象是‘民’，要把

---

① 陈志尚等主编：《人学理论与历史——人学原理卷》，北京出版社 2004 年版，第 5 页。
② 陈志尚等主编：《人学理论与历史——人学原理卷》，第 5 页。
③ 明代理学家朱熹给《诗经》中“宜民宜人，受禄于天”作注：“民，庶人，在位者也。”参见朱熹：《诗经集传》卷六，上海古籍出版社 1987 年版。

群众的呼声作为第一信号，问需于民、问计于民、问情于民，掌握民情、分析民意，民主决策、科学安排。”①明确提出“国以民为本，党以民为基”②“民之所盼，政之所向”③，这些论述体现了“政”与“民”的紧密相关性。民学将对处于政民关系中的“民”这一客体进行诸多学理审视，历史地考察研究民的发展阶段，展望马克思主义所设想的“每个人的全面而自由的发展”④的前景，以及中华民族自古以来就具有的人人平等、天下大同的愿景。显然，民学具有自身独特的研究对象、研究领域和范畴概念，作为一门新的独立学科，有助于填补人文社会科学方面的研究空白。学界应深入吸收哲学、法学、人学、人类学、政治学、经济学、历史学、社会学、心理学、生物学等学科的成果，综合运用文献研究、实证研究、比较研究及历史分析法、经济分析法、阶级分析法等多种方法和大数据、算法等新技术手段，对涉民的各种现象和问题进行研究，打破学科之间的壁垒，将目前分散在各学科涉民的碎片化认识进行系统把握、有机整合，形成对民的整体性认识和科学判断。

二、民学学科指的是独特的学术话语体系

就字面上来讲，“民学”这个概念并不是我首创的，之前已有一些学者提出过。比如，学者谢扶雅在《中国政治思想史纲》中指出：“中国五千年来之政治思想，实为一气呵成，可作一副整个图书来看，因其无非发挥一个‘民’字，故全部得称为‘民’学。”台湾学者金耀基在《中国传统民本思想》一书中对这一观点进行阐释时认为：“谢氏所称之民学，当指发挥民本

---

① 习近平：《之江新语》，浙江人民出版社 2007 年版，第 245 页。
② 习近平：《全面加强党的基层组织建设　为实施“八八战略”建设“平安浙江”奠定坚实基础》，《今日浙江》2003 年第 13 期。
③ 习近平：《切实把新发展理念落到实处　不断增强经济社会发展创新力》，《人民日报》2018 年 6 月 15 日。
④ [德]马克思、[德]恩格斯：《马克思恩格斯全集》（第 23 卷），中共中央马克思恩格斯列宁斯大林著作编译局编译，人民出版社 2016 年版，第 649 页。

思想之有系统的学问而言。”当代学者夏勇2003年在《民本与民权——中国权利话语的历史基础》[①]一文中认为：“民本思想是中国古代政治哲学的最主要、也最精彩的部分。从某种意义上讲，古代政治思想之要义在于发挥一个‘民’字，古代政治哲学可以归结为‘民学’，其中蕴含的核心价值乃是民本。”他们的论述主要是用“民学”一词来概括传统民本思想，尚未涉及构建民学学科体系的概念。1948年8月，近现代著名画家黄宾虹在上海美术茶会上发表的讲词《国画之民学》中提出了民学观，主要内容是：“民学”是“君学”、宗教的对立物，指的是人民具有自由学习、自由发挥言论的机会权利。从绘画来讲，能够代表中华民族的、真正民间的画，就是民学的；而宫廷院的画是为宗庙朝廷服务的，则是君学。很显然，黄宾虹先生所讲的“民学”，是强调要把人民大众作为美术创作表现和服务的对象，并不是倡导一门学科。苏州大学的蒋国保教授2021年1月在《江海学刊》上发表的《化士学为民学：儒学未来发展的新思考》一文中认为，原始儒家基于“士”的立场、情怀与需要而创立的儒学，本是士君子之学（简称“士学”），在汉唐成为“官学”以后，儒学与民众的疏离变得更为严重。为了解决这个问题，他主张遵循世俗儒学的路向，化士学为民学。可以看到，他所讲的“民学”，指的是将儒学世俗化，也不是讲的一门学科。综上所述，将民学作为一门新学科提出来，以前没有过，这为我们的研究提供了广阔的空间。

当然，需要说明的是，这里提的民学这个学科概念，不是指进入国家官方的学科目录的学科，特别是国务院学位委员会、教育部共同制定的《学位授予和人才培养学科目录》中规定的那种一级、二级学科（目前共有14个学科门类，111个一级学科。除此学科目录外，我国还有一种学科目录的版本是《中华人民共和国国家标准学科分类与代码》，共分为5个学术门类。二者分类目的、依据有很大区别；前者主要用于高校学位授予与人才培养，

① 夏勇：《民本与民权——中国权利话语的历史基础》，《中国社会科学》2004年第5期。

后者主要用于国家宏观管理和统计）。要列入这个目录是很复杂的事情，像教育部规定，一级学科的调整每10年进行一次；二级学科目录也要每5年才编制一次。但这个学科的分类主要是从高校、科研单位授予学位与人才培养的角度来确定的，与学术领域的研究实践并不完全同步。在现实中，很多已经形成热潮甚至蔚为大观的学科研究领域，并没有被列入这个目录，这说明不一定非要进入这个目录才称其为学科，没有进的就不能算学科。当然，如果经过我们若干年的努力，民学能够成为教育部认可的学科当然更好，但有没有列入这个目录并不妨碍我们进行相关的研究。我们的首要旨归，是能够建立起一套相对独立、具有原创性的知识体系、学术话语体系。

习近平同志强调，要加强话语体系建设，着力打造融通中外的新概念新范畴新表述，讲好中国故事，传播好中国声音，增强在国际上的话语权。立足中华文化传统和当代中国实际，加快构建民学话语体系，在讲好我们党为人民靠人民的原理哲理事理、凝聚亿万民众思想共识；坚定文化自信、改变国内学界盛行西方理论和术语、学术框架方法的状况；破除西方涉民话语霸权、加强对外政治文化传播力等方面都具有积极意义。

建构新的民学话语体系，需要以新概念、新范畴、新表述来研究、阐释、转化传统民本思想。目前，学术界、思想界对传统民本思想的研究仍然主要集中在传统民本与现代民主的对比分析、传统民本向现代民主转化的可能性与途径等政治话语的范畴。而实际上，仅从这一角度进行研究，难以适应时代发展要求。从指导思想层面来看，马克思主义从“现实的人”出发去把握人的本质，而现实的人是有诸多规定性的：他们或是从事物质生产活动的人，或是有着现实性需要的人，或是进行着人的生命生产的人，或是处在生产关系中的人，或是有意识的人，这些规定性决定了现实的人是有限性的人。同时，马克思主义将人的自由全面发展作为人类社会发展的最高目标和衡量标准加以强调，其内涵包括人的活动、社会关系的全面发展；人的素质的全面提高、个人价值的实现、个性的发展等等，这些都远不是民主所能涵盖的。

从实际行动层面看，我们党始终将为中国人民谋幸福、为中华民族谋复兴作为自己的初心使命，把全心全意为人民服务的根本宗旨贯彻到党的一切活动中，通过发挥社会主义制度的优势，解放和发展生产力，兼顾公平和效率，致力于消除地区之间、城乡之间、群体之间的各种差距，不断满足广大人民群众在物质、精神、安全、健康、政治等方面的需求，促进人的自由和全面发展，这就大大地超越了民主的范围。这些都要求我们，在构建民学话语体系时，不能将视野仅仅囿于政治伦理领域的民主民权等问题，而要着眼现实，拓展到涉民的其他如经济、社会、文化、生态等各个领域，从不同范畴研究政民关系互动协调的规律。唯其如此，民学才能接地气、有活力。

三、从传统民本向当代民学转化

那究竟转化什么呢？这里我简要讲两个方面，一是理论基石的转化，二是转化的重点内容。

关于理论基石的转化，简言之，就是从唯心史观转向唯物史观。传统民本思想中的精华内容为民学提供了宝贵的思想资料，但是，民本思想家的历史唯心主义立场，使其在理论认识、价值目标与实践趋向上出现重大缺陷。他们尽管认识到了“民”在稳定巩固国家政权和政权更替中的重要地位和作用，但认为君主对国家和民众的统治权力来自“天命”，所谓“君权神授”，君主为“天子”，董仲舒就提出“天子受命于天，天下受命于天子”[①]。他们认为决定国家治乱、推动社会发展的始终是以君主为代表的统治阶级而不是人民群众的力量，即便如倡导“天下为主，君为客”的黄宗羲，也依然期待圣王出世，寄托“君心之公”。他们认为统治者拥有至高无上的政治权利，是民众的主宰，而民众处在社会底层，只能无条件地当顺民。他们始终以“立

① 〔汉〕董仲舒：《为人者天》，〔清〕苏舆：《春秋繁露义证》卷十一，钟哲点校，中华书局1992年版，第319页。

君为民”“治权在君”“君为政本”“君主民从”等观点为既定前提来讨论设君之道与治民之道，最终目的是更好地稳定巩固统治阶级政权，这决定了民众永远只能作为统治阶级实现政治目的的政治资源和工具而存在，其对民众利益的主张仅仅局限在满足民众的基本生产生活需求层面，决不会触及政治权利等危害统治阶级根本利益、威胁统治阶级执政地位的内容。正如梁启超指出的那样，是“专为君说法，而不为民说法”[①]。因此，他们在认识民众地位作用时只能看到现象，而看不到本质。在传统民本思想中，“重民”是表象，“尊君”为实质，“利民”是手段，“利君”乃目的。有学者指出，在孔孟学说中，“尊君”与“民本”看似矛盾，却交融成“一个极吊诡的整体”[②]。民众利益在现实中不可能被放在最高位置，为民谋利不可能真正落到实处，标榜“以民为本”更多地成为麻痹民众的政治口号。这些都决定了传统民本思想无法从根本上彻底解决执政者与民众之间的矛盾，历朝历代也难以跳出“治乱兴衰”的“历史周期率”。

民学以马克思主义为指导，把历史唯物主义世界观、方法论作为自己的理论基石，这是民学克服传统民本思想局限，实现向科学理论体系转化的关键所在。

民学所坚持的历史唯物主义立场，可以克服传统民本思想的局限。原因有二：一是确立了人民的主体地位。马克思主义从历史唯物主义的基本原理出发，颠覆了以往思想家们对人民群众的认识，认为社会一切财富的创造者是人民群众，推动历史进步的决定性力量也是人民群众，充分肯定人民群众的主体地位，及其在社会变革中的根本性作用，第一次真正彻底地、科学地解决了历史创造者这一重大问题，彻底摆脱了唯心主义的英雄史观。马克思

---

① 梁启超：《儒学统一时代》，《论中国学术思想变迁之大势》，上海古籍出版社 2006 年版，第 69 页。

② 林安梧：《道的错置：先秦政治思想的团结》，《孔子诞辰 2540 周年纪念与学术讨论会论文集》，生活·读书·新知三联书店 1992 年版，第 518 页。

指出："历史上的活动和思想都是群众的思想和活动"，"人们自己创造自己的历史"。[①]列宁强调，作为自觉的历史活动家的人民群众正是"历史创造者""决定历史结局的是广大群众"。[②]人民群众的意愿决定了一个政权的兴亡，所谓得民心者得天下，失民心者失天下；人民群众是创造历史的英雄，而不是封建统治者所认为的"群氓"；人民群众蕴藏着无穷无尽的力量，相信和依靠他们就能克服任何困难。民学扬弃了传统民本思想中对"民"的定位，正确地认识到了人民群众的历史地位和作用，树立人民至上的观念，站在人民的立场上观察问题、研究问题，从而得出科学的结论。二是明确了马克思主义政党的"人民工具"性质。马克思主义唯物史观认为，人民是国家和社会真正的主人，一切权利属于人民，在社会主义国家，人民是执政的主体，马克思主义政党是受人民委托，代表人民群众利益执掌政权的工具，执政的本质是领导和支持人民当家作主，为实现人民当家作主服务，党与人民群众权力关系的本质是服务与被服务的关系。毛泽东同志曾对共产党的存在价值作出通俗而深刻的概括，他说："群众是从实践中来选择他们的领导工具、他们的领导者。……我们党要使人民胜利，就要当工具，自觉地当工具。"[③]邓小平同志也明确指出："同资产阶级的政党相反，工人阶级的政党不是把人民群众当作自己的工具，而是自觉地认定自己是人民群众在特定的历史时期为完成特定的历史任务的一种工具。"[④]习近平同志亦强调："必须始终把人民的利益放在高于一切的地位，自觉将自己认定为实现人民根本利益的忠实工具。"[⑤]将政党自身作为人民的工具，这就从根本上扭转了传

---

① ［德］马克思：《路易·波拿巴的雾月十八》，中共中央马克思恩格斯列宁斯大林著作编译局编：《马克思恩格斯选集》（第1卷），人民出版社1972年版，第603页。
② 中共中央马克思恩格斯列宁斯大林著作编译局：《列宁选集》（第1卷），人民出版社1972年版，第547页。
③ 毛泽东：《毛泽东文集》（第3卷），人民出版社1972年版，第373—374页。
④ 邓小平：《邓小平文选》（第1卷），人民出版社1994年版，第218页
⑤ 习近平：《全面加强党的基层组织建设　为实施"八八战略"、建设"平安浙江"奠定坚实基础》，《今日浙江》2005年第13期。

统民本思想的价值目标，是马克思主义政党与历史上所有执政者和当今世界其他政党的根本区别，体现了完全不同的世界观、价值观、权力观。马克思主义政党作为人民工具的本质属性，决定了其在“为民”即维护人民利益上，态度是真诚的，行动是彻底的。从这一立场出发，民学摒弃驭民治民之术的封建糟粕，落实“立党为公、执政为民”，研究人民群众的需求，并以群众满意度作为最高价值标准。

关于转化的重点内容，我初步考虑了五个范畴。一是民性。“民性”一词很早之前就有了，比如庄子“素朴而民性得矣”，孔子“洁哉，民性有恒”等。这里指的民性基本可以等同于人性。而在有的论述中，人性与民性又有所区别，与身份、地域、民族、文化等因素有关。比如，“安土重迁，黎民之性”，讲的就是老百姓具有故土难离，不愿轻易迁居的特性。再比如，描述某一特定地区的“民性轻悍”或“民性纯朴”，指出不同民族间民性存在差异——“回缠民性各殊”等。遗憾的是，尽管古人已对这种民性内部的差异性有所认识，但并未对人性与民性进行清晰的区分。但由于传统民本思想经世致用的价值取向，古代在关注民性时，往往把重心主要放在“施教于民”，从而有意无意地忽视了民性本身丰富的内涵。这些都影响和制约了对民性认识研究的深度。建构民学，就要坚持历史唯物主义，将民性这一过去研究的薄弱环节作为民学研究展开的逻辑起点，摒弃传统意义上施教者—受教者的关系框架，辩证地分析总结民性中的正负面因素。比如，关于民性与人性的关系问题，如何对待民性问题，等等。二是民需。在传统民本思想中，主要用“民生”这一概念来指代民众的需求。比如《左传》“民生之不易”“民生厚而德正”等等。但受限于当时农业社会生产力发展水平的限制，传统民本思想关注的民需，主要还停留在物质层面的需求方面，对民处于政民关系中的人所理应具有的政治参与（如选举、论政）方面的需求与权利不够重视，甚至刻意进行抑制。当代民需，应是一个包含人们生活的多层次内容的历史性范畴，其本质是民这一主体需要与社会现实的客体状况之间矛盾不断解决、主体需要不断得以满足的动态发展过程，具有客观性、公共性，具有优先级，是目的性和过程性的统一。三是民心。作为词组使用的“民心”一词，最早见于春秋时期的《左传》：“六物不同，民心不一，事序不类。”《管子》指出：“政之所兴，在顺民心；政之所废，在逆民心。”但是传统民本思想对民心的关注重点在于强调其意义作用和执政者如何对待民意方面，制约了对其认识的深度广度。当然，民心是一个动态的发展过程，反映了人们对政治体系要求和期待的变化，其内涵、载体及表现形式也会随着时代变迁而产生流变。我们将对历史上民心的表现形式与载体进行梳理，运用政治学、社会心理学等学科的理论视角，考察分析不同政治制度形态下民心的生成过程、表现形式、民心资源获得的方法路径以及国家治理中“满足民需民意—形成民心—凝聚政治认同”之间的联动关系，从中归纳总结规律性认识，以期为推进国家治理体系和治理能力现代化提供有益借鉴。四是民动。这个词是我新造的，指的是民众运动。传统民本思想家们很早就开始注意研究由于失民心导致的民众运动与国家治乱兴衰的关系，并反复强调执政者要从前朝灭亡的历史中汲取深刻教训，但传统民本思想家没有认识到民众运动发生的本质是统治阶级和民众矛盾冲突已不可调和的结果，也因而未对其特点和规律进行更为深入的探讨。民学对“民动”的研究，将突破传统农民战争史研究中以阶级矛盾、阶级斗争为出发点，局限于关注政治运动或推翻政权的暴力革命的研究视角，将其纳入社会危机及政府应对管理的视域去考察，定义为民在现实世界与虚拟世界对社会公共事务表达意见、抗议的社会活动。综合运用政治学、历史学、管理学、社会学等有关理论，和大数据、算法等新技术，系统研究诸如民众运动发生前的官民关系特别是官民矛盾情况、预兆端倪，爆发民众运动的原因（外因与内因）、表现形式（暴力与非暴力）、存在空间（现实与虚拟）、发展趋势（流行议题、动员方式、动员手段变化）、效果（建设性与破坏性），为现代社会中治理者如何正确应对、处理民众运动，使之朝着有利于政治稳定、社会和谐的方向发展，为国家长治久安提供对策建议。五是民立。这也是一个新造的词。传统民本思想家以君民及其关系为关注点，对人类社会的发展阶段问题早有思考。儒家公羊学派提出“三世说”，黄宗羲把人类历史分为三个阶段，近代康有为则把“三世说”与大同小康学说相结合，认为太平世即大同之道，升平世为小康之道，人类社会是循着“据乱世—升平世—太平世”的规律演进发展的，最终达到“政府皆由民造”，实现天下为公的大同世界。传统民本思想中对大同世界、大同社会的政治设计中，所追求的理想政民关系是回归到尧舜时期的古代原始部落形态，忽视了物质基础对社会发展的关键性作用。而马克思主义展望的共产主义社会，是一个“全社会消灭了阶级”“国家自行消亡”“人人平等”“自由劳动”“按需分配”，所有人真正自由而全面发展的社会。建构“民立”这一概念，即是在历史辩证法的指引下，回顾梳理不同历史时期民实现自我解放、自强自立的发展历程，展望其未来发展的最高阶段，对传统民本思想中的大同理想进行现代阐释和实践。

综上所述，“民性”是民之所以为民，区别于人性而存在的本质属性；“民需”是由“民性”派生出的客观需要，是“民性”在政民关系互动中的直接体现；“民心”是民对执政者满足“民需”情况等政治行为满意度的一种情绪与心理表现，体现了“对一定的政治体系的同向性的情感、态度和相应的支持”；民心向背的程度受制于“民性”的影响与“民需”的满足度，同时也决定了“民动”的产生及激烈程度；“民立”是“民需”“民心”及“民动”的最终目标，也是“民学”研究的价值归宿。因此，不难发现，以上五方面内容，是古今中外各种国体政体和政治制度下政民关系中均普遍具有的基本要素，从“民性”到“民需”“民心”“民动”，到最后实现“民立”，是“民”在现实政民关系中一个变化、运动、发展的系统过程，也可以说构成了民学研究的基本内容。以这五方面为要素构建民学研究的坐标体系，可以形成一个覆盖整个涉民领域、相对稳定的框架结构，以方便深入、具体、动态地考察梳理某一政治体系中的政民关系。

“圣人无常心，以百姓心为心”的民本主义解读

吴根友

一、引言：问题的提出

中国传统的“民本”思想，一般将其归属于儒家及儒家经学的思想传统之中。实际上，道家的传统思想中，亦有非常丰富的民本思想。仅以《老子》五千言为例，其中就包含着丰富的民本思想。笔者认为，王弼本《老子》第四十九章，“圣人无常心，以百姓心为心”[①]的命题，似乎可以从民本哲学的角度加以诠释。本文尝试借用“由字通词，由词通义”，“一字之义，当贯整体”的经典解释学中“局部与整体之循环”的方法，通盘考察《老子》五千言中所出现的“心”字在具体语境中的意思，以及在整个文本中所整体呈现出的意思，然后通过“大其心”，“以体古贤圣与天地之心相协而为斯民道义之心”的哲学解释学方法，超越具体语言学词汇的限制，考察老子政治哲学的幽微之旨。

从学术史的角度看，“圣人无常心，以百姓心为心”一句，既有版本不同，亦有解释路径的差异。依《帛书》（乙本），“无常心”写作“恒无心”，高明《帛书老子校注》认为，《帛书》（乙本）的意思是对的，并引河上公对此句话的注文：“圣人重改更，贵因循，若自无心”，推论河注本《老子》

作者简介：吴根友，武汉大学哲学学院教授、文明对话高等研究院院长，孔学堂学术委员会委员。

① 〔魏〕王弼注：《老子道德经注校释》，楼宇烈校释，中华书局2008版，第129页。

原文当为“圣人恒无心”。高明认为，自宋人李荣《老子注》，到明代焦竑《老子翼》，再到近人蒋锡昌的《老子校诂注》，凡从“无常心”的角度解释，都误解了老子的本意。他认为，“圣人恒无心”的意思是指：“人主不师心自用，亦无主观模式或人为规范。客观体察百姓之需求心意，因势利导，即所谓‘以百姓心为心’也。”① 不过，高明的说法未必完全可信，王弼《老子注》“从圣人无常心”而非“恒无心”的角度，得出了与高明本人的意思大致相同的看法。王弼在第四十九章“圣人皆孩之”一句的注文中，借《易传》之辞来解释老子“任自然”的思想，将“圣人无常心”解释成不用“一身之聪明，以察百姓之情”②。王弼认为，统治者若“以明察物，物亦竞以其明（应）〔避〕之”③。“夫天下之心不必同，其所应不敢异，则莫肯用其情矣。”④ 这样就会导致天下大伪。因此，“圣人无常心”，即是圣人“心无所主也”⑤。由此似乎可以得出这样的结论，此一句在版本方面虽有“恒无心”与“无常心”的细微差异，但并不会必然导致哲学解释方面的根本差异。从解释的效果角度来看，我们没有必要在“恒无心”与“无常心”之间做出太多的区分。故本文暂不取“恒无心”的说法，而继续使用王弼的“无常心”的说法。

就现代中国哲学史的解读路径来看，研究者往往从自己的思想前见出发，将此句中的“百姓心”解读为“民意”，故将圣人“以百姓心为心”一句解释成圣人无私心而顺从民意，比较代表性的注解者有徐梵澄、陈鼓应、李存山、董平等人。徐梵澄先生据《帛书》（乙本），认为圣人无常心当为“圣人恒无心”，此“无心”非无心于治国，而是“无为”。以“百姓心为心”，即是“大公而无私心者也。则百姓而治百姓者也。则百姓之自治也。”⑥ 陈

① 高明：《帛书老子校注》，中华书局 1996 年版，第 58—59 页。
② 〔魏〕王弼注：《老子道德经注校释》，楼宇烈校释，第 130 页。
③ 〔魏〕王弼注：《老子道德经注校释》，楼宇烈校释，第 130 页。
④ 〔魏〕王弼注：《老子道德经注校释》，楼宇烈校释，第 130 页。
⑤ 〔魏〕王弼注：《老子道德经注校释》，楼宇烈校释，第 130 页。
⑥ 徐梵澄：《老子臆解》，中华书局 1988 年版，第 70 页。

鼓应根据各种版本的考订，也认为“无常心”当为“常无心”，并将“无心”解释成“无私心”。不过，在译文中，陈先生将“百姓心”译作“需求”，说圣人“破除自我中心去体认百姓的需求，而敞开彼此隔阂的通路”[①]。对于“百姓心”的解释颇有启发意义。李存山将此句直接译为：“圣人总是没有私心，他是以百姓的心为自己的心。”[②]董平认为，圣人无常心即是无私意而有公心，百姓心即是“天下人之心”。圣人以“百姓心为心”，即是无私心、无私意、无私利、无私欲，因而是“清静”。因此，“在公而无私的意义上”，“便可以与儒家的基本主张相通贯”。[③]

由于本文并不是对“圣人无常心，以百姓心为心”的观念做学术史的考察，故老学史上众多注家对于此句话是如何解释的，并不是本文要处理的重点问题。本文的主要任务是以王弼本《老子》“圣人无常心，以百姓心为心”为依据，不取《帛书》（乙本）“恒无心”的说法，结合王弼本《老子》中其它篇章涉及“心”的文字，以及其它有关尊重民命、民生、民意的文字，尝试揭示此句话所包含的民本主义思想意味。同时，对于老子虽未明确阐述，但从其八十一章文本中可以解析出来的“百姓心”与“众人之心”的差异，可以看出老子对于宽泛意义上的“民之所欲”，并不完全持有认同的态度。这就表明，老子的“百姓心”虽然没有明确的定义，但是有其理论的边界。这就使得我们对于日常语言中的民心、民意等语词所带有的模糊性，要保持思想上的警惕。

① 陈鼓应注译：《老子今注今译》，中华书局 2020 年版，第 253—255 页。
② 李存山注译：《老子》，中州古籍出版社 2004 年版，第 65 页。
③ 董平：《老子研读》，中华书局 2015 年版，第 202 页。王中江在《老子》（国家图书馆出版社 2017 年版）一书中，提出了类似董平的说法，他认为“百姓心”即是“人民的心声、心愿”。“统治的正当性和合法性，在于合乎民心民意。”（第 194—195 页）匡钊在《先秦道家的心论与心术》（中国社会科学出版社 2021 年版）一书中亦认为，圣人“常无心”或无常心，“是指圣人不会陷入主观臆断或私欲”，“以百姓心为心”表明“圣人不固执于己见私欲”。但是“百姓心”也不是百姓的“欲望或知识，而是未加矫饰的‘自然’”。（第 29 页）

二、《老子》中“百姓心”与“心”的概念及其意义分析

考察《老子》五千言的文本，“百姓心”的说法只有一次出现，并且老子本人也没有说“百姓心”究竟是什么意思。因此，对于这样一个非常具有道家特色的民本哲学命题，需要仔细地考察一番，看其所言的“百姓心”究竟是什么意思？

在《老子》的五千言之中，直接涉及“心”的文字大体上有如下六章共十见：

> 不尚贤，使民不争；不贵难得之货，使民不为盗；不见可欲，使民心不乱。是以圣人之治，虚其心，实其腹；弱其志，强其骨。常使民无知无欲，使夫智者不敢为也。为无为，则无不治。（第三章）
>
> 居善地，心善渊，与善仁，言善信，政善治，事善能，动善时。（第八章）
>
> 五色令人目盲，五音令人耳聋，五味令人口爽，驰骋畋猎令人心发狂，难得之货令人行妨。是以圣人为腹不为目，故去彼取此。（第十二章）
>
> 我愚人之心也哉！沌沌兮！俗人昭昭，我独昏昏。俗人察察，我独闷闷。澹兮其若海，飂兮若无止。众人皆有以，而我独顽似鄙。我独异于人，而贵食母。（第二十章）
>
> 圣人无常心，以百姓心为心。善者，吾善之；不善者，吾亦善之；德善。信者，吾信之；不信者，吾亦信之；德信。圣人在天下歙歙，为天下浑其心，圣人皆孩之。（第四十九章）
>
> 知和曰常，知常曰明。益生曰祥，心使气曰强。（第五十五章）

在上述六章之中，没有一章对于“心”的概念有所规定，因此，我们很难直接按照老子本人的定义来断言其论说中“心”概念的准确意义，只能通

过我们的归纳给出描述性的定义域。依据笔者的理解，老子所说的“民心”（或曰人心），至少有如下四个方面的意思：

第一，民心或人心是可变的，即既可以使之乱，亦可以使之不乱；能够让其心虚而不表现为对知和欲的强烈追求。因此，“浑其心”——让百姓变得像孩子一样单纯，是可能的。[①]

第二，民心或曰普遍的人心，在不施加额外刺激的条件下，是能够保持正常的有序状态，但如果让人过分地去打猎、驰骋，则可以让“人心”变得疯狂。

第三，民心或人心的活动以保持“渊”之状态为最好状态。“心善渊”，即是心以渊的状态为最好的状态。渊，具有清澈、面积不大而纯净等意味。这种诗意的形象意味着，民心或人心以纯粹、纯净、澄澈——知的明晰性与准确性为最正常的状态。在《老子》的文本中，“渊”的状态比较接近“道冲”的样子：“道冲，而用之或不盈，渊兮，似万物之宗。”“湛兮，似或存。”（第四章）另外，与“常德”的形象也比较一致：“知其雄，守其雌，为天下蹊。为天下蹊，常德不离。”（第二十八章）因此，心以渊的状态为善，实际上也即是心以道、常德的状态为善。

第四，民心或人心与欲望联系起来，就可以驱使人的肉体做一些本不该做的事情。这种本不该做的事情可以有两个方面的内容，一是肉体方面的内容，如人的身体本已经到了某种极限，但为了得到某种特别想要得到的东西，让身体去承受超负荷的劳动。这是“心使气”的第一种可能状态。第二种是广义的道德上的不应当，但由于“心使气”，使人做了不想做的事情，如碍于人情、面子，做行贿、受贿之事，亦可以视之为“心使气”。无论是哪一种“心使气”，都是心偏离了以渊为善，即以道为善、以常为善的状态。

---

① 王夫之《老子衍》从“入其垒，袭其辎，暴其恃而见其瑕”的理论批判角度，认定老子“圣人皆孩之”的做法行不通。他说：“即有圣人，岂能使天下之皆孩耶？一生二而有阴阳，有阴阳而有性情，有性情而有是非。”“天下之有目而注者多矣，与之为目者，则亦注也。圣人不为目，而天下自此孩矣。”［〔明〕王夫之：《船山全书》（第13册），岳麓书社2011年版，第46—47页］

第五，上述引文中，老子称自己的心是“愚人之心”。但此“愚人之心”并不是现代汉语意义上的“愚蠢之心”，而实际上即是一种“素朴之心”，即以渊为善之心。而以渊为善之心，即是以道为善之心。而第二十章里，老子直接道出自己与常人不同的地方在于“贵食母”。而“贵食母”，即是贵守道的另一种说法。这就表明老子的“愚人之心”，实即守道之朴的素朴之心。

通过以上五个方面的分析与归纳，我们虽然还不能直接而简明地定义老子之“心”的确切而具体的内涵，但至少可以明白，老子所说的“民心”或“人心”，并不是一个让人觉得那么放心，那么可靠的一种意识状态或精神状态，绝对没有老子所推崇的“道”那么可靠，值得人去遵循、效法。但“民心”（或人心）可以引导到道、常德的状态，即“心善渊”。心也可以让其虚化——虚其心，对某种可欲的对象——“难得之货”不必过于执着地去追求——弱其志。如果民心被错误地使用，如过分的田猎；或者让心（带有理智、技巧、计算之能力的心）错误地使用人的“气”——情绪、感觉，也会让人犯错误。因此，老子思想中的“民心”，就其自然而然的状态而言，仅仅是一种精神或意识的状态或能动性，无所谓善恶好坏。但它可以被引导，也可以被误导或误用。若“民心”依据道、常德的原则被引导到以渊为善，在现实生活做到虚心实腹，弱志强骨而不追求难得之货，那么民心就回复到纯朴的孩童状态。而似乎只有在此状态下的民心（人心），才可能是老子“圣人无常心，以百姓心为心”命题所要表达的真实意图。否则，无论是圣人“恒无心”，还是“无常心”，都不可能以发狂的百姓心、贵难得之货的百姓心、使气的百姓心等“不合道之心”作为“圣人之心”，然后再按照此心去治理天下。

三、老子之前与以后对于“民心（民意）”持信赖态度的精神脉络钩沉

在老子“圣人无常心，以百姓心为心”的说法之前与之后，对于“民心（民意）”持信赖态度，实际上具有一个较为清晰的思想脉络。此处只是勾勒出

其粗线条的轮廓。《今文尚书》与《古文尚书》都有天视民视、天听民听之说。这种说法虽然没有直接地提到“民心（民意）”，但在实际上讲的就是民意、民心问题。作为哲学的解释学，我们就不能简单地停留在“由字通词，由词通义”，“一字之义，当贯整体”的语言学方法层面，而应当从“大其心”，“以体古贤圣与天地之心相协而为斯民”的“道义之心”层面，亦即哲学解释层面，将老子信赖“民心（民意）”的思想态度纳入一个源远流长的思想脉络之中。

《今文尚书·皋陶谟》：“天聪明，自我民聪明；天明畏，自我民明威。”①

《古文尚书·泰誓中》：“予有乱臣十人，同心同德。虽有周亲，不如仁人。天视自我民视，天听自我民听。”②

由上述所提供的两则例子可以看出，老子“圣人无常心，以百姓心为心”的说法，可以从《尚书》的民意政治思想传统里找到比较早的思想萌芽。今古文《尚书》中作为抽象“民意”的民视、民听的具体内容是什么呢？带人格神意味的老天，他的眼睛与耳朵，实际就是人民的眼睛与耳朵，执政者依据老天的眼睛与耳朵来办事，实际上即是依据人民的眼睛与耳朵来办事。眼睛看到、耳朵听到的都应当是社会现实和社会事实，包含有公平与不公平的现象等。明威即是惩罚，惩罚是否合理？当然就有公正与不公正的意味。按照现代政治学的观点来看，“民意”其实可以包含现实的利益、需求，也包含对某些事情的态度。假设古代民众的文化水平普遍不高，他们对待事情的态度基本上是关于他们自身利益、需求的态度。而他们对于宗教与政治的态度也直接与他们的切身利益、需求相关。因此，我们可以将《尚书》中“民意”的主要内容看作是民众对其自身福祉的意见与态度，而不会过多地涉及现代民主政治中的民意可能牵涉的意识形态、宗教观念等内容。

---

① 程水金：《尚书释读·皋陶谟》，人民文学出版社 2020 年版，第 105—106 页。

② 〔汉〕孔安国传，〔唐〕孔颖达正义：《尚书正义》卷十，上海古籍出版社 2007 年版，第 411—412 页。

老子之后，直接讨论民心、民意是政治基础的思想观念，首推墨子与孟子。孟子有直接的文献根据，比较容易说得通，如他在分析纣之失天下，武王之得天下的原因时说道：“纣之失天下也，失其民也；失其民者，失其心也。得天下有道：得其民，斯得天下矣；得其民有道，得其心，斯得民矣。得其心有道：所与之聚之，所恶勿施尔也。民之归仁也，犹水之就下、兽之走圹也。”（《孟子·离娄上》）

从上述这段文字看，孟子有关仁政与民心的关系，其所言与老子的“民心”政治思想十分相似！与老子不同的地方在于，孟子更加具体地阐述了何为“民心”的内涵。孟子所说的“民心”，即是指民的恶与欲。民之所欲，则给予他们；民之所恶，则不要强加给他们。不过，民之恶、欲，既是抽象的，也是变动的。从抽象的角度看，民之所欲，可能既包含广泛的物质利益，即福祉，也包含民众的基本宗教观念与生活习俗观念等。从变动的角度看。民众对福祉的需要、持有的宗教观念与习俗观念，都不是一成不变的，而是可以变化的。移风易俗，教化等，都是对民之恶、欲的变化。但孟子在上述文献中所呈现的“民心”观念似乎还没有触及到现代民族国家政治，以及民主政治中的民众恶、欲的复杂性。孟子还只是单纯地、抽象地肯定了民心的天然合理性。这或许与孟子在道德哲学方面持有性善论的哲学预设有关。

相比较而言，老子对于“民心”的态度与孟子有明显的不同，老子希望以德善、德信，以及合乎道的状态的“善渊之心”，来让百姓的心变得纯朴，“浑其心”的最后结果是：圣人让百姓之心都变成像儿童之心一样纯朴。因此，“以百姓心为心”的说法，实际上并不是完全顺从民众之心的所欲与所恶，而是以道家之道的“纯朴”来教化百姓。老子认为历史的进程是一失道失德失仁失义的退化过程，现实的政治与生活状态并不是一种合道的状态。他对“众人熙熙，如享太牢”“众人皆有以，而我独顽似鄙”的社会普遍状态，是极其不满的。因此，老子对偏离道和失去“常德”支持的“民心”，其实是持一种极不信任的态度，这与孟子完全遵从民之所欲，去民之所恶的“民心”政治主张很不一样。在对待“民心”的问题上，老子比孟子似乎更加深刻，他没有将“民心”看作是一个完全值得信赖的对象，故尔并不以民心作为理想政治的基础。他希望“圣人在天下，歙歙为天下混其心”，然后实现一种合道的政治。

墨子的民心、民意政治思想要稍微复杂一点，需要做一点说明，才可以看出其与老子的上述思想主张有比较接近的地方。墨子提倡“尚同”的思想，其“尚同”的思想主张中，既有“上同于天”的宗教神学意味，又有“下同于民之情”的世俗经验内容。而“天”是要求人们“兼相爱，交相利”的，故天意实即民意。墨子与《尚书》中的天听、天视说的意图似乎相反。《尚书》是尝试用民听、民视（即民意）来解释天听、天视（天意）的实质性内容，而墨子则是为确保民情、民之兼相爱、交相利的说法具有神圣性与权威性，故而借助“天”之权威来确证民意的权威。因此，“尚同”的直接内容是尚同于“义”，而“义”是让天下百姓都能受其利的政治法则和道德法则。因此，墨子的民心、民意政治是通过具有共同善品格的“义”而实现的。概括地讲，墨子思想中的民心与民意的具体内容包括两个方面的内容，其一是广义的“民利”。如他引古代的《相年》之书说道：“夫建国设都，乃作后王君公，否用泰也，卿大夫师长，否用佚也，维辩使治天均。”并对此古语的意思再一次解释道：“则此语古者上帝鬼神之建设国都立正长也，非高其爵、厚其禄、富贵佚而错之也，将以为万民兴利除害、富贫众寡、安危治乱也。故古者圣王之为政若此。”[①]而“尚同”于正长的具体内容不是正长们的意见与利益，而是上下情通，上下利通。墨子说：“古者圣王唯而审以尚同，以为正长，是故上下情请为通。上有隐事遗利，下得而利之；下有蓄怨积害，上得而除之。”[②]而天子之所以能够迅速地遍闻遍知天下之善事，或者天下之恶事，

---

① 吴毓江：《尚同中》，《墨子校注》卷三，孙启治点校，中华书局2006年版，第119—120页。
② 吴毓江：《尚同中》，《墨子校注》卷三，孙启治点校，第120页。

能够及时行赏罚。不是天子的视听有多么神通，并有多么了不起的神人功能，而是“能使人之耳目助己视听，使人之吻助己言谈，使人之心助己思虑，使人之股肱助己动作”[①]。而这就是“以尚同为政”的具体内容。其二是一种共享的伦理原则或政治原则，即“同义”，以之改变一人一义，十人十义而各是己义非人之义的共同政治诉求。

要而言之，墨子思想中的民意、民心，不是指作为个体的万民私人性质的欲望与知识，而是具有公共性的需求（福祉）和共同遵守的原则——义。汉唐及以后的儒家政治哲学中的民心、民意，大体上均是指这种万民的基本需要求（福祉），而非私人性质的欲望与特殊性的知识。宋儒张载在《正蒙·天道》篇提及“民心”政治的问题时，同样采用了经书中的语言形式及其内容：“天之知物不以耳目心思，然知之之理过于耳目心思。天视听以民，明威以民，故诗书所谓帝天之命，主于民心而已焉。”[②]抽象地肯定了“民意”。但自宋儒开始将天理与人欲对立起来，而他们所指的人欲即是指人的私欲，而非民众共同的需求即民众的福祉。二程与朱子坚持的著名理欲之辩命题——存天理、灭人欲，其所言的“天理”就包含着百姓的日常的食色之需，而“人欲”就是指那种具有个人性的特殊的对美色美味的追求。如朱子说：“饮食者，天理也；要求美味，人欲也。”[③]程颐与朱熹在仁的问题上都特别突出“公”的倾向，亦包含了对民众公共需求的肯定，而否定了个人性的特殊要求。仅以《朱子语类》中的三条文献为例：“公不可谓之仁，但公而无私便是仁。”“无私以间之则，公则仁。”“做到私欲净尽，天理流行，便是仁。”[④]

由以上扼要的钩沉可以看出，老子对抽象民心、民意持信赖的态度，前

---

① 吴毓江：《尚同中》，《墨子校注》卷三，孙启治点校，第 120 页。
② 〔宋〕张载：《天道篇第三》，《正蒙》，《张载集》，章锡琛点校，中华书局 1978 年版，第 14 页。
③ 〔宋〕朱熹：《学七·力行》，〔宋〕黎靖德编：《朱子语类》卷十三，王星贤点校，中华书局 2020 年版，第 239 页。
④ 〔宋〕朱熹：《性理三·仁义礼智等名义》，〔宋〕黎靖德编：《朱子语类》卷六，王星贤点校，第 128 页。此卷中还有多条讨论仁与公的相关论述。

有以《尚书》为代表的经学之源，后有以墨家、儒家孟子、宋明儒者为代表之流裔。但是，对民心、民意的具体内容需要做一些具体的讨论。除孟子外，墨子、宋儒所肯定的民意、民心，其具体内容是广义的民之需求，或曰福祉，而非个人性的欲望或知识。墨子的民意、民心还包括带有共同善之特征的“同义”——即全社会都共同遵守的相对合理的伦理原则，如兼相爱、交相利等。因此，如果将民本思想具体化到民意、民心的问题上，仔细考察传统思想中各家各派对于民意、民心的具体论述，进而深化我们对于传统民本思想具体内容的认识，或许是一件十分有意义的学术史工作。

四、“百姓心—民意”与“众人之心”的区别

由上述对老子前后重视民意（民心）的精神传统的钩沉，以及对民意具体内涵之所指的简要分析来看，进一步区分老子思想中“百姓心”与“众人之心”，不仅显得很有必要，而且也是我们更清楚地认识“以百姓心为心”命题的真实义涵与内在逻辑的要求。对于此问题的处理，仅从“百姓心”“心”等直接的语言学材料出发，我们似乎无法对老子的“百姓心”做出更为具体的解读。这就可以看出“由字通词，由词通道”经学语言学诠释方法的局限性。这就需要我们从哲学解释的方法出发，进一步从无“心”而有“意”的角度间接地考察其“百姓心”的内涵，进而展示老子“以百姓为心”命题所包含的具体民本哲学意味。

第六十六章：“江海之所以能为百谷王者，以其善下之，故能为百谷王。是以圣人欲上民，必以言下之；欲先民，必以身后之。是以圣人处上而民不重，处前而民不害。是以天下乐推而不厌。”

此章没有“百姓心”的概念，但民不欲执政者在上位压迫他们，不欲执政者在他们之前行走而把危害强加给他们。“圣人处上而民不重，处前而民不害”，虽是老子理想的圣人政治的效果，但亦是“百姓之心”之所期盼的内容。

第七十七章："民不畏威，则大威至。无狎其所居，无厌其所生。夫唯不厌，是以不厌。"

在正常的情况下，人民是敬畏政府的权威的。如果人民有一天被逼到不再敬畏政府的权威，那很有可能是政府的权威已经完全让人民无法感受到有敬畏的必要了。导致这种坏的政治局面，可能有两种原因，第一，可能是由于政府维护的日常生活秩序已经让人民没有任何尊严感，生命已经没有意义了；第二，可能是政府无能，根本不能维持一个正常的生活秩序。第一种情况可能是一种比较坏的政府，他们本身就用暴力维持着一个缺乏基本公正的社会秩序。一般情况下，我们会称此种政府是专制、暴政政府。第二种情况是政府也许不那么坏，但缺乏社会管理与社会动员能力，因而也缺乏维持社会正义的能力。无论是哪种原因导致的，人民不再敬畏政府的权威，就会导致人民的暴动或反抗，进而自己来维护自己所坚信的正义原则与生活秩序或生活意义。由此反推，"百姓心"即是敬畏合理的政府权力，追求正常的日常生活意义、生命尊严等。如果一个政府或社会不能提供这些基本的内容，百姓也就不会再去敬畏管理他们的政府了，也不会尊重社会的普遍秩序与法则了。

第七十四章亦是如此："民不畏死，奈何以死惧之？若使民常畏死，而为奇者，吾得执而杀之，孰敢？"

百姓在正常的政治与社会秩序下，是敬畏生命，害怕无缘无故的死亡的。但是，当一种暴政让人民觉得死亡并不足畏，活着不如死去的时候，百姓还为什么害怕死亡呢？可见，"百姓心"在正常的社会秩序下，是尊重生命，敬畏死亡的。

第七十五章："民之饥，以其上食税之多，是以饥。民之难治，以其上之有为，是以难治。民之轻死，以其上求生之厚，是以轻死。"

从这一章的意思反推出去，百姓不希望在上位的执政者收太多的赋税，不要不顾人民的死活，要让他们有一个基本上有生活得下去的政治环境。这就是“百姓心”。

第三十一章：“夫乐杀人者，则不可以得志于天下矣。”百姓不喜欢乐于杀人的执政者，也是“百姓心”之表现。

以上五章均无“百姓心”术语而包含着“百姓意”（即民意、民心所向）的文献表明，老子的“百姓心”实际上即是指百姓的基本生命尊严、生命意义、可以承受得了赋税等具体的内容。用现代的政治学术语来概括，即包含着百姓的基本福祉和基本的好生活的观念（可能也包含着某种宗教观、风俗观）。若以此“百姓意”作为“百姓心”，并以之代替所谓的圣人之常心，则老子的“圣人无常心，以百姓心为心”的民本哲学思想，与儒家以仁、仁政为基础的民本思想，就有了共通的思想内容与社会现实基础。先秦儒家与道家之间，至少在政治哲学的“民本”主张方面，就有了可以相互沟通的思想基础。

由此问题可以进一步地导出新问题，即在讨论老子“百姓心”的问题时，似乎还应当进一步将其与“众人之心”区别开来。在五千言的《老子》文本中，老子本人似乎并没有直接区分“百姓心”与“众人之心”。但通过文本分析，这二者之间，在老子的具体表述中，还是可以做一区别对待的，如第八章云：“上善若水。水善利万物而不争，处众人之所恶，故几于道。”众人之所恶者，唯居于人间之低下的位置。此心此意是否属于“百姓心”呢？恐怕不能包括在老子所讲的“以百姓心为心”的范围之内。因为这种“众人之心”不是合乎道的原则。与此不合“道”的要求相一致的“众人之心”，第二十章亦有类似的表述：“众人熙熙，如享太牢，如春登台。我独泊兮其未兆，如婴儿之未孩。儽儽兮若无所归。众人皆有余，而我独若遗。我愚人之心也哉！沌沌兮！俗人昭昭，我独昏昏；俗人察察，我独闷闷。澹兮其若海，飂兮若无止。众人皆有以，而我独顽似鄙。我独异于人，而贵食母。”

第二十二章中的众人、俗人常态之欲求与老子本人的向道之心相比，显然不合乎道的原则与要求，因而此时的众人之意愿（亦可说是众人之心），就不再是处于肯定的位置了。当然也不是执政者所可以轻忽的要求，只是从更高的，合道的生存要求而言，众人、俗人的要求、意愿不值得推崇。

第四十六章所讲的“不知足”“欲得之心”，都是老子要批评的，不合乎道的原则之心：“祸莫大于不知足；咎莫大于欲得。故知足之足，常足矣。”

第六十四章：“民之从事，常于几成而败之。慎终如始，则无败事。”这种不能够慎终如始的“民心”——一种做事时的精神状态，显然也不会是“百姓心”。否则，圣人以此“心”为治理社会的出发点，显然会导致失败的结局。

因此，区分“百姓心”与“众人之心”，对于比较合理的解读老子“圣人无常心，以百姓心为心”命题的民本哲学意蕴，就五千言《老子》的文本而言，是合乎《老子》一书内在思想逻辑的。更重要的是，通过这一区分，我们对老子“圣人无常心，以百姓心为心”命题的民本哲学意蕴会有更加深入的理解，即老子是以民众的公共性需求而非个人性的欲望为导向作为民意或民心的具体内容。而这种民意或民心，既非是一种带有“民粹”意味的需求和观念，也并不包含尊重个人自由意志的现代政治哲学内容。对于前一点，学术界很少有学者认真考察老子所言的“民心”或民意的具体内涵，更少学者仔细辨析老子所言的“民心”与“众人之心”的不同。对于后一点，老学史上一些斥老子哲学为愚民哲学、反智哲学的观点，虽非准确、公道，但却能证明老子哲学不包含尊重个人自由意志的现代政治哲学内容。当代有学者在综合历史上有关老子政治哲学截然相反的两种判断——君主专制与民主主义之后，仍然称老子的政治哲学是一种“宽松的君主专制主义”①，可以说从一个侧面支持我了看法。

① 曹峰：《老子永远不老：〈老子〉研究新解》，中国人民大学出版社 2018 年版，第 167 页。

五、结语

作为先秦道家思想创始人的老子，其政治思想中其实包含了很多民本思想的内容，而且与孔子的民本思想有很多的相通之处。战国中期的孟子，也部分地吸收了老子的思想。实际上，不仅老、孔的民本思想有相通或相似之处，墨子的民本思想与老子、孔子的也有相似之处。所以如此，主要是因为老子、孔子和墨子都继承了周代文明的遗产。诸子百家的争鸣局面出现以后，各家都强调自己思想主张的独特性，后来研究各家思想的学者也多注意诸子百家的相异之处，而相对忽视各家之间在文化背景，以及在一些主要的精神传统方面的相似、相通之处。本文仅以老子“圣人无常心，以百姓心为心”命题所体现出的民本思想意蕴为例，初步阐述了老子的民心或民意的具体意蕴，希冀有年轻的学者进一步深入而系统地研究以老子为代表的道家民本思想，进而丰富中国传统的民本思想内涵，改变世人多从儒家思想角度探讨民本思想的研究方式与进路。同时，也希望有更多的学人进一步从现代政治哲学的视角出发，深入剖析传统民本政治思想中民心、民意等概念的具体内涵，进而对民本思想的现代转化做出切实的学术努力。

传统民本思想与21世纪马克思主义

刘曙光

关于中华传统文化与马克思主义的关系，近现代以来国人讨论很多。对此冯友兰先生曾经有过非常深刻的思考，至今仍然具有非常重要的启示作用。1982年9月，在哥伦比亚大学赠予其名誉文学博士学位仪式上的答词中他指出："通观中国历史，每当国家完成统一，建立了强有力的中央政府，各族人民和睦相处的时候，随后就会出现一个新的包括自然、社会、个人生活各方面的广泛哲学体系，作为当时社会结构的理论基础和时代精神的内容，也是国家统一在人的思想中的反映。……中国今天也需要一个包括新文明各方面的广泛哲学体系，作为国家的指针。"①

结合冯友兰先生的相关论述并加以引申，我们便可以得出以下几个重要推论：（1）达到国家的长治久安、繁荣稳定，铸牢中华民族共同体意识，需要一个作为国家指针的、广泛的哲学体系；这个哲学体系在中国曾经是儒学、新儒学，后来是马克思主义、中国化的马克思主义，在当下就是当代中国马克思主义、21世纪马克思主义、习近平新时代中国特色社会主义思想。（2）这个哲学体系是一个活的东西，是拼凑不成的，它的形成、发展需要时间，往往需要几代人、甚至几个世纪的时间；你只能向它供给营养，让它

作者简介：刘曙光，《北京大学学报（哲学社会科学版）》常务副主编、编审。

① 冯友兰：《三松堂全集》（第1卷），河南人民出版社2001年版，第310页。

自己吸取营养。（3）正如德国古典哲学是马克思主义的重要来源之一，马克思主义要变成中国的马克思主义、21世纪马克思主义，同样需要中国古典哲学作为其重要来源之一，需要中华优秀传统文化“为这个广泛的哲学体系准备材料，铺设道路”[①]，即需要实现“两个结合”。只有通过结合，中国传统文化才会具有新的生命力，而马克思主义才会具有中国自己的民族特色、中国特色。（4）广大哲学社会科学工作者的使命就是“调节不同文化”，交流互鉴、融合发展，特别是推动中国传统文化与时俱进，实现创造性转化、创新性发展；既推动中国特色哲学社会科学学科体系、学术体系、话语体系建设，也为这个新的广泛的哲学体系提供营养品；这个新的哲学体系出现，那么，“不同的文化在中国的矛盾冲突也就解决了”[②]。（5）“周虽旧邦，其命维新”，在新时代这个“新命”就是要走出一条中国式现代化道路，创造人类文明新形态。“中华民族的古老文化虽然已经过去了，但它也是将来中国新文化的一个来源，它不仅是过去的终点，也是将来的起点。将来中国的现代化成功，它将成为世界上最古也是最新的国家。”“新旧相续，源远流长，使古老的中华民族文化放出新的光彩。”[③]

党的十八大以来，习近平总书记把中华优秀传统文化创造性地转化并融入到治国理政的方略中，发展为当代马克思主义、21世纪马克思主义，实现了重大理论创新。在喜迎党的二十大召开之际，深入阐释习近平新时代中国特色社会主义思想，特别是其治国理政的新理念、新思想、新战略，必须结合中国的历史传承、文化传统、经济社会发展水平，必须“坚持把马克思主义基本原理同中国具体实际相结合、同中华优秀传统文化相结合”。习近平总书记强调指出：“一个国家的治理体系和治理能力是与这个国家的历史传承和文化传统密切相关的。解决中国的问题只能在中国大地上探寻适合自

---

① 冯友兰：《三松堂全集》（第1卷），第311页。
② 冯友兰：《三松堂全集》（第1卷），第311页。
③ 冯友兰：《三松堂全集》（第1卷），第313页。

己的道路和办法。数千年来，中华民族走着一条不同于其他国家和民族的文明发展道路。我们开辟了中国特色社会主义道路不是偶然的，是我国历史传承和文化传统决定的。”[①]“我国今天的国家治理体系，是在我国历史传承、文化传统、经济社会发展的基础上长期发展、渐进改进、内生性演化的结果。”[②]

现实是对传统的延续，也是对传统的超越。本文拟就传统民本思想的当代转化略做探讨。传统民本思想是中华民族文化的精神基因，为中华民族生生不息、绵延不绝提供了丰厚滋养。人民代表大会制度、以人民为中心的思想、“两个确立、两个维护”、共同富裕等，正是对传统民本思想的传承和扬弃，是传统民本思想的当代形态。本文拟讨论四个方面的问题：一、转化什么？即民本思想的内涵和外延；二、为什么需要转化？即转化的必要性；三、怎样转化？即转化所需要的中介、条件；四、转化成什么？即民本思想的当代形态。

一、转化什么？民本思想的内涵与外延

民本思想源远流长、意蕴丰富，包含着中国人的智慧，是中华传统文化的精粹。从《尚书·大禹谟》“德惟善政，政在养民”，就有了萌芽。夏商周时期，基本形成。春秋战国时期，百家争鸣，儒家、道家、法家、墨家、兵家、杂家等都有一定的阐发。随后，历朝历代的统治者和思想家进行不断丰富发展，并使之呈现出一定的体系性。民本思想并不是诸子百家各派思想的杂凑杂糅，而是体现了中华“和合文化”的特点，融合百家的目的就是要形成系统的帝王将相的治国理念，能够利国利民、富国强兵、繁荣稳定。

---

① 《坚持和完善中国特色社会主义制度、推进国家治理体系和治理能力现代化，习近平总书记这样说》，中央纪委国家监委网（https://www.ccdi.gov.cn/toutiaon/201910/t20191024_96137.html.2019.10.24）。

② 《坚持和完善中国特色社会主义制度、推进国家治理体系和治理能力现代化，习近平总书记这样说》，中央纪委国家监委网（https://www.ccdi.gov.cn/toutiaon/201910/t20191024_96137.html.2019.10.24）。

关于民本思想的总体评价，我非常赞成这样一种观点：“民本思想是中华帝制的根本法则。这种思想来自对政治法则和执政规律的深刻认识，对中华帝制及历代王朝的帝王观念、制度原理、统治方略、施政原则、政治规范及政治运作有广泛而深刻的影响，成为构建和维系中国古代社会政治体系的主要精神因素。”民本思想“具有包含普遍意义的政治法则、政治价值，蕴含丰富的政治理性和政治智慧”①。

“民”在古代文献中出现频率很高，但是，“民”的具体含义是什么？②民本思想的确切内涵外延是什么？却是众说纷纭。我们需要找出最大公约数。

诸子百家从各自不同的理论出发，他们对民本思想的阐发及其治理主张却是五花八门的，可能是片面、零碎甚至是互相矛盾的。传统民本思想体系庞大、内涵丰富，它包括思想理论形态、实践观念形态、价值形态、制度形态、历史故事形态等多种形式。我们不能只是进行简单的理论抽象，还需要对民本思想及其在历朝历代的具体体现，特别是对帝王将相的思想言行、社会制度和治理措施，分门别类进行系统梳理，并以此为基础进行合理抽象。

（一）民本思想的理论形态（理论维度）

1. 自然观上的道法自然，社会历史观上的天人合一

关于民本思想的理论基础经历了各种复杂的历史演变，它并不是单一纯粹的，而是各家各派学说交融发展。如，君权神授、道法自然、天人合一（天人感应）、内圣外王、君权民授等。具体的核心理念、基本思想的表述则更多，如，立君为民、设官为民、政由君出、君为政本、民为国本、政在养民、

---

① 张分田：《“民本思想”研究的鉴戒和启示——关于构建逻辑自洽的学术概念体系的思考》，《天津师范大学学报（社会科学版）》2021 年第 4 期。

② 一般认为，“民”即民众、普通百姓、天下所有人，也有人认为是指“农民”，还有人认为是除了君主、百官之外的普通民众。但在“屈民而申君”中，“民”也可能“主要是指那些地方上有政治实力的诸侯国王，因为只有这些人物才是不稳定的因素，才会有分裂国家的可能性”。参见周桂钿：《前言》，〔汉〕董仲舒：《春秋繁露》，周桂钿译注，中华书局 2011 年版，第 3 页。

节用爱民、道理最大、民重君轻、天下为公等。[①]

这种自然观、历史观在《左传》“虞人之箴”中表现得淋漓尽致，可谓是微言大义、振聋发聩，足以垂训千古。它揭示出为政者要勤于治理，不可贪图享乐；要亲贤臣，远小人；要敬畏自然、敬畏生命，人与自然、人与其他物种要和谐相处。“茫茫禹迹，画为九州，经启九道。民有寝庙，兽有茂草，各有攸处，德用不扰。在帝夷羿，冒于原兽，忘其国恤，而思其麀牡。武不可重，用不恢于夏家。兽臣司原，敢告仆夫。”（《左传·襄公四年》）这与万物一体有异曲同工之妙：“天地与我并生，而万物与我为一。”（《庄子·齐物论》）

“天”可以是自然观上天道、规律，如，道家提出的“人法地，地法天，天法道，道法自然”；“天”也可以指社会历史观上的“百姓”。顺天应人，即要顺应民心民意，而不是个人享乐。如，鲍宣认为:“天下乃皇天之天下……治天下者，当用天下之心为心，不得自专快意而已也。”（《汉书·王贡两龚鲍传》）《韩诗外传》记载：

> 齐桓公问于管仲曰：“王者何贵？”曰“贵天。”桓公仰而视天。管仲曰：“所谓天，非苍莽之天也。王者以百姓为天。百姓与之则安，辅之则强，非之则危，倍（背）之则亡。诗曰‘民之无良，相怨一方。’民皆居一方，而怨其上，不亡者未之有也。”[②]

“天”也被解释为“上天”。董仲舒：“屈君而伸天”，国君要服从上天，防止皇帝极权专制，不受约束。儒家通过天人同类、同类感应来解说天意，把儒家思想作为判断是非的标准。

---

① 张分田：《“民本思想”研究的鉴戒和启示——关于构建逻辑自洽的学术概念体系的思考》，《天津师范大学学报（社会科学版）》2021 年第 4 期。

② 〔汉〕韩婴：《韩诗外传集释》，许维遹校释，中华书局 2020 年版，第 41 页。

2. 规律性总结：得民心者得天下，失民心者失天下

通过对历史经验的概括总结，得出了“民惟邦本，本固邦宁”（《尚书·五子之歌》），“民心向背决定国家兴亡，得民心者得天下，失民心者失天下”等规律性认识。如“卑而不失尊，曲而不失正者，以民为本也。”（《晏子春秋·内篇问下》）“桀纣之失天下也，失其民也；失其民者，失其心也。得天下有道：得其民，斯得天下矣；得其民有道：得其心，斯得民矣；得其心有道：所欲予之聚之，所恶勿施，尔也。”（《孟子·离娄上》）圣人治理天下，能摒弃主观意志和偏见，而以百姓之心为心，“圣人恒无心，以百姓心为心。”（《老子》第四十九章）“政之所兴，在顺民心；政之所废，在逆民心。”（《管子·牧民》）韩非子对君臣能立功成名提出了要求：“人主者，天下一力以共载之，故安；众同心以共立之，故尊。人臣守所长，尽所能，故忠。”（《韩非子·功名》）

正是依据上述民本思想，习近平总书记在十八届中央纪委第六次全体会议上指出，民心是最大的政治，正义是最强的力量。“我们党的百年历史，就是一部践行党的初心使命的历史，就是一部党与人民心连心、同呼吸、共命运的历史。”① “江山就是人民、人民就是江山，打江山、守江山，守的是人民的心。中国共产党根基在人民、血脉在人民、力量在人民。”②

3. 在价值判断上，提出“君轻民贵”“以民为功”“天下者乃天下人之天下也”“民众是政策得失的评判者”等

不管是国家、社稷，还是君王、官吏，都应以民为本。孟子提出：“民为贵，社稷次之，君为轻。”（《孟子·尽心下》）贾谊不仅继承了君轻民贵思想，更是指出以民为命（命脉）、以民为功（功绩）、以民为力（力量），把人民作为评判君臣政绩的标准，要考虑民众的愿望：“闻之于政也，民无

---

① 习近平：《在党史学习教育动员大会上的讲话》，《求是》2021 年第 7 期。
② 习近平：《在庆祝中国共产党成立 100 周年大会上的讲话》，人民出版社 2021 年版，第 11 页。

不为本也。国以为本，君以为本，吏以为本。故国以民为安危，君以民为威侮，吏以民为贵贱。此之谓民无不为本也。闻之于政也，民无不为命也。……故国以民为存亡，君以民为盲明，吏以民为贤不肖。……夫士民之志，不可不要也。”“故自古至于今，与民为雠者，有迟有速，而民必胜之。”（《新书·大政上》）朱熹继承了贾谊这些思想：“国以民为本，社稷亦以民为本，而君之尊，又系于二者之存亡，故其轻重如此。”（《孟子集注·尽心章句下》）北宋时期认为：“夫天下者非一人之天下，乃天下人之天下也。理之得其道则民辅，失其道则民去之，民既去，又孰与同其天下乎？”（《小畜外集》卷十一）黄宗羲更是提出：“天下为主，君为客。”（《明夷待访录·原君》）“天下之治乱不在一姓之兴亡，而在万民之忧乐。”（《明夷待访录·原臣》）

传统民本思想历来强调戒奢崇俭、开源节流、节用爱民。儒家强调节用爱人：“道千乘之国，敬事而信，节用而爱人，使民以时。”（《论语·学而》）孟子告诫人们要有节制地利用自然：“数罟不入洿池，鱼鳖不可胜食也；斧斤以时入山林，材木不可胜用也。”（《孟子·梁惠王上》）墨子也主张节用：“圣王为政，其发令、兴事，使民用财也，无不加用而为者。是故用财不费，民德不劳，其兴利多矣。”（《墨子·节用上》）习近平总书记最近还引用了明代著名改革家、政治家张居正《论时政疏》中的“取之有制、用之有节则裕，取之无制、用之不节则乏”，强调要节约优先。①

历来的为政者认为民众是政策得失的评判者，防民之口甚于防川，只能疏导民意。如，子产不毁乡校，他主张执政者要“忠善以损怨”而不能“作威以防怨”。“夫人朝夕退而游焉，以议执政之善否。其所善者，吾则行之，其所恶者，吾则改之，是吾师也。”（《左传·襄公三十一年》）

4. 在价值导向上，提出惠民利民、安民富民

在传统农业社会中，发展经济即是发展农业，以“农”为根本即是“强

---

① 习近平：《正确认识和把握我国发展重大理论和实践问题》，《求是》2022年第10期。

本”，政在养民、富民、安民、利民。管子提出精神文明以物质文明为基础，“仓廪实，则知礼节；衣食足，则知荣辱”（《管子·牧民》）；治国必先富民，“凡治国之道，必先富民。民富则易治也，民贫则难治也”（《管子·治国》）；应以发展经济为中心，“故授有德，则国安；务五谷，则食足；养桑麻、育六畜，则民富；令顺民心，则威令行”（《管子·牧民》）。墨子也认为：“菽粟多而民足乎食。”（《墨子·尚贤中》）“治理之道，莫要于安民；安民之道，在于察其疾苦”（张居正《答福建巡抚耿楚侗》）、“利民之事，丝发必兴；厉民之事，毫末必去”（万斯大《周官辨非·天官》）。习近平总书记概括指出：“惠民利民、安民富民是中华文明鲜明的价值导向。”[①]

（二）民本思想的实践观念形态

在《国语》中，刘康公对君臣的德行进行了很有代表性的概括，“宽肃宣惠，君也；敬恪恭俭，臣也”（《国语·周语中》）。传统民本思想，不管是对君主还是对一般官员，都十分强调“理国之要”，在于“修身之术”，甚至把自身修养当作治理国家的方法。战国时楚国术士詹何提出：“臣未尝闻身治而国乱者也，又未尝闻身乱而国治者也。”（《列子·说符》）

1. 君王的职责以及君与民的关系

（1）正心节制，安民养民、为民谋利乃君主之责。谁有资格做君主？历来的回答都是“天命无常，唯有德者居之”，把“有德”放在首位。《左传·宣公三年》记载，楚庄王在讨伐陆浑之戎的过程中，陈兵于周的疆界，周王派王孙满去劳师，楚庄王踌躇满志，问周王室所藏的代表天下政权的九鼎各有多重。王孙满在叙述了九鼎从夏至商再到周的流传过程，指出有德是拥有九鼎的基础。祭公谋父所说的“先王耀德不观兵”，则是把德治放在比炫耀武力更为重要的位置上。（《国语·周语上》）

---

① 习近平：《习近平出席亚洲文明对话大会开幕式并发表主旨演讲》，新华社网（https://politics.gmw.cn/2019-05/15/content_32836539.htm）。

董仲舒认为，上天立王都是为了“民”，德足以使人民安乐，才会得到上天的帮助。“天之生民，非为王也，而天立王，以为民也。故其德足以安乐民者，天予之；其恶足以贼害民者，天夺之。”（《春秋繁露·尧舜不擅移、汤武不专杀》）

君王应该以身作则，为百姓做出表率，“政者正也。君为正，则百姓从政矣。君之所为，百姓之所从也”（《礼记·哀公问》）。开创“贞观之治”的唐太宗指出了做君主的原则，他专门写了《帝范》，作为太子的教科书，告诫太子要以史为鉴，居安思危，勤政修德，以使国家长治久安。要正心节制、克制自己的欲望，以百姓的存活为先，否则就会民心涣散，怨言四起，众叛亲离。“为君之道，必须先存百姓。若损百姓以奉其身，犹割股以啖腹，腹饱而身毙。若安天下，必须先正其身，未有身正而影曲，上理而下乱者。”（《贞观政要·君道》）

君主的职责就是诛暴除害，为民谋利，与天下大同，以利黎元。王符认为：“于是天命圣人使司牧之，使不失性，四海蒙利，莫不被德，佥共奉戴，谓之天子。故天之立君，非私此人也，以役民。盖以诛暴除害利黎元也。”（《潜夫论·班禄》）程颐认为：“人君当与天下大同，而独私一人，非君道也。”（《周易程氏传·同人卦》）

（2）尊重规律，顺天应人，不扰民，不折腾。作为君王，应该顺天应人，遵循规律。不管是史官对帝王言行的记载、实录，还是天道观念的发展，都是对帝王言行的一种精神制约，都是以“道理”来评议、规谏君王，从而塑造明君圣主的形象。正因为“君举必书，言存左史”，所以唐太宗自己也谨言慎行：朕每日坐朝，欲出一言，即思此一言于百姓有利益否，所以不敢多言（《贞观政要·慎言》）。对“天”“道”的理解虽然各有不同，但是目的相同，就是要限制君王的极权专制，不能为所欲为。

管子所谓的天道，既指自然界的客观规律，也指治国理政的基本法则：“欲王天下，而失天之道，天下不可得而王也。得天之道，其事若自然；失天之道，虽立不安。”（《管子·形势》）他采取“相地衰征”“政不旅旧”“山泽各致其时”“陆阜陵瑾井田畴均”“无夺民时”“牺牲不略”等多项政策来发展农业。（《国语·齐语》）

列子认为夏桀、商纣只看重利益而轻视道，所以身死而国亡，“桀纣唯重利而轻道，是以亡”（《列子·说符》），这个道就是热爱天下，谨言慎行。吕不韦认为“天子不可强为，必先知道”（《吕氏春秋·本味》），这个道就在于“顺天法民”。

一些贤明的君主也希望“以古为镜，可以知兴替”“鉴于往事，有资于治道”，在施政决策过程中，遵循合理、理性、法则、道德性命之理、天理等原则，以“道理”而不是以“私意”作为评判是非的原则。如唐朝给事中兼知起居事杜正伦对唐太宗的劝谏：“陛下若一言乖于道理，则千载累于圣德，非止当今损于百姓。”（《贞观政要·慎言》）唐太宗也说：“凡人言语理到，不可不伏。”（《贞观政要·纳谏》）宋初赵普与太祖的问答体现“道理最大”的判断标准，“太祖皇帝尝问赵普曰：‘天下何物最大？’普熟思未答间，再问如前。普对曰：‘道理最大。’上屡称善”①。

2. 官吏的职责及官与民的关系

武则天专门为即将踏入仕途的贡举之士编撰《臣轨》一书，“所以发挥言行，镕范身心，为事上之轨模，作臣下之绳准”，阐述为官者应具有的品德和行为准则，作为臣僚的座右铭。“不以邪损正，不为私害公。见善行之如不及，见贤举之如不逮。竭力尽劳而不望其报，程功积事而不求其赏。务有益于国，务有济于人。”②

（1）设官为民，官要亲民、正直，关心民间疾苦，而不能官官相卫。德行正直，不仅是修身之本，也是实施政令的前提。“其身正，不令而行；

① 〔宋〕沈括：《梦溪笔谈》，诸雨辰译注，中华书局2016年版，第747页。
② 王双怀、梁克敏、董海鹏译注：《帝范 臣轨 庭训格言》，中华书局2021年版，第80、92页。

其身不正，虽令不从。”“苟正其身矣，于从政乎何有？”（《论语·子路》）“国家设官，以为民也。故凡官与民亲则治，与胥隶亲则否。”（《澎湖厅志稿·职官》）郑板桥的一首诗广为流传，并为习近平总书记所引用，正因为其对民间疾苦关心：“衙斋卧听萧萧竹，疑是民间疾苦声。些小吾曹州县吏，一枝一叶总关情。”（《墨竹图题诗》）

（2）廉正、清明，不与民争利。作为政府官员，应该严格自律，清廉爱民。《周礼·天官冢宰》提出了六项评断吏治的标准，离不开廉洁：“一曰廉善，二曰廉能，三曰廉敬，四曰廉正，五曰廉法，六曰廉辨。”“拔葵去织”的故事说明居官要廉洁，不与民争利。《汉书·董仲舒传》记载：“故公仪子相鲁，之其见织帛，怒而出其妻；食于舍而茹葵，愠而拔其葵。曰：‘吾已食禄，又夺园夫红女利乎！’”《史记·循吏列传》也记载了公仪休“拒鱼”“拔葵去织”这两件事。东汉杨震“四知却金”，北宋刘夔“六知却金”。这些官员爱惜声誉、品德高尚，在历史上传为美谈。

宋代吕本中《官箴》提出了从政者的官德：“当官之法，唯有三事，曰清、曰慎、曰勤。”《戒石铭》警告从政者：“尔俸尔禄，民脂民膏，下民易虐，上天难欺。”

（3）选贤与能，官吏要德才兼备，以德为先。历史上历朝历代都十分重视官员的道德建设，要以德为基，修身正行。《尚书·大禹谟》提出：“德惟善政，政在养民。水、火、金、木、土、谷，惟修；正德、利用、厚生、惟和。”意思是说，德政才是好的政治，好的政治在于使百姓生活得好。水、火、金、木、土、谷六府，都要整治好；端正人的品行，发展生产和贸易，使人们拥有丰厚的生活资料，这三事都要办好。“六府三事允治，万世永赖。”六府三事处理得十分恰当，千秋万代永远依赖这种德政。

《论语·为政》认为，把正直的人提拔出来，放在邪曲的人之上，百姓就服从了；若是把邪曲的人提拔出来，放在正直的人之上，百姓就会不服从。哀公问曰：“何为则民服？”孔子对曰：“举直错诸枉，则民服；举枉错诸直，

则民不服。”（《论语·为政》）墨子提出“尚贤”是“为政之本”。（《墨子·尚贤中》）

司马光在《资治通鉴》中谈到德才之间的关系：“夫聪察强毅之谓才，正直中和之谓德。才者，德之资也；德者，才之帅也。”他根据德才的差别，将人分类：才德全尽谓之“圣人”，才德兼亡谓之“愚人”；德胜才谓之“君子”，才胜德谓之“小人”。至于“取人之术”，如果实在找不到圣人、君子，“与其得小人，不若得愚人”。为什么呢？因为小人的危害远超愚人。“君子挟才以为善，小人挟才以为恶。挟才以为善者，善无不至矣；挟才以为恶者，恶亦无不至矣。”①

（4）有正确的义利观、政绩观，正其谊不谋其利，明其道不计其功。正德、利用、厚生，这是对于统治者的要求，自己要有德行，政治领导的最终目的是养民，“利民之用，厚民之生”，不要劳民伤财。“仁人者，正其道不谋其利，修其理不急其功。……《春秋》之义，贵信而贱诈。”（《汉书·董仲舒传》）为政要有正确的义利观、政绩观，不搞形象工程，功成不必在我。

（三）制度形态：治理方式

传统民本思想的抽象概括多，对于制度保障和具体体现，可操作的实践观念研究相对较少，需要进一步挖掘。

1. 礼乐制度、礼法合治

管子认为应当根据民风、民俗、民情来调整政策：“古之欲正世调天下者，必先观国政，料事务，察民俗，本治乱之所生，知得失之所在，然后从事。”（《管子·正世》）秦汉时代，乐府机关“采风问政”，采集各地民歌，“观风俗，知得失，自考正”，大兴调查研究之风。

礼乐制度在规范社会不同人群的行为，维护社会统治秩序当中发挥着不同的作用。“礼”的本质是“差异”，以明尊卑贵贱，定长幼亲疏。“乐”

① 〔宋〕司马光：《资治通鉴》卷一，〔元〕胡三省音注，中华书局2013年版，第13—14页。

的本质为“和同”，以音乐引发共鸣，维系社会团结。“夫政象乐，乐从和，和从平。”（《国语·周语下》）

礼乐文化构筑了中华文明的思想资源、根本特征、生存智慧和发展格局。礼是自然宇宙规范在人类社会生活中的体现，但礼乐文化不仅包括礼的强制规定性，而且包含以乐化育万民的方法。总之，政治的、道德的礼和审美的、娱乐的乐相生相济、功能互补，实现了社会、人心的和谐。①

2. 乡绅治理制度，审查群情，重视人民的舆论权和财产权

邵公谏周厉王弭谤，重视人民的舆论权，认为“防民之口，甚于防川”“川壅而溃，伤人必多，民亦如之”。（《国语·周语上》）芮良夫反对荣夷公专利是为了保证人民的财产权。（《国语·周语上》）除了采风问政制度，与官府相配合发挥统治作用的，中国古代还有父老、长老、乡绅治理制度，包括秦汉时期的县乡三老、里父老，唐代的乡耆老、老人、父老，明清时期的里耆宿、里老人、乡约等。乡绅治理制度能有效审查群情，引导舆论。陆贽认为：“臣谓当今之急务，在于审查群情……陛下安可不审查群情，同其欲恶，使亿兆归趋，以靖邦家乎？此诚当今之所急也。”（《陆宣公文集·奉大论奏当今所切务状》）

乡绅，是有一定经济地位、社会威望、广泛的社会人脉的区域性文化人士，多由官府选择德高望重而且具备一定经济条件的父老充任，其职责主要是区域内的教化，受命传布国家的礼教，亦参与调解民间纠纷、编排户口、征服赋役。乡绅能代表区域的民意，保护本地的利益与治安，能够发挥作为民众代言人与地方官员交涉谈判的功能，以更具灵活性、更符合各地实际情况的方式维系国家统治，在扮演官府的执行者的同时又为民众代言。

中国共产党继承发展了乡绅治理制度，“充分尊重人民所表达的意愿，所创造的经验、所拥有的权利、所发挥的作用。尊重人民首创精神，自觉拜

---

① 刘金波：《兼性：礼乐文化传播的中国智慧研究》，《理论月刊》2021 年第 8 期。

人民为师，向能者求教，向智者问策，从群众中汲取无穷的智慧和力量”①。

3. 德法兼治，以德为主

《尚书·大禹谟》：“德惟善政，政在养民。”“六府三事允治，万世永赖。”“明于五刑，以弼五教，期于予治。刑期于无刑，民协于中。”阐明五刑，以辅助五教，以期实现我们理想的政治。使用刑罚是希望达到不使用刑罚的目的，百姓的行为都能合于正道。

儒家强调德治为主，刑治为辅。好的政治实施德治，刑要设而不用。《论语·为政》，子曰：“为政以德，譬如北辰，居其所而众星共之。”子曰：“道之以政，齐之以刑，民免而无耻；道之以德，齐之以礼，有耻且格。”

董仲舒提出要德治为主，刑治为辅。“能以中和理天下者，其德大盛。”（《春秋繁露·循天之道》）“天志仁，其道也义。为人主者，予夺生杀，各当其义，若四时；列官置吏，必以其能，若五行；好仁恶戾，任德远刑，若阴阳。此之谓能配天。”（《春秋繁露·天地阴阳》）

法家则强调依法治国：“国无常强，无常弱。奉法者强，则国强；奉法者弱，则国弱。”（《韩非子·有度》）老子认为法使人畏，理使人服，社会治理要合情合理合法。“故道大，天大，地大，王亦大。域中有四大，而王居其一焉。”（《老子》第二十五章）

4. 通过调均、薄赋敛、省徭役，以宽民力，避免两极分化

均贫富的思想要义在于：维护社会稳定必须彰显公平正义、避免贫富悬殊、实现共同富裕。齐国大夫晏婴提出“权有无，均贫富”（《晏子春秋·内篇问上》）的观点。孔子提出“不患寡而患不均”的思想：“闻有国有家者，不患寡而患不均，不患贫而患不安。盖均无贫，和无寡，安无倾。”（《论语·季氏》）后人又假托孔子语气，憧憬古代美好社会，提出大同思想：“大道之行也，天下为公，选贤与能，讲信修睦，故人不独亲其亲，不独子其子，

① 习近平：《习近平总书记系列重要讲话读本》，学习出版社2016年版，第128—129页。

使老有所终，壮有所用，幼有所长，鳏寡孤独废疾者皆有所养；男有分，女有归，货恶其弃于地也，不必藏于己，力恶其不出于身也，不必为己，是故谋闭而不兴，盗窃乱贼而不作，故外户而不闭，是谓大同。”（《礼记·礼运》）

董仲舒认为贫富两极分化，最容易导致天下大乱。“大富则骄，大贫则忧。忧则为盗，骄则为暴，此众人之情也。”（《春秋繁露·度制》）董仲舒建议汉武帝抑制土地兼并：“限民名田，以澹不足，塞并兼之路。”（《汉书·食货志上》）汉初休养生息，爱惜民力，勿夺民时。“夫木者，农也。农者，民也。赋敛无度以夺民财，多发徭役以夺民时，做事无极以夺民力，百姓愁苦，叛去其国，楚君王是也。”（《春秋繁露·五行相胜》）唐初通过“均田制”，使民有耕田，经济得到快速恢复和发展。

新时代扎实推动共同富裕，是对传统民本思想的创造性转化、创新性发展，是马克思主义共同富裕理论在中华大地的践履，是中国共产党人在对共同富裕理论不懈探索基础上的实践转化。

5. 强调政治、思想上的“大一统”

“溥天之下，莫非王土；率土之滨，莫非王臣。”（《诗经·北山》）实现“大一统”，往往被视为正统的表征，才能超越分裂和战乱，形成统一的国家和政权，实现稳定的社会秩序。因此，许多思想家提出“大一统”，反对分裂，这也是具有远见卓识的思想。董仲舒在给汉武帝的对策中建议：“《春秋》大一统者，天地之常经，古今之通谊也。今师异道，人异论，百家殊方，指意不同，是以上亡以持一统，法制数变，下不知所守。臣愚以为诸不在六艺之科、孔子之术者，皆绝其道，勿使并进，邪辟之说灭息，然后统纪可一而法度可明，民知所从矣。”（《汉书·董仲舒传》）他提出“罢黜百家，独尊儒术”，“天子受命于天，天下受命于天子”（《春秋繁露·为人者天》），“屈民而伸君，屈君而伸天”（《春秋繁露·玉杯》），目的就是维护政治上、思想上的大一统，反对和防止分裂。政治上统一于皇帝，思想上统一于儒家思想。

二、为什么需要转化，从什么时候开始转化？

每一个时代具有每一个时代的治理体系和治理能力。治理体系和治理能力，既有历史传承的一方面，也有与时俱进的一方面。

（一）建设中国特色社会主义文化的需要：文化基因不能丢

就像生物物种进化中的承续性与变异性一样，社会历史发展具有阶段性与连续性。在每一种社会形态中，都既有占主导地位的生产力、生产关系、上层建筑，又有过去遗留下来的不占主导地位的生产力、生产关系、上层建筑。社会生活中各种因素必然发生交互作用。马克思在《路易·波拿巴的雾月十八日》中写道："人们自己创造自己的历史，但是他们并不是随心所欲地创造，并不是在自己选定的条件下创造，而是在直接碰到的、既定的、从过去承继下来的条件下创造。一切已死的先辈们的传统，像梦魇一样纠缠着活人的头脑。"[①]文化传统是直接或间接、自觉或不自觉地制约人的思想和行动的精神因素。每一个民族在自己的社会历史发展中，都会形成一定的习惯、风俗、观念、信仰、审美情趣、价值取向、思维方式，等等。它们不仅物化在社会制度和意识形态中，而且还深深地植根于人们的头脑之中。它们影响和制约着人们的思想言行和社会心理。

中华民族文化自信的底气和骨气在于我们有博大精深的优秀传统文化，有奋发向上的革命文化，有承前启后、继往开来的社会主义先进文化。"在5000多年文明发展中孕育的中华优秀传统文化，在党和人民伟大斗争中孕育的革命文化和社会主义先进文化，积淀着中华民族最深层的精神追求，代表着中华民族独特的精神标识。"三者汇聚成当代中国文化的主流，构成当代中国文化优势的三大支点，共同构筑了当代中华儿女的文化自信。文化自信是更基础、更广泛、更深厚的自信，也是更基本、更深沉、更持久的力量。

---

① 中共中央马克思恩格斯列宁斯大林著作编译局编译：《马克思恩格斯选集》（第1卷），人民出版社2012年版，第669页。

中华文化独一无二的理念、智慧、气度、神韵，增添了中国人民和中华民族内心深处的自信和自豪。

（二）取其精华，去其糟粕

1. 文化传统的制约有积极和消极两个方面

就其积极性而言，它是一种宝贵的精神财富，作为主体知识或经验的一部分；就其消极性而言，它可能束缚人们的创造性。这种消极作用主要表现在社会障碍和思想方法障碍上。所谓社会障碍主要是指主体选择活动会自觉或不自觉地向社会上占统治地位的观点或习惯看齐。所谓思想方法的障碍是指思想上的片面性和局限性。对传统民本思想我们要发挥其积极性而克服其消极性。

2. 存在决定意识

生产力决定生产关系、经济基础决定上层建筑。传统民本思想产生于传统农业社会，属于农耕文明，与现代社会难免格格不入。民本思想的当代形态，与王权、君本思想存在着内在的不可调和的矛盾。传统民本思想是要维护君君臣臣、父父子子、尊卑上下的等级制度，维护君主制度的“家天下”，而“民”则是被压迫、被剥削的对象。

3. 对传统民本思想需要历史地评价

首先，传统民本思想无疑是“治民”“御民”之术，是一套系统论证、全面规范君主专制制度的政治理论，本质上是唯心史观。从《史记》开始，本纪、世家、列传一直就是英雄史观、帝王史观。“内圣外王”是“圣贤”史观，天命论、天神意旨都是唯心史观。而儒家通过天人同类、同类感应来解说天意，实际上是把儒家思想作为判断是非的标准，孔子、董仲舒等也就成为“帝王师”。其次，“民本”与“君本”不是对立的，而是一体的。“民”是被排除在权力之外的，这才导致中国社会的“官本位”。民不仅不能参政议政，甚至在“民不堪命”时，也“莫敢言”，只能“道路以目”。（《国语·周语上》）民本思想的推行只能寄希望于君主的贤明和德政，而缺乏行之有效的制度。最后，传统民本思想体现了直观的智慧、素朴的辩证法，但是，没有科学的理论作为指导，缺乏系统的制度的支撑。“民本”并不是“人民至上”，它与马克思主义人民观有着本质区别。当然，它限制和防止专制暴政，限制君主和统治者的任性，减少官民之间的对抗，缓和社会矛盾，巩固封建统治，保障民生，有限地体现了人道主义和社会正义。其根本目的还是“得民心、存社稷、固君位、达邦宁”。

（三）走中国式现代化道路、创造人类文明新形态的需要

中华民族的古老文化虽然已经过去了，但它也是中国现代化道路重要的理论来源之一，也是创造人类文明新形态的重要思想资源之一。传统文化不仅是中国过去文化的终点，也是中国特色社会主义文化的起点。离开了中华优秀传统文化、中国传统民本思想，就不可能走出中国式现代化道路、实现对资本主义文明形态的超越，也就没有中国治理能力和治理体系的现代化。

这种创造性转化、创新性发展，是从近代开始的。1840 年鸦片战争以后，中国逐步沦为半殖民地半封建社会，国家蒙辱、人民蒙难、文明蒙尘，中华民族遭受了前所未有的劫难。“从那时起，实现中华民族伟大复兴，就成为中国人民和中华民族最伟大的梦想。”[①]近代以来，中国卷入现代化浪潮之中。现代性从西方兴起并冲击一切古老文明，中国只能在应对挑战中谋求新生。在国家与民族危亡之际，中国如何走上现代化道路，如何再造中华文明，成为当时的时代主题。中国的现代化道路不可能照搬西方的现代化模式，只能在借鉴的基础上走自己的路。李大钊主张“变‘人’之文明为‘我’之文明”[②]，胡适在《新思潮的意义》一文中指出：“新思潮的唯一目的是什么？是再造文明。”[③]新文化运动，一方面引入西方的科学、民主、自由等现代性的核心要素，另一方面从社会结构与思想文化的方面反思中国传统。

---

① 习近平：《在庆祝中国共产党成立 100 周年大会上的讲话》，人民出版社 2021 年，第 2 页。
② 李大钊：《李大钊全集》（第 1 卷），人民出版社 2013 年版，第 332 页。
③ 胡适：《胡适全集》（第 1 卷），安徽教育出版社 2003 年版，第 699 页。

人们在对中国现代化道路的艰辛探索中找到了马克思主义。“一个国家实行什么样的主义，关键要看这个主义能否解决这个国家面临的历史性课题。”[①]十月革命的成功和马克思主义在中国的传播，催生了无产阶级政党——中国共产党。马克思主义在中国革命和建设中（包括对传统文化的变革中）的作用，就是把握方向，指导中国创造新的现代文明，由此开启中国文明发展的新纪元。李大钊、陈独秀对此有深刻的理解。陈独秀在 1920 年 12 月发表的《随感录》谈到“主义与努力”问题时提道：“主义制度好比行船底方向，行船不定方向，若一味盲目的努力，向前碰在礁石上，向后退回原路去都是不可知的。”[②]在 1922 年 5 月发表的《马克思的两大精神》一文中，陈独秀指出：马克思的学说和行为具有“实际研究”和“实际活动”这两大精神。“以马克思实际研究的精神研究社会上各种情形，最重要的是现在社会的政治及经济状况，不要单单研究马克思的学理。”研究马克思的学说，“须将其学说实际去活动，干社会的革命”，“须发挥马克思实际活动的精神，把马克思学说当做社会革命的原动力”。[③]

实际上，从近代以来，马克思主义开始与中国实际相结合、与中国传统文化相结合，开始形成一个包括新文明各方面的广泛哲学体系，并作为当时中国社会发展变革的指针，开始指导中华民族走向伟大复兴、中国走向现代化的艰难探索之路。当前，我们仍然要用马克思主义来观察时代、把握时代、引领时代，继续发展当代中国马克思主义、21 世纪马克思主义。

三、怎样转化？需要的中介和条件

传统民本思想，包括中华优秀传统文化，在当代实现创造性转化、创新性发展，所需要的条件和中介如下。

---

① 习近平：《关于坚持和发展中国特色社会主义的几个问题》，《求是》2019 年第 7 期。
② 陈独秀：《陈独秀文集》（第 2 卷），人民出版社 2013 年版，第 93 页。
③ 陈独秀：《陈独秀文集》（第 2 卷），第 250 页。

（一）在马克思主义中国化过程中转化，在中国特色社会主义实践中转化

民本思想转化需要两方面的资源：一是马克思主义的资源，包括马克思主义基本原理、马克思主义中国化形成的成果及其文化形态；二是国外哲学社会科学的资源，包括世界所有国家哲学社会科学取得的积极成果。李大钊主张“变‘人’之文明为‘我’之文明”[①]。一方面，要用马克思主义、国外哲学社会科学来变革传统民本思想，这样，中国传统民本思想有了新的时代内涵，获得新生。另一方面，马克思主义、国外哲学社会科学必须自觉地与传统文化、传统民本思想相融合，这样，马克思主义、国外哲学社会科学有了民族文化的主体性，才能获得认同感和亲和力。传统民本思想，既提供中国语言范式以及形式的支撑，又作为中国国情的重要组成部分构成当代中国马克思主义、21 世纪马克思主义、习近平新时代中国特色社会主义思想的实质内容。

习近平指出：“不论是中华文明，还是世界上存在的其他文明，都是人类文明创造的成果。”[②] 作为人类不同民族的智慧结晶，我们应该维护各国各民族文明多样性，加强相互交流、相互学习、相互借鉴，而不应该相互隔膜、相互排斥、相互取代，这样世界文明之园才能万紫千红、生机盎然。每一种文明和民族文化都具有自己独特的内涵、特征，也具有独特的内在价值和表现形式，都有同其他文明交流互鉴的内生动力。

（二）中国共产党是实现转化的主体、核心

《中国共产党章程》开宗明义指出：“中国共产党是中国工人阶级的先锋队，同时是中国人民和中华民族的先锋队，是中国特色社会主义事业的领导核心，代表中国先进生产力的发展要求，代表中国先进文化的前进方向，代表中国最广大人民的根本利益。”

---

① 李大钊：《李大钊全集》（第 1 卷），第 332 页。
② 《习近平在联合国教科文组织总部的演讲》，共产党员网（https://news.12371.cn/2014/03/28/ARTI1395947822811311.shtml）。

毛泽东同志认为应该在马克思主义立场、观点、方法指导下，对中国传统文化取其精华、去其糟粕，使马克思主义中国化，他指出："我们信奉马克思主义是正确的思想方法，但这并不意味着我们忽视中国文化遗产和非马克思主义的外国思想的价值。中国历史遗留给我们的东西中有很多好东西，这是千真万确的。我们必须把这些遗产变成自己的东西。然而我们中国有些人却崇拜旧的过时的思想，这些思想对于我们今天的中国不仅不适用而且有害。这样的东西必须抛弃。"①

毫无疑问，中国共产党人是中华优秀传统文化忠实的继承者和发扬者。传统民本思想的转化，既要体现以马克思主义为指导的先进文化的前进方向，又要体现在吸纳、融合西方文明基础上的中华文明的自我更新、自我革命、自我完善。

（三）实现转化的指导思想是马克思主义，特别是辩证唯物主义和历史唯物主义

马克思主义在中国被接受、被实践，取决于中国社会的物质基础和社会发展状态。"理论在一个国家实现的程度，总是取决于理论满足这个国家的需要的程度。"② 习近平总书记指出："马克思主义哲学包括辩证唯物主义和历史唯物主义，是马克思主义立场、观点、方法的集中体现，是马克思主义学说的思想基础。"为了使党的干部对马克思主义哲学有更全面、更完整的了解，习近平总书记分别于 2013 年 12 月 3 日、2015 年 1 月 23 日主持十八届中央政治局第十一次、第二十次集体学习。习近平总书记的讲话分别以《坚持历史唯物主义不断开辟当代中国马克思主义发展新境界》《辩证唯物主义是中国共产党人的世界观和方法论》为题，发表在 2020 年第 2 期和 2019 年第 1 期《求是》杂志上，对历史唯物主义和辩证唯物主义的基本原理

---

① 中共中央文献研究史编：《毛泽东文集》（第 1 卷），人民出版社 1993 年版，第 191 页。
② 中共中央马克思恩格斯列宁斯大林著作编译局编译：《马克思恩格斯选集》（第 1 卷），第 11 页。

和方法论作了全面系统的阐述。

传统民本思想的当代转化，关键在于将其与马克思主义的立场、观点、方法结合起来，使之在新时代焕发新的生机活力，而不是走向复古主义或历史虚无主义。例如，在如何认识人民群众在历史上的作用问题上，与中国传统民本思想不同，马克思主义唯物史观提出人民是历史的创造者。我们党据此提出了群众路线，并把它作为党的生命线和根本工作路线。坚持以人为本，尊重人民主体地位，发挥群众首创精神，紧紧依靠人民推动改革，促进人的全面发展；在全面深化改革的指导思想中鲜明提出，要以促进社会公平正义、增进人民福祉为出发点和落脚点。

（四）把传统民本思想转化为理论形态和实践观念形态

人从观念上对外部世界的把握有两种基本形式：理论观念方式（理论理性）和实践观念方式（实践理性）。理论观念方式，是指人们在实践的基础上认识、反映、再现外部世界的过程。实践观念方式，是以改造外部世界和创造出外部世界所没有的崭新客体为直接目标，是直接支配人的实践活动的观念，它表现为方针、政策、路线、纲领、战略战术、计划方案、模式模型、设计蓝图等形式，因而，它具有权威性、强制性、指导性。这些实践观念既考虑当前利益，又谋划未来发展；将短期政策与中长期发展规划和发展战略相结合，将宏观、中观、围观相协调，将一般性与特殊性、整体性与局部性、因地制宜与统筹兼顾相统一。特别是“五年规划”，突出政策的阶段性与连续性的统一，已成为中国共产党治国理政的重要方式。从 1953 年第一个“五年规划”开始，迄今已连续制定 14 个“五年规划”，取得了举世瞩目的成就。

在新时代，这些实践观念形态表现为：“五位一体”总体布局、“四个全面”战略布局、中国特色社会主义制度、国家治理体现和治理能力的现代化、党内法规体系、“两个一百年”奋斗目标，等等。

四、转化成什么？传统民本思想的当代形态

传统民本主义，可以转化成新时代的新思想、新观点、新概念、新范畴、新论断、新学说，可以称之为民学、民本思想的当代形态或当代的治理体系，可以纳入当代中国马克思主义体系之中，来规范和评判执政者的言行和决策。具体来说，传统民本思想可以转化为这样几种形态。

（一）理论形态：当代中国的马克思主义、习近平新时代中国特色社会主义思想

习近平总书记《在党史学习教育动员大会上的讲话》中指出："我们党的历史，就是一部不断推进马克思主义中国化的历史，就是一部不断推进理论创新、进行理论创造的历史。"[①] 传统民本思想转化为理论形态，可以体现为：

1. 马克思主义及其人民观

在传统民本思想中，"民"是没有参政、议政和选举权力的，不是权力的主体。在唯物史观中，"民"的内涵、地位、作用，是完全不同的。人民是历史的创造者，是决定党和国家前途命运的根本力量。习近平总书记指出，马克思主义"这一理论犹如壮丽的日出，照亮了人类探索历史规律和寻求自身解放的道路"，"马克思主义是人民的理论，第一次创立了人民实现自身解放的思想体系"，"人民性是马克思主义最鲜明的品格"。[②] 马克思主义人民观包括群众路线、人民至上、以人民为中心、坚持人民的主体地位、人民是国家的主人、人民当家作主，等等。这也是传统民本思想的当代阐释。

2. 马克思主义政党观

党的根本宗旨是全心全意为人民服务，人民立场是马克思主义政党的根本政治立场。立党为公、执政为民。中国共产党作为无产阶级政党，始终把

---

① 习近平：《在党史学习教育动员大会上的讲话》，《求是》2021 年第 7 期。
② 习近平：《在纪念马克思诞辰 200 周年大会上的讲话》，人民出版社 2018 年版，第 6、8、17 页。

为人民谋幸福、为民族谋复兴作为初心使命。权力来自人民，是人民赋予的，权为民所用，要把权力关进制度的笼子。中国共产党是用马克思主义武装起来的觉悟者，是最广大人民利益的守护者，是人类社会发展方向的引领者，是最光明最正义最壮丽事业的奋斗者。①

3. 新发展理念

发展是解决一切问题的基础和关键，发展必须是科学发展。创新、协调、绿色、开放、共享这五大发展理念不是凭空得来的，是我们在深刻总结国内外发展经验教训的基础上形成的，也是在深刻分析国内外发展大势的基础上形成的，集中反映了我们党对经济社会发展规律认识的变化，也是针对我国发展中的突出矛盾和问题提出来的。②习近平总书记指出，为人民谋幸福、为民族谋复兴，这既是我们党领导现代化建设的出发点和落脚点，也是新发展理念的“根”和“魂”。只有坚持以人民为中心的发展思想，坚持发展为了人民、发展依靠人民、发展成果由人民共享，才会有正确的发展观、现代化观。③

（二）实践观念形态

1. 中国现代化新道路

中国现代化新道路是过去、现在、未来的统一，是理想性与现实性的统一，是民族性与时代性的统一。没有中华5000年文明，就没有中国现代化道路。习近平在党的十九届五中全会上特别强调了5个显著特征：我国现代化是人口规模巨大的现代化，是全体人民共同富裕的现代化，是物质文明和精神文明相协调的现代化，是人与自然和谐共生的现代化，是走和平发展道路的现代化。④

---

① 参见《什么是中国共产党，中国共产党干什么》，《人民日报》2022年6月30日。
② 习近平：《习近平谈治国理政》（第2卷），外文出版社2017年版，第197页。
③ 习近平：《把握新发展阶段，贯彻新发展理念，构建新发展格局》，《求是》2021年第9期。
④ 习近平：《把握新发展阶段，贯彻新发展理念，构建新发展格局》，《求是》2021年第9期。

中国现代化道路，应“树立大历史观，从历史长河、时代大潮、全球风云中分析演变机理、探究历史规律，提出因应的战略策略，增强工作的系统性、预见性、创造性。”① 21 世纪的马克思主义作为我们的行动纲领，在实践中还必须具体化，使之成为实践观念。具体化为党的方针、政策、路线、纲领、战略战术、计划方案、模式模型、设计蓝图等等形式。

2. 实现治理体系和治理能力现代化

毛泽东同志说过：“政治路线确定之后，干部就是决定因素。”② 习近平总书记强调：“我国历朝历代都重视官吏选拔和管理，强调‘为政之要，惟在得人’‘育才造士，为国之本’。”③

党的十八大以来，以习近平同志为核心的党中央，部署推动规范领导干部配偶、子女及其配偶经商办企业行为工作，中共中央办公厅印发了《领导干部配偶、子女及其配偶经商办企业管理规定》，以一系列创新性举措和突破性实践，规范权力运行，防范廉政风险，促进家风建设，引导广大领导干部廉洁从政、廉洁用权、廉洁修身、廉洁齐家，不断把从严管党治吏推向深入，坚定不移推进党的自我革命。“坚持无禁区、全覆盖、零容忍，严肃查处腐败分子，坚决遏制腐败现象蔓延势头，着力营造不敢腐、不能腐、不想腐的政治氛围。”④

传统民本思想要求官员德才兼备、以德为先，“才者，德之资也；德者，才之帅也”。才能是品德的支撑，品德是才能的统帅。所谓才，是指聪慧、明察、坚强、刚毅，即能力；所谓德，是指正直、公道、平和，即品行。习近平总书记对司马光的德才观进行了发挥，他指出：“对领导干部而言，党

① 习近平：《在党史学习教育动员大会上的讲话》，《求是》2021 年第 7 期。
② 李改等编：《毛泽东领导思想研究》，中国国际广播出版社 1993 年版，第 333 页。
③ 习近平：《严把标准　公正用人　拓宽视野　激励干部　造就忠诚干净担当的高素质干部队伍》，《实践（思想理论版）》2018 年等 12 期。
④ 习近平：《在中国共产党第十八届中央纪律检查委员会第六次全体会议上的讲话》，《人民日报》2016 年 5 月 3 日。

性就是最大的德。现在干部出问题，主要是出在‘德’上、出在党性薄弱上。”[①]

2019 年 3 月，习近平总书记在意大利进行国事访问，意大利众议长菲科问他，当选中国国家主席时是什么心情。习近平回答，这么大一个国家，责任非常重、工作非常艰巨。我将无我，不负人民。习近平总书记的这一回答，就是中国传统治国理政思想的当代转化。

（三）制度形态

习近平指出：“制度问题更带有根本性、全局性、稳定性、长期性。关键是要健全权力运行制约和监督体系，让人民监督权力，让权力在阳光下运行，把权力关进制度的笼子里。”[②]“要狠抓制度执行，扎牢制度篱笆，真正让铁规发力、让禁令生威。”[③]民本思想的当代形态，将体现在以下制度上：

1. 人民代表大会制度。人民代表大会制度是对西方现代民主形式与中国传统民意政治的吸收借鉴。在继承传统民本思想主要表现在注重民心、注重疏导民意、向人民负责。

2. 多党合作和政治协商制度。这一制度也是对中西方精英政治传统的借鉴，如西方的两院制，中国的父老、长老、乡绅治理制度。

3. 中国特色社会主义法治体系，德法兼治。当今中国已经超越以德治为主、法治为辅的发展阶段，坚持德治与法治相结合的国家治理体系已经成为时代趋势。习近平治国理政新思想充分体现了德治与法治的统一。“治理国家、治理社会必须一手抓法治、一手抓德治，既重视发挥法律的规范作用，又重视发挥道德的教化作用，实现法律与道德相辅相成、法治与德治相得益彰。”[④]这也是对传统礼法制度的超越。

---

① 习近平：《在全国党校工作会议上的讲话》，中国共产党新闻网（http://cpc.people.com.cn/n1/2016/0501/c64094-28317481.html?r4g3z）。

② 人民日报评论部：《四个全面学习读本》，人民出版社 2015 年版，第 240 页。

③ 中共中央纪律检查委员会，中共中央文献研究室编辑：《关于党风廉政建设和反腐败斗争论述摘编》，中央文献出版社 2015 年版，第 125 页。

④ 中共中央文献研究室编:《习近平关于社会主义文化建设论述摘编》，中央文献出版社 2017 年版，第 144—145 页。

4. 维护党中央权威和集中统一领导的各项制度。传统民本思想中的“大一统”思想，就是要做到思想上、政治上的统一，其当代意义就是要坚持党对一切工作的领导，深刻把握“两个确立”，坚决做到“两个维护”。“党政军民学，东西南北中，党是领导一切的。”[①]“两个确立”“两个维护”是新时代党和国家各项事业的根本保证，对推进中华民族伟大复兴历史进程具有决定性意义。

5. 共同富裕和民生保障制度，满足人民日益增长的美好生活需要。共同富裕思想来源于中国古代大同和调均思想。100 年来，中国共产党人对共同富裕进行了不懈的实践探索和理论追寻。习近平总书记在中央财经委员会第十次会议上系统阐述了共同富裕的科学内涵、扎实推动共同富裕的总的思路和基本原则。“我们说的共同富裕是全体人民共同富裕，是人民群众物质生活和精神生活都富裕。”[②]“共同富裕是社会主义的本质要求，是中国式现代化的重要特征。”[③] 鼓励勤劳创新致富、坚持基本经济制度、尽力而为量力而行、坚持循序渐进。全面建成小康社会，实行乡村振兴战略，就是要促进社会公平正义，让发展成果更多更公平惠及全体人民，不断增强人民群众获得感、幸福感、安全感，让人民群众真真切切感受到共同富裕不仅仅是一个口号，而是看得见、摸得着、真实可感的事实。

6. 生态文明制度体系，促进人与自然和谐共生。绿色发展理念强调可持续发展，建设美丽中国，形成绿色生产方式和生活方式，主张绿水青山就是金山银山，在增长方式转变的路径上提出了“两碳战略”。这一系列生态文明制度体系就是对垂训后世的《虞人之箴》的传承和发展。

---

① 《中国共产党第十九次全国代表大会文件汇编》，人民出版社 2017 年版，第 16 页。
② 习近平：《扎实推动共同富裕》，《求是》2021 年第 20 期。
③ 习近平：《在高质量发展中促进共同富裕统筹做好重大金融风险防范化解工作》，《人民日报》2021 年 8 月 18 日。

（四）评价标准的新形态

按照历史唯物主义观点，评价一项工作的标准，应该是其是否合乎规律、合乎目的，能否做到合规律性与合目的性的统一；而且关键还在于：符合什么规律？符合谁的目的？

符合什么规律？我们对传统民本思想的研究，是为了在唯物史观指导下，更好地揭示共产党执政规律、社会主义建设规律、人类社会发展规律。合规律性实际上是民本思想中“道理最大”的当代诠释。

那么，符合谁的目的呢？当然是人民群众的意愿、目的，这也是民本思想中“民意”“以民为命”“以民为功”“以民为力”思想的当代转化。人民群众是各项政策目标的惠及者，政策好与坏，干部优与劣，群众最有发言权。习近平总书记指出：“检验我们一切工作的成效，最终要看人民是否真正得到了实惠，人民生活是否真正得到了改善，这是坚持立党为公、执政为民的本质要求，是党和人民事业不断发展的重要保证。”[①] 我们党的执政水平和执政成效都不是由自己说了算，必须而且只能由人民来评判。人民是我们党的工作的最高裁决者和最终评判者。[②]

（五）文明形态：人类文明新形态

当代马克思主义中国化、21 世纪马克思主义，将开辟中外文化交流互鉴的新境界。中国哲学社会科学的特色化发展，必将为人类文明做出新的贡献。著名历史学家汤因比在去世前曾指出：“中国有可能自觉地把西方更灵活也更激烈的活力与自身保守的、稳定的传统文化熔为一炉，如果这种有意识、有节制地进行的恰当融合取得成果，其结果可能为文明的人类提供一个全新的文化起点。”[③]1920—1921 年，罗素访华，他给了中国一个公正的评价：“中国的古老文化正在飞速变化之中，无疑这种变化是必需的。……如果任

---

① 习近平：《全面贯彻落实党的十八大精神要突出抓好六个方面工作》，《求是》2013 年第 1 期。
② 习近平：《习近平谈治国理政》（第 1 卷），第 28 页。
③ 许嘉璐：《中华文化的前途和使命》，中华书局 2017 年版，第 262 页。

由中国人从我们西方的文化中取其精华、弃其糟粕，并结合中国传统文化的特点，那么他们将会有系统地发展并取得辉煌的成就。”[①]

中华文化具有包容性，马克思主义具有开放性，二者在视域、内容、方法上具有契合性、兼容性。二者在中国特色社会主义实践基础上结合，必将创造中国式现代化新道路，创造人类文明新形态。这种“新形态”是不同于东方古老文明和西方现代文明的“第三文明”，既超越传统性与现代性、资本主义文明与社会主义文明的对立，又是传统性与现代性、资本主义文明与社会主义文明的统一。

不忘本来才能开辟未来，善于继承才能更好创新。如何看待传统民本思想、如何实现民本思想的当代转化，这需要宽广的视野、整体性的思维、高度的历史自觉、崇高的使命感、理论创新的勇气。在这方面，习近平总书记为我们做出了表率，为我们提供了根本遵循。2014 年 10 月，主持十八届中央政治局第十八次集体学习时他指出：“我国古代主张民惟邦本、政得其民，礼法合治、德主刑辅，为政之要莫先于得人，治国先治吏，为政以德、正己修身，居安思危、改易更化，等等，这些都能给人们以重要启示。治理国家和社会，今天遇到的很多事情都可以在历史上找到影子，历史上发生过的很多事情也都可以作为今天的镜鉴。”[②]在马克思主义立场、观点、方法指导下，通过中西文化的交流互鉴、融合创新，对我国古代治国理政的思想和智慧进行当代转化，使之发展为当代中国马克思主义，指导中国特色社会主义伟大实践，这是当代中国马克思主义者和哲学社会科学工作者共同的使命、责任、担当。

---

① ［英］罗素：《罗素论中西文化》，杨发庭等译，北京出版社 2010 年版，第 32—33 页。
② 习近平：《牢记历史经验历史教训历史警示　为国家治理能力现代化提供有益借鉴》，《人民日报》2014 年 10 月 14 日。

民本思想的当代转化及其逻辑管窥

陈华森　彭远秀

民本和民本思想是在政治关系中产生的概念。民本思想在协调君民关系和官民关系中产生，又在进一步协调君民关系和官民关系中应用。因此，民本就成为工具理性意义上协调政治关系的执政伦理和政治准则，体现为爱民、重民、贵民、安民、恤民等具体的执政行为。在这一以“民本”为执政理念的政治关系中，协调主体是作为统治阶级的皇帝和官员；协调客体则是作为被统治阶级的庶民（所谓“王子犯法，与庶民同罪”）；协调手段主要是德治或德主刑辅，以约束皇帝和官员（内圣外王）；协调机制是单向的、非强制性的；协调特点体现为对君和官的软约束；其政治基础是君与民、官与民之间的法权不等、阶级分立甚至对立；其基本的政治功能是维护王权及其家天下的统治秩序。

经历时空的转换和历史的洗礼，民本理念和民本思想融入当代的中国政治关系中，进一步融入党群关系和干群关系中，并在党群关系和干群关系中运行和应用。同样具有工具理性意义上协调政治关系的执政伦理和政治准则，体现为“以人民为中心”；协调主体主要是党政机关、党员和干部；协调客体主要是党员、干部和群众；协调手段主要是“法治 + 德治”——依法治国

作者简介：陈华森，贵州师范大学历史与政治学院院长、教授；彭远秀，贵州师范大学历史与政治学院 2021 级政治学理论专业硕士研究生。

和以德治国相结合，约束的对象主要是党员和干部；协调机制是双向的、强制性的；协调特点体现为对党员和干部的“硬规制 + 软约束”相结合；其政治基础是党群一体、干群一体和法权平等；其基本的政治功能是维护合法民权以及人民主权的政治秩序。

在民本思想从传统向当代转化的过程中，集中体现了“传承与发展”的总逻辑。其中，传承了仁爱和仁政的民本“精神”；摒弃了君主专制、君民分立、官民分立、法权不等、维护王权的民本“不足”；发展了民本和德治的“精髓”；以思想转化、观念内化、制度规化、行为外化作为民本思想当代转化的落实机制。

一、民本思想当代转化的基本逻辑

（一）传承“精神”：仁爱、仁政

1. 精神之源：仁者爱人

以爱民、重民、贵民、安民、恤民为基本体现的协调政治关系的传统“民本”执政伦理和政治准则，是民本思想当代转化的精神之源，集中体现为“仁者爱人”及在此基础上的仁政。仁爱和仁政的精神之源产生于阶级分立的社会土壤中，在一定的意义上是始于阶级矛盾激化，甚至是不可调和背景下的治国之道。《大学》中，对这一思想进行了集中概括和总结：“大学之道，在明明德，在亲民，在止于至善。”因此，民本思想实为古代执政者欲图致使社会秩序由乱到治的治政之道。

2. 初心传承：消除阶级

中国共产党是中国传统民本思想的坚定传承者，在其立党之初就有切实体现。在 1921 年中共一大通过的《中国共产党纲领》中明确提出，革命军队“必须与无产阶级一起推翻资本家阶级的政权，必须援助工人阶级，直到社会阶级区分消除的时候”，“直至阶级斗争结束为止，即直到社会的阶级区分消灭为止，承认无产阶级专政”。具体实施途径有：“消灭资本家私有制，没收机器、土地、厂房和半成品等生产资料。”这就是中国共产党人为中国人民谋幸福、为中华民族谋复兴的初心和使命，其集中体现和现实反映就是不断增进人民福祉、实现人民幸福。这一初心经过了革命战争时期、抗日战争时期、解放战争时期的实践考验，经历了新中国成立后30年的历史洗礼。“从新中国成立到改革开放前夕，党领导人民完成社会主义革命，消灭一切剥削制度，实现了中华民族有史以来最为广泛而深刻的社会变革，实现了一穷二白、人口众多的东方大国大步迈进社会主义社会的伟大飞跃。”①

3. 改革开放和社会主义现代化建设新时期传承：消灭剥削，消除两极分化

党的十一届三中全会后，以邓小平同志为主要代表的中国共产党人团结带领全国各族人民，围绕什么是社会主义、怎样建设社会主义这一根本问题，创立了邓小平理论，深刻揭示了社会主义本质。1992年初，邓小平在视察南方途中发表的谈话中深刻指出：“社会主义的本质，是解放生产力，发展生产力，消灭剥削，消除两极分化，最终达到共同富裕。”这是中国传统民本思想在改革开放和社会主义现代化建设新时期的创造性传承，是以“消灭剥削，消除两极分化”为基本目标的创新性发展。经过改革开放近30年的探索和经验总结，党的十七大强调科学发展观，其核心是“以人为本”，其根本目的是坚持“尊重社会发展规律与尊重人民历史主体地位的一致性”，“为崇高理想奋斗与为最广大人民谋利益的一致性”，“完成党的各项工作与实现人民利益的一致性”，“保障人民权益与促进人的全面发展的一致性”，做到“发展为了人民、发展依靠人民、发展成果由人民共享”。②这就是改革开放和社会主义现代化建设新时期传承民本思想的生动体现。

---

① 《中共中央关于党的百年奋斗重大成就和历史经验的决议》，《人民日报》2021年11月17日。
② 胡锦涛：《努力把贯彻落实科学发展观提高到新水平》，《求是》2009年第1期。

4. 新时代传承：从“以人民为中心”到“人民至上”

中国特色社会主义的发展进入新时代，民本思想的传承和创新越发深入人心，从“全心全意为人民服务”和“以人为本”发展为“以人民为中心”。

2012 年 11 月 8 日，时任中共中央总书记胡锦涛在党的十八大报告中明确提出，要坚持“以人民为中心的创作导向”，提高文化产品质量，丰富人民精神文化生活，为人民提供更好更多的精神食粮。[①]2017 年 10 月 18 日，习近平总书记在党的十九大报告中继续指出，必须坚持“以人民为中心的创作导向”，繁荣发展社会主义文艺，在扎根人民中进行无愧于时代的创造。在此基础上，进一步将“以人民为中心”的执政理念从思想领域扩展到物质领域，要求深入贯彻、必须坚持“以人民为中心的发展思想”，落地实施一大批惠民举措，显著增强人民的获得感，努力解决人民日益增长的美好生活需要和不平衡不充分的发展之间的矛盾，不断促进人的全面发展、全体人民的共同富裕。[②]2017 年 10 月 24 日，“以人民为中心的发展思想”[③]写入了《党章》。

在 2019 年 10 月 31 日通过的《中共中央关于坚持和完善中国特色社会主义制度　推进国家治理体系和治理能力现代化若干重大问题的决定》（以下简称十九届四中全会《决定》）中，从之前文化领域的“以人民为中心的创作导向”发展为“以人民为中心的工作导向”，要求健全人民权益保障制度，推出更多群众喜爱的文化精品。在此基础上，将“以人民为中心的发展思想”浓缩为我国国家制度和国家治理体系十三大显著优势之一：“坚持以人民为中心的发展思想，不断保障和改善民生、增进人民福祉，走共同富裕

---

① 胡锦涛：《坚定不移沿着中国特色社会主义道路前进　为全面建成小康社会而奋斗——在中国共产党第十八次全国代表大会上的报告》，《人民日报》2012 年 11 月 18 日。

② 习近平：《决胜全面建成小康社会　夺取新时代中国特色社会主义伟大胜利——在中国共产党第十九次全国代表大会上的报告》，《人民日报》2017 年 10 月 28 日。

③ 《中国共产党章程》，《人民日报》2017 年 10 月 29 日。

道路。”[1]2021年3月，“坚持以人民为中心”成为中华人民共和国国民经济和社会发展第十四个“五年规划”和2035年远景目标必须遵循的五条基本原则之一，并进一步具体化为：“坚持人民主体地位，坚持共同富裕方向，始终做到发展为了人民、发展依靠人民、发展成果由人民共享，维护人民根本利益，激发全体人民积极性、主动性、创造性，促进社会公平，增进民生福祉，不断实现人民对美好生活的向往。”[2]2021年11月，中国共产党第十九届中央委员会第六次全体会议通过《中共中央关于党的百年奋斗重大成就和历史经验的决议》，把“坚持人民至上”归结为中国共产党百年奋斗的宝贵历史经验之一。[3]

从以上论述可以看出，我国古代基于仁爱和仁政的民本思想，经过中国共产党的领导和倡导，以执政理念的特质融入了国家治理过程，在实践中不断自我革命，得到了不断的发展和深化。

（二）摒弃“不足”：君主专制；君民分立、官民分立；法权不等；维护王权

1. 国家主权：从君主专制的为民做主到人民主权的人民当家作主

民本和民主都需要依靠国家政权来维护。西周时期，“溥天之下，莫非王土，率土之滨，莫非王臣”（《诗经·北山》），天下所有财产和人口都归属王朝。但是到春秋战国时期，血缘宗法制与等级礼乐制走向崩溃，社会现实转化为“国之与国之相攻，家之与家之相篡，人之与人之相贼，君臣不惠忠，父子不慈孝，兄弟不和调”（《墨子·兼爱中》）。于是墨子“背弃”周道，创立新说。他根据当时的情势提出，应在保证下层民众利益的基础上去获取正当利益，并身体力行。“凡五谷者，民之所仰也，君之所以为养也。

---

① 《中共中央关于坚持和完善中国特色社会主义制度 推进国家治理体系和治理能力现代化若干重大问题的决定》，《人民日报》2019年11月6日。

② 《中华人民共和国国民经济和社会发展第十四个五年规划和2035年远景目标纲要》，《人民日报》2021年3月13日。

③ 《中共中央关于党的百年奋斗重大成就和历史经验的决议》，《人民日报》2021年11月17日。

故民无仰，则君无养；民无食，则不可事。”（《墨子·七患》）在这里，墨子直接指出了与民生直接相关的物质生活资料对于政权稳定和王朝兴旺的重要性。墨子希望构建的是一个“国家富，财用足，百姓皆得暖衣饱食”（《墨子·天志中》）的理想社会。其重要条件则是“贤良”辅政：“国有贤良之士众，则国家之治厚；贤良之士寡，则国家之治薄。”（《墨子·尚贤上》）尚贤、用贤的核心是“圣王”。圣王的行为则通过“天志”“鬼神”等超自然力量进行规制：“顺天意者，兼相爱，交相利，必得赏；反天意者，别相恶，交相贼，必得罚”（《墨子·天志上》），“天子为善，天能赏之，天子为暴，天能罚之”（《墨子·天志中》）。墨子从下层民众的需要出发，希望通过令人敬畏的“神明”的监督，使统治者“能够顺应民情，切实做出有利于普通民众的实事来”，通过天志、鬼神的约束，使“圣贤们能够意识到还有大批下层民众的存在，还要考虑到这部分人的切身利益，只有这样才能实现国家的长治久安”。[①]从以上论述可以看出，虽然墨子顺势而变革新思想和理论，但是仍然没有跳出君主专制的窠臼。这一民本传统一直是中国封建社会的主流。

1949年9月29日，中国人民政治协商会议第一届全体会议通过的《中国人民政治协商会议共同纲领》指出，中国人民政治协商会议“一致同意以新民主主义即人民民主主义为中华人民共和国建国的政治基础”，并规定：各级政权机关“一律实行民主集中制”，其主要原则为“人民代表大会向人民负责并报告工作”，“人民政府委员会向人民代表大会负责并报告工作”。[②]通过《共同纲领》的确立，人民民主成为新中国的立国之基。中华人民共和国的成立，实现了“中国从几千年封建专制政治向人民民主的伟大飞跃”。在中国共产党的领导下，建立和巩固了“工人阶级领导的、以工农联盟为基

---

① 李伟强：《从现代视角看墨子的“民本”思想》，《华夏文化》2017年第6期。
② 《中国人民政治协商会议共同纲领》，《中国人民政治协商会议文献》，山东新华书店1949年版，第6—7、10页。

础的人民民主专政的国家政权”，中国人民“成为国家、社会和自己命运的主人”。到如今，“全过程人民民主”已经成为新时代中国特色社会主义民主的新水平。[①] 基于人民主权的人民当家作主的政治权利得到了更好保障，国家治理能够更好实施。

2. 政治基础：从君民分立、官民分立的法权不等到党群一体、干群一体的法权平等

传统民本思想的政治基础是君民分立、官民分立的法权不等，而当代民主的政治基础则是党群一体、干群一体的法权平等。在中国的传统古代社会，君和民、官和民是分立的，君和民、官和民的人格是上下尊卑不平等的，因此政治地位也是法权不平等的。这从“官”字的会意以及“群”字的构成可以看出来。“官”（甲骨文为“”），从“宀”，以宀覆众，有治众之意。而“群”则为君（皇帝）和羊（群众）的关系，如果是“羣”的写法，则是更为形象的君（皇帝）为上、羊（群众）为下的统治和被统治的法权不平等的关系。因为这种关系的传统很牢固，所以在传统的官和民的关系中，官本位的思想传统也比较明显。所以，官僚主义也就意为脱离实际、脱离群众、欺软怕硬，做官当老爷、官官相护、贪污腐败的领导作风的代名词。

由于受到以上思想传统的影响，在现在等网站检索页面，政府网站都标示为“官方”，即便是高校这样的事业单位，也同样标示为“官方”。正因为如此，现在有些党政机关、事业单位的职能部门在发布通知、文件时，仍然还是比较习惯于用“关于下发……的通知”“关于上交……材料的通知”这样的类似带有明显等级制的话语。也正因为这样，在 2008 年《关于选聘高校毕业生到村任职工作的意见（试行）》的基础上，2012 年 9 月，中央组织部、中央机构编制委员会办公室、教育部、财政部、人力资源和社会保障部、国家公务员局联合发布的《关于进一步加强大学生村官工作的意见》中，

① 《中共中央关于党的百年奋斗重大成就和历史经验的决议》，《人民日报》2021 年 11 月 17 日。

明确将高校毕业生到村任职视为“村官”。当然，以上案例只是从形式上说明，当今我国现实工作中所受到的传统民本思想的“官本位”影响比较明显，而实际工作则是以“服务”为基本理念的。

“坚持以人民为中心的发展思想，不断保障和改善民生、增进人民福祉，走共同富裕道路”，是我国国家制度和国家治理体系的显著优势之一。[①] 中国共产党百年奋斗的历史经验表明：“坚持发展为了人民、发展依靠人民、发展成果由人民共享，坚定不移走全体人民共同富裕道路，就一定能够领导人民夺取中国特色社会主义新的更大胜利，任何想把中国共产党同中国人民分割开来、对立起来的企图就永远不会得逞。”[②] 这就是中国共产党领导的党群一体、干群一体的法权平等经验总结和实践表达。

3. 政治功能：从维护王权到维护民权

民本和民主都是履行政治功能的政治手段。民本的政治功能是维护王权，而民主的政治功能则是维护民权，即全体人民的合法权利。1949 年 9 月通过的《中国人民政治协商会议共同纲领》规定，中华人民共和国境内各民族均有平等的权利和义务。1954 年新中国的第一部《中华人民共和国宪法》明确宣布：“保障公民权利，保障少数民族的平等权利”，并专章规定“公民的基本权利和义务”。这表明，新中国成立之初，就把维护全国人民的基本权利作为国家的基本职责。《中华人民共和国国民经济和社会发展第十四个五年规划和 2035 年远景目标纲要》展望，到 2035 年“基本实现国家治理体系和治理能力现代化，人民平等参与、平等发展权利得到充分保障，基本建成法治国家、法治政府、法治社会”。[③]

为了助推人民的发展权，国家有针对性地实施“西部大开发战略”和“中

---

① 《中共中央关于坚持和完善中国特色社会主义制度　推进国家治理体系和治理能力现代化若干重大问题的决定》，《人民日报》2019 年 11 月 6 日。

② 《中共中央关于党的百年奋斗重大成就和历史经验的决议》，《人民日报》2021 年 11 月 17 日。

③ 《中华人民共和国国民经济和社会发展第十四个五年规划和 2035 年远景目标纲要》，《人民日报》2021 年 3 月 13 日。

部崛起战略”。其中，西部大开发战略涉及重庆、四川、贵州、云南、西藏自治区、陕西、甘肃、青海、宁夏回族自治区、新疆维吾尔族自治区、内蒙古自治区、广西壮族自治区等12个省区市。自1999年9月提出以来，西部大开发战略取得了显著成效。截至2019年，西部地区“经济总量较1999年增长近20倍，全国占比提升4.1个百分点”，其中，“四川省2019年经济总量达46615.82亿元，全国排名前十；贵州省更是从全国经济发展末位实现逆袭，经济增速近几年一直位于全国前列”。作为脱贫攻坚主战场，西部地区“2012年以来实现5086万贫困人口全面脱贫，568个贫困县全部摘帽”[①]。2020年，西部大开发正式进入3.0时代，将为西部地区人民的发展进一步起到推动作用。2006年，中部崛起战略正式上升为国家战略，惠及安徽、河南、湖北、湖南、江西、山西等6省所有地区。截至2016年10年间，中部地区“经济社会发展指数上升幅度最大，与东部及东北的差距急剧缩小，与西部的差距在明显扩大”[②]，表明战略实施取得了明显成效。2021年6月7日至9日，习近平总书记在青海考察时指出：“脱贫、全面小康、现代化，一个民族都不能少。”这正是我国维护人民权利、促进人民发展的生动写照。

（三）发展“精髓”：民本、德治

1. 治国之基：从为民做主的民本到人民当家作主的民主

民本思想的当代转化，要发展民本和德治，并从为民做主的民本转换到人民当家作主的民主。这是中国特色社会主义的治国之基。

豫剧电影《七品芝麻官》（又名《唐知县审诰命》），描述了一个发生在明嘉靖年间的故事。时任首辅严嵩祸乱朝政，致使民不聊生，其妹一品诰命夫人严氏在乡里横行。出身贫寒、学富五车的“红薯秀才”唐成，通过科

---

① 赵昱、胡娜娜：《再闯新路看西部：西部大开发研究20年综述》，《商业经济》2022年第7期。
② 和军、樊寒伟：《中部崛起战略实施效果评析》，《湖北社会科学》2016年第11期。

举考试当上七品县令，他立下“当官不为民做主，不如回家卖红薯”的决心。蛮横不可一世的诰命夫人终被唐成扣押，被解赴京城复命。不过，唐成最终被迫弃官重操旧业，再次上街卖红薯。电影剧情揭示，在封建皇权专制的时代，为民做主的传统民本思想得不到有效的政治保障。

中华人民共和国的成立，确立了工人阶级领导的、以工农联盟为基础的人民民主专政的社会主义国家政权，将国家的一切权力赋予人民，坚持人民主体地位，健全民主制度，丰富民主形式，拓宽民主渠道，实行民主选举、民主协商、民主决策、民主管理、民主监督，使各方面制度和国家治理，更好体现人民意志、保障人民权益、激发人民创造，确保人民当家作主，依法通过各种途径和形式管理国家事务，管理经济文化事业和社会事务。

2. 治国之策：从德主刑辅到法治与德治相结合

民本思想的当代转化，要从德主刑辅到法治与德治相结合。这是中国特色社会主义的治国之策。

我国古代治国思想中，“德主刑辅”思想源远流长，被古代统治者奉为圭臬，成为传国继统、治国安邦的基本方略。西周时期周公制礼，明德慎罚；春秋战国时期儒家重德并不废法；西汉时期“罢黜百家，独尊儒术”；西汉至明清礼法并用，明刑弼教。自西汉中期开始，不论是圣君贤臣还是昏君庸臣，不论是汉族统治者还是入主中原的少数民族，都继承和坚持了“德主刑辅”的治国方略。[①]“物格而后知至，知至而后意诚，意诚而后心正，心正而后身修，身修而后家齐，家齐而后国治，国治而后天下平。”（《礼记·大学》）这就是“德主”主导下的“内圣外王”的实际运用。但是，刑罚的对象是不平等的，因此才有“刑不上大夫”之说。

新中国成立后的第一部《宪法》就规定：“中华人民共和国公民必须遵守宪法和法律，遵守劳动纪律，遵守公共秩序，尊重社会公德。”中国特色

---

① 戴者春：《“德主刑辅”思想对我国治国方略的启示》，《云南社会科学》2001 年第 3 期。

社会主义进入新时代，依法治国和以德治国相结合之路更加坚定。2019 年通过的十九届四中全会《决定》强调，坚持依法治国和以德治国相结合，完善弘扬社会主义核心价值观的法律政策体系，把社会主义核心价值观要求融入法治建设和社会治理，体现到国民教育、精神文明创建、文化产品创作生产全过程。其中，法律面前人人平等，约束的主要是党员和干部，保护的主要是群众。

3. 治国逻辑：从非强制的皇权单向统治到强制的法权双向治理

民本思想的当代转化，要从非强制的皇权单向统治到强制的法权双向治理。这是中国特色社会主义的治国逻辑。

在民本思想视域下，统治是自上而下的单向等级关系，统治规则相对于皇权来说是非强制性的。当代的法权是双向的治理关系，即既强制管理者又强制被管理者，既强制代表者又强制被代表者。在十九届四中全会《决定》中，强调坚持和完善党和国家监督体系，强化对权力运行的制约和监督：推进纪律监督、监察监督、派驻监督、巡视监督统筹衔接，健全人大监督、民主监督、行政监督、司法监督、群众监督、舆论监督制度，发挥审计监督、统计监督职能作用。以党内监督为主导，推动各类监督有机贯通、相互协调。其目的就是更好维护人人平等的中国特色社会主义法权关系，更好维护群众的合法权益。

二、民本思想当代转化的落实机制

（一）思想转化

领导干部是人民的公仆，一个称职的领导干部，就应该牢固树立起公仆意识。“干部不为民做主，不如回家卖红薯。”古代开明官吏确立的“民本”治政之道，今天的领导干部更应继承和发扬，更应该明白当领导干部不是为了索取，而是要把执政为民当做职业信条，要从观念上摒弃当官就是为了谋私的想法。不过，这一要求要通过思想转化来实现。

1. 古代民本思想的基础

根据史料记载，民本思想萌芽于商周时期，但统治者对民本的思考是伴随着政权的动荡和更替而存在的。中国古代“民本”的基本价值理念主要体现在重民贵民、敬天保民、爱民爱仁、安民惠民等方面，是为了维护统治者固有统治的一种工具性价值的理性选择。经过不断的矛盾、冲突和博弈，统治者看到了基层民众的根本作用和对国家政权稳固的基础作用（以“为民做主”为基本特质）。“民心向背也是决定国家存亡的重要因素”，民本思想在我国古代政治的发展及演变中发挥着重要作用。

2. 现代民主思想的转换

毛泽东同志超越了古代传统“为民做主”的民本思想，鲜明地指出：“人民，只有人民，才是创造世界历史的动力。”① 他从根本上否定了传统民本思想中的民依附于君的关系，明确指出了人民群众在推动历史发展中的主体作用，实现了对传统民本思想中统治者主导地位、基层群众处于被统治地位的思想认识的转换和超越。这一超越在 1945 年他和黄炎培的“窑洞对”中得到了集中展现：“我们已经找到了新路，我们能跳出这周期律。这条新路，就是民主。只有让人民来监督政府，政府才不敢松懈。只有人人起来负责，才不会人亡政息。”②

1992 年年初，邓小平同志在南方谈话中提出的“三个有利于”判断标准中，有一条“是否有利于提高人民的生活水平”③。如果说这一条深刻地蕴含了国家领袖为民做主的传统情怀，那么，“人民满意不满意、人民高兴不高兴、人民赞成不赞成，应当成为检验我们一切工作的标准”则是实现了传统民本思想向现代转换的民主话语与实践的结合。

江泽民同志 2000 年 2 月 25 日在广东考察时，比较全面地阐述了“三个

---

① 毛泽东：《毛泽东选集》（第 3 卷），人民出版社 1991 年版，第 1031 页。
② 中共中央文献研究室编：《毛泽东著作专题摘编》（下），中央文献出版社 2003 年版，第 2162 页。
③ 《中国共产党简史》编写组：《中国共产党简史》，人民出版社 2021 年版，第 299 页。

代表”重要思想。其中，“代表中国最广大人民的根本利益”在为民做主和人民当家做主的统一方面做出了进一步的推进，实现了对传统民本思想关于爱民、重民、利民思想的又一次思想超越。胡锦涛同志坚持马克思主义科学精神，在继承中国古代传统民本思想精华的基础上，提出了“权为民所用，情为民所系，利为民所谋”的新执政理念和科学发展观思想。“全心全意为人民服务是党的根本宗旨，党的一切奋斗和工作都是为了造福人民。”①

在党的十九大报告中，“人民”一词出现了203次，习近平总书记强调“人民”二字，把“人民”刻录在新时代的篇章中，传承并发展了民本思想。在挖掘和运用民本思想的同时，将民本思想转换为能动的精神，在不同的时期诠释民本的不同面向，“明确新时代我国社会主要矛盾是人民日益增长的美好生活需要和不平衡不充分的发展之间的矛盾，必须坚持以人民为中心的发展思想，不断促进人的全面发展、全体人民共同富裕”②。“以人民为中心”的发展思想反映了坚持人民主体地位的内在要求和创造性运用。是新时代中国特色社会主义民主思想的现实体现。

从以上论述可以看出，新中国成立后，传统民本思想成功转换为现代民主思想。

3. 传统臣民向现代公民转变

在当代，民主法治是时代发展的要求。在中国的专制王朝社会，皇帝是凌驾于臣民之上的独立个体，而臣民只是附属物，是构成国家的子集，从属于国家的一部分，接受国家和君主的支配和统治，因此，传统民本思想下的“民”是无人权意识的，只是作为顺从的被统治者，别无选择地接受统治者的统治和“天子”的恩赐。所以，在中国传统民本思想里只有“臣民”而没

① 胡锦涛：《高举中国特色社会主义伟大旗帜 为夺取全面建设小康社会新胜利而奋斗》，人民出版社2007年版，第15页。

② 习近平：《决胜全面建成小康社会 夺取新时代中国特色社会主义伟大胜利——在中国共产党第十九次全国代表大会上的报告》，《人民日报》2017年10月28日。

有现代民主制度下的“公民”。民本向民主转型。首先，民的政治地位提升了。处在最底层的民众从封建统治的束缚下解放出来，真正成为国家的主人，不再屈从于统治者的统治之下，不再以臣民的身份被动接受，而成为社会的主人。其次，民的地位得到了更好保障。法律使公民的各种权利得到了保障，能够保障公民更好地生活。在现代中国，宪法明确规定了“公民在法律面前一律平等”，为公民地位的确立提供了法律依据，也保证了公民能够平等地享有权利和履行义务。在现代民主思想的熏陶和民主环境的浸润下，公民更加积极主动地参与到国家和地方的治理活动中。

（二）观念内化

内化是个人将别人的或外在社会的观念、态度、价值标准等转化成自己的观念、态度、价值标准，从而转换成自己内在的心理特质或人格特质的一部分。本文的观念内化，是指继承和超越传统民本思想，在此基础上形成民主思想，并将民主思想转换成自己内在的心理特质或人格特质的一部分。

党的十八大以来，以习近平同志为核心的党中央，结合世界民主发展的一般规律和中国的实际情况，继承和发展了中国古代民本思想。民主思想肯定“人民群众是历史发展过程中的主体作用”，强调人民群众是历史的创造者。坚持群众路线，是中国特色民主思想的出发和落脚点。习近平总书记指出：“人民是历史的创造者，群众是真正的英雄。人民群众是我们力量的源泉。”[①]在工作中，党员和领导干部要坚持人民主体地位，一切工作的指针都是为中国人民谋幸福，为中华民族谋复兴。中国特色社会主义的民主化进程，就是要不断推进中国特色民主思想内化入每个中国人的内心，并成为其内在的心理特质和人格特征。

将民主思想转化为每个干部、党员、群众的基本观念，是民主观念内化的基础。人民民主是社会主义的生命，发展社会主义民主政治是中国共产党

---

① 中共中央文献研究室：《十八大以来重要文献选编》（上），中央文献出版社2014年版，第70页。

始终不渝的奋斗目标。党的十八大以来，为了富裕农民、振兴乡村，党和国家一直致力于民主，如选派大学生村官驻村，助力脱贫攻坚和乡村振兴，大学生村官政策成为沟通城市与农村的“桥梁”，成为党和国家建设民生工程的重要助手。优秀大学毕业生把自己的知识与技术带到农村，农村与城市通过大学生村官这个“桥梁”实现人才双向流动，实现农村与城市协同发展，增进农村民生福祉，民主观念内化的现实体现。

党的十八大以来，习近平总书记进一步将“坚持正确的政治发展道路”上升为“关系根本、关系全局的重大问题”。在深入思考中国特色社会主义民主建设理论和实践后，习近平总书记创造性地提出：“人民民主是一种全过程的民主，所有的重大立法决策都是依照程序、经过民主酝酿，通过科学决策、民主决策产生的。”这是民主思想内化为国家执政理念的生动体现。

（三）制度规化

习近平总书记在庆祝中国共产党成立 100 周年大会上强调：“发展全过程人民民主。”[①] 全过程人民民主，是中国人民在中国共产党的领导下继承传统民本思想的基础上，不断发展创造的最新成果。发展全过程人民民主，道出了中国特色社会主义政治制度人民当家作主的本质特征，彰显了社会主义民主的显著优势。要建设社会主义政治文明，就必须努力实现社会主义民主政治的制度化，将民主思想转化为制度规范。民主思想必须走向制度规范，用制度规化。全过程人民民主是中国共产党领导的社会主义民主政治建设的最新样态，是中国特色社会主义政治发展道路的必然。全过程人民民主的宏观制度规化形态是坚持党的领导、人民当家作主和依法治国，三者有机统一。

以党的领导为根本。坚持中国共产党的领导是中国特色社会主义最本质的特征，是中国特色社会主义的最大优势，是我国民主发展的根本政治支撑。一方面，党的性质决定了必须发展全过程人民民主。中国共产党是中国工人

---

① 习近平：《在庆祝中国共产党成立 100 周年大会上的讲话》，《人民日报》2021 年 7 月 16 日。

阶级、中国人民和中华民族的先锋队，代表中国最广大人民的根本利益。党的性质决定了党的人民至上的发展思想，坚持依靠人民创造伟业，保障人民广泛参与民主政治的全过程，确保人民当家作主。另一方面，党能够最大限度地凝聚民心，为发展全过程人民民主提供政治保障。中国共产党由一批具有高度觉悟性、纪律性和自我牺牲精神的党员干部组成，广大党员干部的带头作用能够广泛凝聚社会共识和力量，组织动员人民群众积极参与国家事务和地方管理。

以人民当家作主为基础。全过程人民民主是中国人民当家作主的最新政治形态。发展全过程人民民主首先要立足于人民群众的主体地位。人民是历史的创造者，是真正的英雄，是中国共产党的根基、血脉和力量所在。要建设民主政治，发展全过程人民民主必须紧紧依靠人民，尊重人民的首创精神，激发人民的创造热情，从人民中获取巩固和完善国家政权的不竭动力，同时把人民群众满意与否作为检验民主政治工作成效的第一标准，突出人民的“阅卷人”地位。发展全过程人民民主要保障人民享有充分的民主权利。人民的民主权利是宪法规定和赋予的，是人民参与国家事务和地方治理的根本保证，要保障人民在选举、决策、管理和监督等过程中发挥效能。

以依法治国为保障。从国家层面到地方和基层，依法治国是民主的制度保障。一方面，全过程人民民主必须在制度的框架下运行。推进人民民主建设的一条重要经验就是要不断推进民主制度化、规范化和程序化，使一切民主实践活动都有章可循、有法可依，保障全过程人民民主在制度体系规定的范围内活动。另一方面，全过程人民民主的实现有赖于制度执行力的提升。科学高效、公正合理的制度制定和执行，对民主实践的顺利推进起着至关重要的作用，可以增强民主选举、协商、决策、管理和监督的效能。

（四）行为外化

“纸上得来终觉浅，绝知此事要躬行。”观念的东西不付诸实际行动，就只能停留于表面。中国特色社会主义进入新时代，对党政机关的各项工作提出了新要求。发展全过程人民民主，是中国特色社会主义民主政治建设在继承传统民本思想的基础上需要回应的重大时代课题，可以很好地实现民主思想的行为外化作用。

以党内民主带动全过程人民民主。推行民主政治，要充分发展党内民主，以党内民主带动党外民主和全国范围内的人民民主。在我国农村和欠发达偏远地区，党员和干部要充分发挥优良作风和榜样作用，在基层工作中带动民主政治的施行，践行全过程人民民主。党内的民主意识、民主参与、民主作风，对国家政治生活和社会生活起着重要的示范和引领作用。党的建设实践反复证明，什么时候党内民主发展得好，什么时候人民民主就能得到更有效的保障；反之，就会遭受挫折。鉴于此，发展全过程人民民主，必须不断推进党内民主建设，尊重党员主体地位，健全党的各级代表大会制度，完善党内民主监督制度，以此引领和带动全过程人民民主，促进民主思想在党内、党外和全国的全方位行为外化。

以协商民主贯通全过程人民民主。协商民主是中国特色社会主义民主政治的特有实现形态。社会主义协商民主在扩大有序政治参与、实现决策科学化民主化、防范化解政治风险、协调社会矛盾、保持党同人民群众的血肉联系等方面，都展现出独特的政治优势。以社会主义协商民主贯穿人民民主的全过程，坚持协商于决策之前的知情明政、决策之中的参政议政和决策之后的监督落实，可以最大程度吸纳人民参与，将民主协商外化于人民民主的全过程中。

以民主集中制引领全过程人民民主。民主集中制是党和国家的根本组织制度和领导制度。它不仅规范党和国家机关之间的关系，而且还规范党员与组织、下级组织与上级组织、全党和中央之间的关系。民主集中制坚持民主基础上的集中和集中指导下的民主，既可以充分激发全党全国各族人民的创造力，又可以保障全党全国各族人民在思想上、政治上、行动上的一致。发展全过程人民民主，坚持民主与集中的统一，在作出重大决策前广泛听取意见和建议，经过比较和鉴别，集中形成正确的路线、方针和政策，确保人民民主在各个环节紧密衔接、高效运行，是促进民主思想行为外化的重要手段，也是实践证明行之有效的重要原则。

500多年前，法国作家拉伯雷创造了“cardre”一词，意为军官、高级管理人员。日本人将其译成“干部”，即干事情的部分。后来干部在我国演变成为国家机关、军队、人民团体中的公职人员，或担任一定的领导工作或管理工作的人员。因此，干部可以说是党和国家事业的骨干，是人民的公仆。这正是在我国民本思想的基础上，吸收外来文化的体现。民本思想的当代转化，在意识层面要实现民本文化向人民文化的转换，在存在层面要实现官僚文化向干部文化的转换。不管是主观的自律还是客观的他律，都要实现“干部不为民做主，不如回家卖红薯”的思想转化；都要实现“干部不为民做主，必须回家卖红薯”的观念内化、制度规化、行为外化。

人民的理论

——学习《习近平谈治国理政》

沈壮海

2018年5月4日，在纪念马克思诞辰200周年大会上，习近平总书记深情回顾了马克思光辉的一生，深刻阐述了马克思主义鲜明的理论品格，其中特别指出："人民性是马克思主义最鲜明的品格"，"马克思主义是人民的理论"。研读三卷《习近平谈治国理政》，我们同样强烈地感受到习近平新时代中国特色社会主义思想的人民性，感受到中国共产党人来自人民、依靠人民、服务人民的坚定不移与高度自觉。《习近平谈治国理政》第一卷以《人民对美好生活的向往，就是我们的奋斗目标》开篇，书末专门附录以《"人民群众是我们力量的源泉"——记中共中央总书记习近平》为题的关于习近平总书记的长篇报道作为收篇。作为第二卷开篇，在纪念邓小平同志诞辰110周年座谈会上的讲话中，习近平总书记特别指出："我们纪念邓小平同志，就要学习他对人民无比热爱的伟大情怀。……爱祖国、爱人民，是最深沉、最有力量的情感，是博大之爱。我们要学习邓小平同志对祖国、对人民的深情大爱，始终为人民利益而奋斗，任何时候任何条件下都忠于祖国、忠于人民，脚踏实地践行党的宗旨，把自己的一生交给党和人民，为党和人民事业鞠躬尽瘁、死而后已。"《习近平谈治国理政》第三卷特别设置"坚持以人民为中心"的专题；习近平总书记再次当选为国家主席后，在十三届

作者简介：沈壮海，武汉大学党委副书记。

全国人大一次会议上的讲话收入本卷时题目特别标为《始终把人民放在心中最高位置》。2020 年 8 月 18 日至 21 日，习近平总书记在安徽考察调研期间，再次提醒全党："任何时候我们都要不忘初心、牢记使命，都不能忘了人民这个根，永远做忠诚的人民服务员。"通览三卷《习近平谈治国理政》和习近平总书记系列重要讲话，可以发现，"人民"始终在场，鲜明的人民立场、深厚的人民情怀、笃定的人民信仰，是习近平总书记三卷著作、习近平新时代中国特色社会主义思想最为鲜亮的底色。

习近平新时代中国特色社会主义思想之所以是当代中国马克思主义、21 世纪马克思主义，一个重要原因就在于这一思想体系传承马克思主义的精神基因，因应时代的呼声，为马克思主义的理论宝库增添了原创性的贡献，写出了新时代"人民的理论"的辉煌新篇。学习习近平新时代中国特色社会主义思想，必须深刻把握其"人民的理论"这一鲜明特质，把握人民至上这一贯穿其中的精髓要义，在服务人民的不懈奋斗中，全力践行好共产党人的初心、担当好共产党人的使命。

一、人民是党执政的最大底气

人民是历史的创造者，是时代的塑造者，是真正的英雄。中国共产党作为马克思主义政党，是中国工人阶级的先锋队、中国人民和中华民族的先锋队，为人民而生，因人民而兴，以人民为后盾，为人民而前驱。党的十八大以来，习近平总书记坚持马克思主义唯物史观，反复阐论党的根基在人民、血脉在人民、力量在人民，强调人民是我们党执政的最大底气，是党执政最深厚的根基。"最大底气"论，深刻回答了中国共产党何以能够执政，何以执政兴国、长久执政的根本问题。

我们党成为执政党的历史必然，深深蕴含在人民的选择之中，正如习近平总书记指出的："因为我们是一个用马克思主义武装起来的党，是一个立志为中国人民谋幸福、为中华民族谋复兴的党，是一个为了人民和民族的利益而敢于斗争、敢于牺牲的党。”我们党执政以来，中华大地上所激昂演奏的壮丽乐章，“剧中人”是人民，“剧作者”也是人民，党和国家事业发展的一切成就，归功于人民。在新的征程中奋力实现伟大梦想，最磅礴的伟力同样孕育于人民，“只要我们紧紧依靠人民，就没有战胜不了的艰难险阻，就没有成就不了的宏图大业”。在新时代的奋斗中，坚持“最大底气”论，要求我们时刻牢记“人民是共产党人的衣食父母”，人民是决定我们前途命运的根本力量，坚持人民主体地位，坚定相信人民、紧紧依靠人民，始终与人民心心相印、与人民同甘共苦、与人民团结奋斗，是我们这个世界上最大的政党始终拥有执政的最大底气、拥有自信的最大理由。

二、民心是最大的政治

基于对人民主体地位、马克思主义政党人民本性的深刻认识，对人类社会兴衰治乱、历史规律的深刻把握，习近平总书记反复强调“民心是最大的政治”。所谓“最大的政治”，就是一个执政党必须时刻把握住、处理好最关键的问题。之所以民心是最大的政治，就在于“政之所兴在顺民心，政之所废在逆民心”，这是千古不易之理。任何政党的前途和命运最终都取决于人心向背。“最大政治”论简洁但极为有力地提醒中国共产党人，在任何时候都要把顺民心、聚民心作为最大的事情，只有这样，才能使我们党拥有执政的最大底气、最深厚根基。

要汇聚民心，必须“以百姓心为心”。“我们把老百姓放在心中，老百姓才会把我们放在心中。”2012 年 11 月 15 日，习近平总书记在十八届中央政治局常委同中外记者见面时庄严宣告：“人民对美好生活的向往，就是我们的奋斗目标。”党的十八大以来，以人民为中心的发展理念的确立和践行，党和国家各方面工作的推进，无不是我们党守初心、担使命的自觉实践。在新时代，坚持这一“最大政治”论，要求我们时刻坚守人民立场，树牢以人民为中心的发展理念，与人民同呼吸、共命运、心连心，把赢得民心民意、汇集民智民力作为重要着力点，抓住人民最关心最直接最现实的利益问题，把人民群众的小事当作我们的大事，从人民群众关心的事情做起，从让人民满意的事情抓起，积极回应人民群众所思、所想、所盼、所急，以为民谋利、为民尽责的实际成效取信于民。

三、造福人民是最大的政绩

以人民为执政的底气、民心为最大的政治，决定了马克思主义执政党所应时刻秉持的政绩观。对于政绩观问题，党的十八大以来，习近平总书记反复论及。他强调指出："我们的目标很宏伟，但也很朴素，归根结底就是让全体中国人都过上更好的日子"；"必须把为民造福作为最重要的政绩。我们推动经济社会发展，归根到底是为了不断满足人民群众对美好生活的需要"；"各级党委、政府和干部要把老百姓的安危冷暖时刻放在心上，以造福人民为最大政绩，想群众之所想，急群众之所急，让人民生活更加幸福美满"。以造福人民为最大的政绩，要求中国共产党人的执政，将增进民生福祉作为发展的根本目的，"中国执政者的首要使命就是集中力量提高人民生活水平，逐步实现共同富裕"；以最广大人民根本利益为最高标准，"检验我们一切工作的成效，最终都要看人民是否真正得到了实惠，人民生活是否真正得到了改善，人民权益是否真正得到了保障"；以人民为政绩评价的最终主体，"我们党的执政水平和执政成效都不是由自己说了算，必须而且只能由人民来评判。人民是我们党的工作的最高裁决者和最终评判者"。

坚持这样的"最大政绩"观，要求我们每个共产党员都要时刻牢记，党除了人民利益之外没有自己的特殊利益，党的一切工作都是为了实现好、维护好、发展好最广大人民根本利益；要求党和国家机关的每位工作人员都要时刻牢记，自己手中的权力、所处的岗位，是党和人民赋予的，是为党和人民做事用的，只能用来为民谋利，顺应人民群众对美好生活的向往，以民生为经济社会发展工作的“指南针”，将共产党人的初心写在幸福中国建设的生动实践中。

四、密切联系群众是我们党最大的政治优势

党和人民之间的血肉联系，告诉我们党的力量之源、执政之基何在，也告诉我们党一旦脱离群众，就会断裂血脉、失去生命力，就会成为无源之水、无本之木。对于一个生命机体而言，最大的活力得益于血脉畅通，最大的危险莫过于血脉断裂。习近平总书记指出：“我们党的最大政治优势是密切联系群众，党执政后的最大危险是脱离群众。”在新的历史起点上坚持和发展中国特色社会主义，我们党面临的执政考验、改革开放考验、市场经济考验、外部环境考验是长期的、复杂的、严峻的。能不能经受住这些考验，最根本的就是要看我们党能不能始终深深地扎根在人民之中，立党为公、执政为民，勇作民族的脊梁。

习近平总书记指出：“马克思主义政党的先进性和纯洁性不是随着时间推移而自然保持下去的，共产党员的党性不是随着党龄增长和职务提升而自然提高的”，“初心不会自然保质保鲜”。最可靠的“保鲜剂”，就是始终坚持党的群众路线、密切联系群众。党的十八大之后，我们党全面开展群众路线教育实践活动；党的十九大之后，我们党深入推进“不忘初心、牢记使命”主题教育，这些都是我们党培元固本的战略工程，对更加密切党和人民群众的血肉联系发挥了积极作用。群众路线是我们党的生命线和根本工作路线，是我们党永葆青春活力和战斗力的重要传家宝。不论过去、现在和将来，我们都要坚持一切为了群众、一切依靠群众，从群众中来、到群众中去，把群众观点、群众路线深深植根于思想中、具体落实到行动上，不断密切党和人民群众的血肉联系，增强人民群众对党的信任和信心。

五、服务人民是最大的幸福

共产党人的幸福观，一切有远大理想和抱负者的幸福观，都与服务人民紧紧地联系在一起。对于共产党人来讲，以服务人民为幸福、为追求，是全心全意为人民服务根本宗旨的体现，是判断其是否为合格共产党人的试金石。对于不同战线上的奋斗者而言，能够成就多大的事业，能否把握住人生的际遇，也与其如何回答为什么人的问题密切关联。为什么人的问题，是一个根本问题、原则问题。

党的十八大以来，习近平总书记反复提及这一根本问题，并向全党、向社会各界不断提出要求、表达期勉。他强调，国家机关工作人员“无论身居多高的职位，都必须牢记我们的共和国是中华人民共和国，始终要把人民放在心中最高的位置，始终全心全意为人民服务，始终为人民利益和幸福而努力工作”；文艺工作者要把“为人民服务”作为自己的“天职”，“自觉与人民同呼吸、共命运、心连心，欢乐着人民的欢乐，忧患着人民的忧患，做人民的孺子牛。这是唯一正确的道路，也是作家艺术家最大的幸福”；哲学社会科学工作者要“树立为人民做学问的理想”，努力多出经得起实践、人民、历史检验的研究成果；科技工作者“要把论文写在祖国的大地上”；青年人要“把自己的小我融入祖国的大我、人民的大我之中”。习近平总书记以“我是人民的勤务员”表达自己的公仆意识，以“我将无我，不负人民”坦陈自己的赤子情怀，以“为人民服务，担当起该担当的责任”概括自己的执政理念。这些内容，融汇在三卷《习近平谈治国理政》之中，也贯穿在习近平总书记治国理政、夙夜在公的实践中，为全党全社会作出了生动垂范。

以人民作为党执政的最大底气，以民心为最大的政治，以造福人民为最大的政绩，以脱离群众为最大的危险，以服务人民为最大的幸福，紧密关联，构成不可分割的有机整体，鲜明地反映出在习近平总书记的心目中“人民至上”“人民最大”，鲜明地反映出习近平新时代中国特色社会主义思想显著的人民特质，体现了马克思主义人民观、政党观、政治观、政绩观、幸福观在新时代的坚持和发展，也体现着当今这个时代的中国共产党人不忘初心、牢记使命的自觉担当。始终坚持人民至上、以人民为中心，把“不忘初心、牢记使命”切切实实地作为永恒课题和终身课题，在服务人民中书写精彩、贡献力量，是我们从三卷《习近平谈治国理政》中应当汲取的精神营养和思想力量，是我们在新时代新的长征路上应有的不懈追求和奋斗姿态。

“五位一体”总体布局下传统民本思想的当代转化

郭红军　童　晗

中华优秀传统文化蕴含丰富的民本思想，集中表达了对人民的关切与重视。在深邃的哲学沉思中，既将人民由客体、工具升格为主体、主人，又经由对人民主体地位与决定力量的洞见，将人民的本质力量由形式性升华为实质性。正由于此，以中华优秀传统文化的民本思想为思想渊源，在高举人民民主大旗的同时，以中华优秀传统文化的创造性转化与创新性发展为内在要求，实现传统民本思想的当代转化，赋予其时代意蕴与现实内容显得至关重要。正由于此，以“五位一体”总体布局为现实落脚点，深挖传统民本思想这一富矿，并将其当代转化置于理论与实践的二维坐标中，既能继承与发展、传承与弘扬我国传统民本思想，又能通达理论与实践的有机统一，进而为实现中华民族伟大复兴的中国梦凝聚磅礴力量、筑牢执政基础，确证“中国梦是人民的梦，必须同中国人民对美好生活的向往结合起来才能取得成功”①。

一、传统民本思想在政治领域的当代转化

以人为本、以民为本乃是中华优秀传统文化一以贯之的阐释路线，蕴含着人民是国家与社稷之根本的基本内涵。管仲经由“夫霸王之所始也，以人

作者简介：郭红军，贵州大学马克思主义学院副院长、教授；童晗，贵州大学博士研究生。

① 习近平：《习近平谈治国理政》（第2卷），外文出版社2017年版，第30页。

为本。本理则国固，本乱则国危”首次提出“以人为本”概念，强调国家之所以能有良好开端且巩固稳定，乃是由于以人民为根本，否则，将国之不国。在此，管仲所说的以人为本实则是以人民为本，这是因为在我国古代典籍中，“人”与“民”二字通常连缀使用。显然，这同《尚书》所强调的“民惟邦本，本固邦宁”高度契合。因此，即便“以人为本”与“以民为本”存在些许差异，但穷根究底，其内涵与使用语境并无二致，皆是强调人民对国家、政治的决定性作用。此后，老子在《道德经》中以“贵以贱为本，高以下为基”为立足，既在辩证视域下强调“贵”与“贱”、“高”与“下”之相对性，又阐明了民众乃是国君之根本与基础，号召国君培本固基。与此同时，孟子、墨子、荀子、韩非子等古代思想家皆用独特的表达方式，在政治主张上凸显了民心向背之于政治安定的决定作用。

在我国，人民当家作主是社会主义民主政治的内在要求，人民代表大会制度是保证人民当家作主的根本政治制度，这既开显了人民在我国政治制度中的极端重要性，又表达了在政治上实现传统民本思想转化的必要性。正由于此，经由“以人民为中心”①“江山就是人民、人民就是江山”②等理论视阈的当代转化，实践层面的当代转化显得同样重要，这在习近平总书记所强调的“全过程人民民主”中得到充分表达。就此而言，“全过程人民民主”既是对中国特色社会主义民主特色与民主优势的新概括，又是对以人民为中心、人民至上的价值向度与实现最广大人民根本利益的治国理政目标指向的再诠释。如此一来，过程民主与成果民主、程序民主与实质民主、直接民主与间接民主、人民意志与国家意志实现了有机统一，赋予民主真实性与有效性；民主贯穿于选举、协商、决策、管理与监督各个环节，保证了民主的全面性、连续性与有序性，最终形成全链条、全方位、全覆盖的民主。由此，

① 习近平：《决胜全面建成小康社会　夺取新时代中国特色社会主义伟大事业——在中国共产党第十九次全国代表大会上的讲话》，《人民日报》2017年10月28日。
② 习近平：《在庆祝中国共产党成立100周年大会上的讲话》，《人民日报》2021年7月16日。

民主的各个环节相辅相成、互为补充、相得益彰，既能规避因某单个环节割裂或脱节而可能造成的休眠期，又生动刻画出一切权力属于人民的现实图景。

二、传统民本思想在经济领域的当代转化

物质财富的基础性作用经由历史唯物主义的阐释成为无可争辩之事实。以人民为立足点，保证人民安居乐业、生活富足，才能规避因物质匮乏而造成的社会离散、政治动荡。事实上，中华优秀传统文化业已前瞻性地意识到这一历史唯物主义基本观点。于此而论，管仲经由“凡治国之道，必先富民。民富则易治也，民贫则难治也”表达了人民生活富裕、百姓富足对于国家安定、政治清明所带来的积极效应，进而又以“仓廪实而知礼节，衣食足而知荣辱”表达了当百姓在粮食充足、生产生活需求得到满足时，对物质的追求遂将延伸拓展至精神层面，进而教化自己，让自己懂礼仪、知荣辱、明是非。此后，孟子将这种“民富国强”的论调一以贯之，极具创见地提出“有恒产者有恒心”，重申了物质财富富足、稳定对于人民思想稳定、踏实生活所具有的基础性与决定性作用。可见，以人为本、以民为本的基本原则不仅要体现在政治层面，更要体现在经济层面。唯其如此，才能增进人民群众对国家与社会的认同感与向心力，更稳更牢地筑牢人民这一执政之基，更强更好地夯实人民这一力量之源。

如此一来，人民富足推进政通人和的基本理路在中国特色社会主义发展过程中嬗变为共同富裕的时代强音。的确，共同富裕是社会主义的本质要求，是中国式现代化的重要特征，是人民群众的共同期盼，它不仅是经济问题，更是政治问题。无疑，共同富裕既表达出“发展为了人民、发展依靠人民、发展成果由人民共享”[①]的价值取向与人民底色，确证了人民是国家的主人、为人民谋幸福的基本观点与历史使命；又从全局性、整体性、战略性视域出发，

---

① 习近平：《习近平谈治国理政》（第2卷），第200页。

将物质富裕这一“硬指标”作为基础，将精神富有这一“软实力”作为追求，达致“富口袋”与“富脑袋”同频共振，以期为政治建设、社会建设、文化建设、生态文明建设提供物质保证与精神支撑，使各方面皆与“富裕”并行。如此一来，在共同富裕的科学理念与历史使命下，人民“有没有”的问题将上升为“好不好”的问题，并具有多层次、多样化、多方面的内涵，为探索共同富裕道路提供了坚实的理论支撑与现实依托。

三、传统民本思想在文化领域的当代转化

以民为本的理路有益于政通人和、国家安定，以民为本的经济指向有益于人民团结、国富民强。因此，将民本思想在经济上的体现引申至与政治同属于上层建筑的文化层面，致力于增强人民精神力量亦是传统民本思想在新时代中国特色社会主义转化的题中应有之义。孟子曾以“君之视臣如手足，则臣视君如腹心；君之视臣如犬马，则臣视君如国人；君之视臣如土芥，则臣视君如寇雠”表达了君主对群臣的态度将决定群臣对君主的态度。显然，对于人民亦是如此。正由于此，对国君而言，只有爱民、敬民、为民，人民才会对国君秉持忠诚之意、赤诚之心，才能对社会与国君形成价值认同。与此同时，这也从侧面强调，国君应将爱民、敬民、为民的原则通过思想意识弘扬出去，使人民在其中切实体会到国君所提倡的原则、思想、文化的先进性与人民性。如此一来，才能使人民在先进的文化下提升自己的道德水平与思想水平，自觉自愿地以自己的主体性、能动性与创造性为国家发展与社会稳定贡献力量；反之，倘若国君始终以反动而落后的思想看待人民、压制人民，人民终将不堪其扰、难承其重，起而抗之，以扫除“寇雠”。因此，以民为本的思想一直为历代统治者从多方面进行推崇，譬如，以荀子所提的“水则载舟，水则覆舟”为思想来源，以魏徵所说的“怨不在大，可畏惟人。载舟覆舟，所宜深慎”为现实参考，唐太宗李世民深知民心向背之于国家与社会的重要性，强调尊重民情、顺应民意、执政为民，进而开辟了贞观之治的

大唐盛世。

在新时代中国特色社会主义下，要促成民本思想在文化领域的转化，就需要以“人民既是历史的创造者、也是历史的见证者，既是历史的‘剧中人’、也是历史的‘剧作者’”①为基本遵循，既要弘扬社会主义先进文化，促成社会主义文化的发展与繁荣，达致以文化人，又要坚持为人民服务、为社会主义服务这个根本方向，将人民作为文化的主体，使文化能够反映人民关切、表达人民情感、坚定人民信念、顺应人民意愿。如此一来，文化才能发挥巨大的正能量，进而增加社会的精神文化财富，提高人民的精神文明水平，实现人民群众精神上的共同富裕。正由于此，“多彩贵州”之所以能成为贵州的靓丽名片，不仅归功于独特的自然景观，还归功于特有的红色文化、民族文化、阳明文化、茶文化、国酒文化，等等。事实上，这些丰富多彩、交流互鉴的贵州文化，皆是为人民群众所创造、为人民群众所共享、为人民群众所认同的先进文化，无不彰显着“多彩贵州”的文化底蕴与思想底色。

四、传统民本思想在社会领域的当代转化

“大道之行也，天下为公，选贤与能，讲信修睦”乃是孔子对大同世界基本特征的描述，倡导选拔品德高尚、能干的人，培育讲诚信、睦和谐的社会氛围，以期通达“故人不独亲其亲，不独子其子，使老有所终，壮有所用，幼有所长，矜、寡、孤、独、废疾者皆有所养，男有分，女有归”这一高远理想。值得一提的是，这一崇高的理想虽然尚未走向现实、彻底实现，但更为重要的是，这将成为我们的崇高目标与高远旨趣，指引着我们如何以民生问题的解决为立足点，以民本思想为主导线索，最终找准由实然通达应然的可行道路，构建社会主义和谐社会。

如此一来，以民本思想为基本遵循，以新时代中国特色社会主义为现实

---

① 习近平：《习近平谈治国理政》（第2卷），第314页。

基础，以民生问题为有力抓手，有助于实现传统民本思想在社会领域的当代转化。这便要求我们抓牢抓好“离老百姓最近，同老百姓生活最密切”[①]的民生工作，切实做到“扎扎实实解决好群众最关心最直接最现实的利益问题、最困难最忧虑最紧迫的实际问题”[②]，以期使民生问题件件有着落、事事有回音。如此一来，从客观现实出发，以帮助人民解决难题、为群众增进福祉、让群众享受公平为基本原则，解决人民群众的就业、分配、教育、医疗、养老、脱贫等关乎国计民生的现实问题显得尤为重要。由此，才能扫除阻碍人民发展、阻碍人民共享发展成果的障碍，并破除痼疾，使民生工作不断得到落实与完善，使民生问题不断得到发现与解决，进而为人民群众织好、织密民生保障的防护网，确保人民群众能深切感受到社会主义是一个温暖的大家庭，是爱的港湾，最终实现人民安居乐业，社会安定团结。

五、传统民本思想在生态文明领域的当代转化

如若说“以民为本”与“以人为本”在强调人民对国家、社会的基础性与决定性作用时并无二致，那么一旦将论域转向生态文明领域，“以人为本”则显得更为恰切，因为它更为侧重“人”这个概念，“人”这个群体，抑或是“人”这一物种。中华优秀传统文化强调万物来自天然氤氲、自然造化，追求天道与人道、自然与人为辩证统一的“天人合一”境界。因此，老子主张“道法自然”，认为天、地凭借“道”而存在、运行，人通过对天、地、“道”的认识，按照“道”的规律顺应自然，效法自然，抵达“自然而然”之状态，实现自然万物生长发展、人与自然协调发展，通达“天人合一”之境界。如此一来，中华优秀传统文化中天、地、人三者的辩证关系得到具体阐释，也蕴含着尊重自然、顺应自然的基本思想。

---

① 习近平：《习近平谈治国理政》（第2卷），第361页。
② 习近平：《习近平谈治国理政》（第2卷），第364页。

如今，作为“五位一体”总体布局之一的生态文明建设，既强调党和政府进行生态文明建设的重要性，也将现实的人与人民群众牵引而出，使其处于在场地位。正由于此，民本思想在生态文明领域的当代转化，既要强调党和政府对生态文明建设的重点任务做出全面部署、加强顶层设计，奋力书写新时代生态文明建设的新华章，更要强调发挥现实的人即人民群众在生态文明建设中的主体性与能动性。之所以如此，究其原因在于，与其说生态文明建设是关乎自然的单向度问题，不妨说生态文明建设是关乎人类生存、生活、发展与健康的重大问题。因此，它更是民生问题、生存问题、发展问题，恰是这种多重属性呈现出生态文明建设的重要性、紧迫性与长期性。这要求个体、群体、全体人民都参与其中，切实做到从自己做起、从点滴做起，既要用生态文明建设的相关内容武装自己，以期提升自己的环境保护意识，自觉树立尊重自然、顺应自然与保护自然的观念，又坚决抵制竭泽而渔、杀鸡取卵的生产方式与生活方式，以期养成节约适度、绿色低碳、文明健康的生活方式与消费方式，将自己塑造为生态文明建设的倡导者、践行者、推动者，共同为建设美丽中国贡献力量。

试论传统民本思想的内涵与困境

陈仁仁

民本思想是中国传统政治哲学的一个核心论域，一项重大思想成就，内涵十分丰富。韦政通先生甚至认为，民本思想是“中国政治哲学的主流”“以比较文化的观点，它也是中国政治思想的最大特色”[①]。民本思想在我国有着悠久的历史，对我国古代社会的发展产生了巨大的影响，它在一定程度上限制和防范了君权的滥用，保障了民生，体现了人道主义、人文主义和社会正义，维护了社会和谐与长治久安。不过，它也有自身内在的困境，限制了自身的充分实现。对于传统民本思想内在困境的认识，有利于理解传统社会政治结构及其内在紧张，有利于促使民本思想在当代的转化和实现。目前，关于传统民本思想的研究，既有思想渊源和演变上的探讨，也有不少文献和思想家个案研究以及相关理论专题探讨，比如民本与天命观的关系问题，民本与君本、官本、人本、物本、人文等的关系问题。不过从总体上深入分析传统民本思想具体内涵的，还是不多。有学者指出传统民本思想的内在理论困境，比如，崔宜明先生认为民本思想的理论困境是政治伦理与伦理政治的冲突，是儒家最高理想“内圣外王”的自身冲突。[②] 这种观点在一定程度上

作者简介：陈仁仁，湖南大学岳麓书院副院长、教授。

① 韦政通：《中国的智慧》，岳麓书社 2003 年版，第 39 页。

② 崔宜明：《政治伦理与伦理政治——析传统民本思想的理论困境》，《华东师范大学学报（哲学社会科学版）》2000 年第 3 期。

揭示了传统民本思想缺乏相应的政治制度的支撑因而难以实现自身，而所谓“内圣外王”的自身冲突只是从君主的角度看待民本思想。我们则试图通过深入分析民本思想本身的具体内涵，主要从民的角度来理解民本思想，从思想本身来揭示思想的内在困境，并由此指出传统民本思想并没有赋予“民”以真正的政治主体地位，这才是造成传统民本思想内在困境的思想根源。

一、传统民本思想的渊源与内涵

中国传统的民本观念与思想可谓源远而流长。它滥觞于夏商，形成于周初，大盛于春秋战国而流行于后世2000年。

《礼记·表记》“夏道尊命”章概括了夏商周三代治道质文之变迁，其中亦可见“民”的状况与地位的变迁。夏朝是我国阶级国家的开端，国家政权以及君民关系的重要性，大概也由此开始表现出来。此前的尧舜时代是原始氏族公社时代，政权的更替和君民关系都没有激烈的冲突，故而禅让制行。夏朝开始，君民形成阶级，于是有了“尊命”。孙希旦《礼记集解》谓：“尊命，谓尊上之政教也。”[①]也就是强调尊崇统治者的政教与命令。盖夏承重黎绝地天通之后，不欲民众事鬼神以复人神杂糅之弊，亦无利用神权巩固政权之想，所以虽然信奉鬼神，但并不把鬼神信仰用于社会教化，而“专以人道为教”[②]。此时的“民”朴野难治，所以统治者多给人民以利益，不求从民那里获得多少利益，君民之间比较亲近。殷人“尊神”，并且以鬼神信仰用于社会教化，要求老百姓都来敬鬼神。所以殷人的统治是一种神权的统治。这种神权统治的目的是维护商人的世俗统治，此时的统治者开始更多地向老百姓索取利益，故而君民关系开始疏远和紧张。周人“尊礼”，敬鬼神而远之，主要表现为一种人文的教化与统治，相比于商代，周代的君民之间更亲

---

① 〔清〕孙希旦：《礼记集解》，沈啸寰、王星贤点校，中华书局1989年版，第1309页。
② 〔清〕孙希旦：《礼记集解》，沈啸寰、王星贤点校，第1310页。

近，但是礼的规范毕竟又拉开了他们的距离，分出了尊卑，民开始有了文饰巧利之心，懂得了依礼而行，同时也懂得了去追求自身的利益，君民之间也有了明确而主动的利益之争。此时，一个政权的稳固和运行，才真正有了何者为“本”的问题。令人惊奇的是，在这个问题上，中国一开始就是主张“以民为本”。

“民本”一词出自《尚书·五子之歌》“民惟邦本”。此语的背景是：夏启之子太康失德，耽于享乐，不理政事，以致老百姓都有了二心，不愿服从他的统治。于是太康的五个弟弟就放歌于洛水之畔，吟咏祖训，其一曰：“皇祖有训，民可近，不可下，民惟邦本，本固邦宁。”①这说的是大禹的告诫，希望作为统治者的子孙能够亲近民众，而不要以之为卑贱。民是国家的根本，根本稳固了，国家才能得安宁。《五子之歌》属于古文尚书，即使被视为后人伪作，但也可以由此看到，后人认为“民本”的观念起源甚早，可能在大禹之时就已经有了。夏朝之时有此观念，而且只在君与民这一对世俗社会关系中立论，是有可能的，但是并没有在理论上成熟，也没有在现实生活中引起统治者的高度重视。毕竟此时的君民关系并不像后世那样存在激烈的冲突，尽管此时的老百姓朴野难治，但统治者并未对其过多束缚和索取。这可能也是太康能逸豫田猎的原因，只是太康做得太过而已。大禹以圣人之资质，很早就预计到民众的重要性和国家治理的艰难，所以他称普通民众都能胜过自己，他治理天下，常怀危惧之心，就好像以腐坏的缰索驾驭奔马。表明他主要是从君民关系上来理解统治天下的活动，“为人上者”君临天下就是“临兆民”，要十分恭敬和慎重地对待。

商朝的统治是一种神权统治，以神权巩固政权，对民众采取一种高压的态势。但是并不是说商朝就没有“敬民”的思想观念。《尚书·商书》的《高

① 〔汉〕孔安国传、〔唐〕孔颖达正义：《尚书正义》，《十三经注疏》（整理本），北京大学出版社 2000 年版，第 212 页。

宗肜日》就有“王司敬民，罔非天胤”一语。郭沫若先生认为这样的民本思想，在商代“是不能够有的”[①]。有学者则认为这完全是一种偏见，商朝已经有了“民本”思想[②]。实际上，有“敬民”的思想并不意味着有“民本”的思想。“敬民”表示对民的重视，但未必在思想观念上以“民”为国家之根本。真正对后世影响深远的理论意义上的“民本”思想是在西周初年成型的。

周初“民本”思想的形成是以思考夏商周政权更替的根本原因为背景的。夏桀之世，大概夏桀和民众都认为夏的统治会像太阳一样永固，也就是说“天命”永固，不会转移。但是夏桀失道，老百姓都说“时日曷丧，予及汝皆亡”（《尚书·汤誓》）。如果夏王的统治永固，老百姓愿意与夏王同归于尽。在这种情形下，商汤讨伐，并且成功地取代了夏桀的统治。商汤在讨伐之前，举行誓师大会，要为讨伐提供一种合法性。商汤在《尚书·汤誓》中如此论证这种合法性：“非台小子，敢行称乱。有夏多罪，天命殛之……予畏上帝，不敢不正。”而有夏多罪的根本表现就在于“我后不恤我众，舍我穑事……夏王率遏众力，率割夏邑”。商汤讨伐的理由是：夏王有罪，不体恤老百姓、竭民众、害农事，老百姓都没法生存了，是“天命”和“上帝”要灭掉夏王。商汤只是顺应天命行事。此时的“民”与“天命”“上帝”在理论上是什么关系，尚无明确的论说。商汤之后的商人的统治依然没有把“民”置于国家根本的地位来看待，在商朝统治者的心中，“天命”和“上帝”才是统治的根本。他们把“天命”理解为“帝令”，把“上帝”理解为维护和保佑统治的自家祖先神。殷人相信，他们的先王先公死后上宾于天，在帝左右，是护佑他们的宗族之神。商王可以通过祭祀和祈祷来获得上帝的降福。可见，商王虽然通过神权加强了统治，但是似乎并没有深刻吸取夏灭亡的教训，没有重视“民”对于统治的重要性，所以当商代最后一个王“受无道，暴殄天物，

---

① 郭沫若：《历史编》，《郭沫若全集》，人民出版社1982年版，第323页。
② 常金仓：《重新认识殷周天命与民本思想的关系》，《文史哲》2000年第3期。

害虐烝民”（《尚书·武成》）“弗敬上天，降灾下民”（《尚书·泰誓上》）时，他的统治终于被小邦周取代。商王怎么也想不到，自家的宗族神为何不保佑自己，而去保佑别人。

对于政权更替、天命转移，周人以夏商失天下为鉴，作出了深刻的思考。《尚书·周书》以及《诗经》有大量关于天、天命、上帝、民、德、王、配命之类的论说，可为证。“殷鉴不远，在夏后之世”（《诗经·荡》），表明周人对这个问题的思考是有相当自觉的。“皇矣上帝，临下有赫”（《诗经·皇矣》），周人也承认殷人的“上帝”是保障统治的力量，但是“上帝”是天下共同拥有的，不是某人某家某族所有，也就是说“皇天无亲”（《尚书·蔡仲之命》）。周人进一步把殷人宗族性的“上帝”转移为更加客观而天下共之的“天”“天命”。从而以“天命”为政权合法性的最终根据。并以“天命靡常”（《诗经·文王》）来解释汤武的革命。统治者应该考虑的是自己如何与天命相配，“永言配命，自求多福”（《诗经·文王》）。何人能够膺受天命？必是有德之人。所以周召公一再告诫，“王其疾敬德”“不可不敬德”（《尚书·召诰》）。“自成汤至于帝乙，罔不明德恤祀，亦惟天丕建。”（《尚书·多士》）能够维系天命的王，都是有德之人，否则他的祭祀是没有用的。那么，王的“德”又体现在哪里呢？“皇天无亲，惟德是辅；民心无常，惟惠之怀。”（《尚书·蔡仲之命》）体现在对于“民”的态度上。因为民为天所生，即所谓“天生烝民”（《诗经·烝民》），而且君与民的关系是天规定好了的，“天佑下民，作之君、作之师”（《尚书·泰誓上》）。因为“天矜于民，民之所欲，天必从之”（《尚书·泰誓上》），“惟天惠民，惟辟奉天”（《尚书·泰誓中》），“天视自我民视，天听自我民听”（《尚书·泰誓中》），“天聪明，自我民聪明；天明畏，自我民明威”（《尚书·皋陶谟》），所以，要想膺受或维持天命，必须通过“用康保民”（《尚书·康诰》）来体现自己的德性，以配受天命。至此，中国传统政治哲学中的“民本思想”在理论上成型，后世的“民本思想”无不由此生发。

那么成型的民本思想有哪些基本的构成要素？其具体内涵是什么？

金耀基先生认为，中国的民本思想有如下几个要点：1. 以人民为政治之主体；2. 君之居位，须得到人民之同意；3. 保障人民之生存；4. 重“义利之辨”；5. 守“王霸之争”；6. 明“君臣之际”。①金先生提出的六个要点，第一点涉及民本思想内在困境的根本原因，下文会讨论到，它并不是传统民本思想一种特别明确而自觉的要素。第四、五、六三点主要是后世儒家的发挥，并不是民本思想最基本的构成要素。第二和第三这两点属于民本思想的基本构成要素。

日本学者沟口雄三先生认为，君主以民的苦乐为第一义，而不以自己为本位；天下非为君主而存在，乃为民而存在。这两点，形成了“民本思想的双璧”②。沟口雄三先生所提两点很简明，也是民本思想的基本要素。不过金先生第二、三两点和沟口先生说的两点，侧重不一样。金先生所谓“君之居位，须得到人民之同意”主要是从政权更替意义上讲，而沟口先生所谓“君主以民的苦乐为第一义，而不以自己为本位”，主要是从既已获得政权之后的维护政权和治理国家社会的意义上讲的。

张分田先生则提出“以民为本”包含“立君为民”“民为国本”“政在养民”三个面向的综合性定义③。其实各位对传统民本思想的理解无非三点，一是民生，二是民为国家政权的决定性力量，三是民为国家的目的。张分田先生概括的三点也大体如此。不过这三点，或者张分田先生所谓三个面向其实不在一个层次上，立君为民是从君民关系上看，民是目的；民为国本是从民与政权的关系看，民是根本；而政在养民则指民生，是为了实现或巩固“立君为民”和“民为国本”的，所以，“民生”是立君为民、民为国本之“民本”

---

① 金耀基：《中国民本思想史》，台湾商务印书馆 1997 年版，第 8—13 页。

② ［日］沟口雄三：《中国前近代思想的屈折与展开》，龚颖译，生活·读书·新知三联书店 2011 年版，第 348 页。

③ 张分田：《民本思想与中国古代统治思想》（上），南开大学出版社 2009 年版，第 34—39 页。

思想的最终落脚点。

以上的分析其实遗漏了传统民本思想的一个极重要的构成要素：天或天命。其最初表现是“神”，源于商朝的神权统治，然后在西周初年演变为神学意义上的“天命”，在春秋战国之际演变为自然规律意义上的“天道”，到宋代则演变为伦理道德意义上的“天理”。“天理”的概念一方面保存了传统的神、天命、天的威权和力量，另一方面把天命和天的内在的“德”的内涵充分实现了出来。

夏商两朝虽然也有重民、敬民之类的观念，但是并没有形成完整的“民本”思想，它是到周初才真正形成起来的。从这个形成过程来看，我们可以把传统民本思想的基本构成要素概括为：民、君、天、德、国五点。由这些要素形成的民本思想的内涵就是：民是注重民生的有德之君所获得国家政权（天命）并且维护统治的根本力量。根据这些构成要素而形成这一具体内涵，是通过如下观念来展开的：

1. 天或天命是国家政权的决定性要素；

2. 天需要考察君主的德性来决定是否由他膺受天命；

3. 天对君主的考察是从民的立场来进行的；

4. 君主的德性表现为注重民生。

如果君主重视民生，老百姓满意，就表明此君主有德，那么天就会让他得天命，或者继续维护他的天命。可见，天在保障君的天命的同时，也就是在保障民生。天以民生为依归，所以传统“民本”思想的落脚点其实就是“民生”。

二、困境：目的性与工具性的冲突

传统民本思想中的“民生”观念，在上下几千年的社会政治思想和实践中影响极为深远。在民本思想成型之前，早就有了“德惟善政，政在养民”（《尚书·大禹谟》）的思想观念。孔子主张“博施于民而能济众”（《论语·雍也》），主张“足食”（《论语·颜渊》）、“富民”（《论语·子路》），孟子主张“制民之产”（《孟子·梁惠王上》），荀子主张“下富则上富”（《荀子·富国》）、“不富无以养民情”（《荀子·大略》），《管子》主张“务五谷，则食足；养桑麻、育六畜，则民富”（《管子·牧民》）、“教民以时，劝之以耕织，以厚民养，而不伐其功，不私其利”（《管子·形势解》）等等。后世思想家和帝王无不重视民生，至少在理论上要讲，心里要有敬畏。因为民生是善政和长治久安的基础。《孟子·梁惠王上》有著名的“五亩之宅”章，充分体现了孟子的民生思想。

萧公权先生对孟子的民生思想有极高的评价，他认为，孟子的养民之论，深切著明，为先秦所仅见。其内容主要为裕民生、薄赋税、止征战、正经界诸项。[①]孟子的养民之论或者民生思想，内含着一个观念：重视民生是实现王道的前提条件。于是，问题也就产生了，到底民生本身是目的，还是说民生其实只是实现王道政治的工具？置于上文分析的传统民本思想的内涵中，问题就是：到底民生本身是目的，还是民生只是获得政权和维护统治的工具？

孟子还有一句极有名的话，往往被引证说明传统的民本思想，即：“民为贵，社稷次之，君为轻。”（《孟子·尽心下》）。孟子也曾因为这句话，而被明太祖朱元璋赶出孔庙，取消从祀的资格，其著作也被删节。因为孟子这句话确实把“民”提到了很高的位置，而君的地位似乎被贬低了。李存山先生认为，“贵”在中国古代是表述“价值”的概念，“民为贵，社稷次之，君为轻”的意思是说：“相比于社稷（一姓之国家）和君主而言，人民是最有价值的。”而“民惟邦本”，“不仅是一个事实判断（所谓‘水可载舟，亦可覆舟’），而且是一个价值判断，即人民是国家、社会的价值主体”[②]。

---

① 萧公权：《中国政治思想史》，汪荣祖编校：《萧公权卷》，河北教育出版社1999年版，第77页。
② 李存山：《“人本”与“民本”》，《哲学动态》2005年第6期。

“民贵君轻”似乎不能说是一种社会现实，因而不是一个事实判断。“水可载舟，亦可覆舟”亦可以从价值论的角度来理解。如果说“价值判断”是指“相比于社稷和君主而言，人民是最有价值的”，那这三者是相应于何者而言而有价值之高低？如果说“人民是国家、社会的价值主体”，那么是不是说“君主”不是价值主体？我们且看孟子提出“民贵君轻”的上下文语境：

> 民为贵，社稷次之，君为轻。是故得乎丘民而为天子，得乎天子为诸侯，得乎诸侯为大夫。诸侯危社稷，则变置。牺牲既成，粢盛既絜，祭祀以时，然而旱干水溢，则变置社稷。（《孟子·尽心下》）

从孟子的论说来看，民、社稷和君其实都是相应于天子而言的，所谓“得乎丘民而为天子”是说“天下丘民皆乐其政，则为天子，殷汤周文是也”，“得乎丘民”是指得民心，即民心所向。民心所向对于天子而言是最重要的，也就是说是最有价值的。对于天子的重要性而言，其次是“社稷”。社稷本指土谷之神，需要祭祀，代表国家政权。不过，这里的国家似乎是指诸侯国，“君”是指诸侯国的“一国之君”。诸侯若不好好祭祀社稷，那么天子就变更祭祀社稷之主，代以贤诸侯，所以说诸侯要得乎天子才行。祭祀与国家政权的关系，是上古的遗存，是政权合法性的表现之一。既然诸侯国的一国之君可以任由天子“变置”，那么“君”就是不那么重要的。如果一个诸侯国，在祭祀社稷上已经做得很好了，但还是“旱干水溢”，有天灾，这表示上天仍不满意，因为天灾会给人民的生活带来灾难，所以天子要“变置社稷”。可见孟子所谓“民贵君轻”，其价值主体应该是天子，而民的价值虽为最高，但依然是相对于天子之得天下而言。因而“民”并不是以价值主体的方式存在，而是以工具性的价值存在。也就是说天子以得天下、安天下为目的，所以要重视民生以得民心，故而“民”或者“民生”本身似乎不是真正的目的。这就是传统“民本”思想中的内在困境：“民”或者“民生”作为目的性与工具性存在的冲突。

关于君民关系，荀子有君民舟水之喻，“君者，舟也；庶人者，水也。水则载舟，水则覆舟”（《荀子·哀公》）。《淮南子·泰族训》有根基之喻：“国主之有民者，犹城之有基，木之有根。根深则本固，基美则上宁。”①从这些比喻性的描述，其实可以看到所谓“民本”之本是指一种基础性的作用，从根本上说是一种工具性意义。荀子说得更明确：“民不亲不爱，而求其为己用、为己死，不可得也。民不为己用、不为己死，而求兵之劲、城之固，不可得也。”（《荀子·君道》）重视民生，亲近老百姓，目的是“求其为己用、为己死”；兵从民来，重视民生，亲近老百姓，则可“求兵之劲、城之固”，也就是足以维护国家安全。荀子又云：“用国者，得百姓之力者富，得百姓之死者强，得百姓之誉者荣。”（《荀子·王霸》）

可见，在传统民本思想中，民作为天子得天下和管理天下的工具性的存在应该说是一种事实。但是在传统民本思想中，民有没有作为目的性存在这么一个维度呢？同样是荀子，他说：“天之生民，非为君也。天之立君，以为民也。”（《荀子·大略》）这是非常明确地说，民为天所生，民的存在不是为了君，相反，君的设立，是为了民。这是以“民”为目的性的存在。与前述“民”作为工具性的存在似乎是相矛盾和冲突的。到底是君的存在为了民，还是民的存在为了君？如果把“本”理解为目的性的意义，那么这里就有了民本与君本的冲突。张分田先生认为，民本与君本并行不悖，且互为条件②。在一定意义上，君与民两者是一体的，君不可以没有民，民不可以没有君，于是君本与民本就表现为一种循环的关系，相互依存。君为国之本，和民为国之本，可以置换为君为民之本，民为君之本。君需要依靠民的力量才能获得和维持政权，民需要依靠君的权威和管理才能解决民生问题，好好

① 刘文典：《淮南鸿烈集解》，冯逸、乔华点校，中华书局1989年版，第692页。
② 张分田：《民本思想与中国古代统治思想》（上），第121—144页。

生存下来。这当然是一种理想状态，也是一种现实的情形，当君与民相互依存、和平共处，也就是天下太平之时。而历史上往往有这么一种情形：一个王朝在开国之初颇为重视民生，渐渐地后世君王不顾民生，于是导致民不聊生，最后老百姓起义，改朝换代，进入下一个从民生到民不聊生的循环。这就是因为“民”只是被当做统治的工具造成的。君王一旦获得政权，并且政权稳定，“民”的工具性价值就会降低。开朝的前几代君王亲身参与过或者还记得夺取政权的不易以及“民”在这一过程中的重要性，所以往往会励精图治，重视民生。而本朝后世统治者不曾经历获取政权的艰辛，不曾真切感受到“民”的力量和价值，就很容易忘记“民生”。“民”并不能从根本上真正为自己作主，而只能寄望于有德的君王发善心、施仁政。产生历史上这种不断循环的“民生”问题的根本原因，就是在现实的社会政治实践中，在王权专制和君主专制制度下，君主才是真正的政治主体，在政治实践中起主导作用，而民始处于被统治、被管理的地位。所以，即使是说君的存在是为了民，那也是在作为政治主体的君主的立场上讲的，即使君主从主观上说是为了民和民生，客观上或者最终依然是为了巩固王权和君主专制的统治，这是由王权和君主专制这样的现实制度决定的。与此相应，从民本思想本身来看，在它的具体内涵中也没有把民当作政治主体。

三、造成困境的根本原因：民作为政治主体的承诺与失落

关于中国传统治道中的政治主体问题，徐复观先生有比较深刻的分析。他认为“民本主义”之为“民本”，应该是认定了民为政治的主体。但这只是理论上这样讲，在现实的政治实践中，君才是政治主体，因为“权原”来自君而非民。他认为这是“二重的主体性”，并且这两者是“无可调和的对立”，“对立程度表现的大小，即形成历史上的治乱兴衰”。① 徐先生所谓

① 徐复观：《学术与政治之间》，台湾学生书局1985年版，第104页。

的“无可调和的对立”，应该是从终极的意义上讲的，从非终极的意义上讲，两者的对立冲突，其对立程度有大小，因而形成历史之治乱兴衰。其实这也就意味着在一定范围内两重主体之间是可以调和的，并不是如同徐先生讲的那样“不可调和”。两者越对立，则越乱。两者和谐，并行不悖，则为治世。正是因为在现实的社会政治中，在君主专制条件下允许民本思想及其实践，所以才有这两重主体之间的调和。而这所谓“允许”正是一种“需要”。君主的专制统治需要民的支撑，而民生除了需要圣君贤相的治理亦别无出路。由于君本有制度保障，所以君主是占主导地位的，为了防止君本对民本造成伤害，所以传统的民本思想有限制君权的一些思想观念。要求君主重视民生、重视民意，要求君主讲求德性修养，格君心之非，以及对于祭祀、神、天之力量的肯定和信仰，其实都是对君主权力的限制。

本来在上古天命神学的信仰中，天的力量转移给了民，似乎民才是真正的政治主体。春秋时期还有“夫民，神之主也”（《左传·桓公六年》）之说。本来“神”可以加强“民”的力量和权威，可是同时又有一种为了肯定民而否定神的思想观念，即所谓“国将兴，听于民；将亡，听于神”（《左传·庄公三十二年》）。或者与“民为神之主”相反，有主张“夫君，神之主而民之望也”（《左传·襄公十四年》）。也就是说，民意代表天意的观念其实在春秋时期被动摇了。在周初的民本思想中，从理论上说，“权原”来自天而归之于民。所谓归之于民，其实就是重视民意。这很像上引徐复观先生所谓“今日的民主政治”。实际上两者很不一样。所谓“今日的民主政治”及“民意”，是体现和渗透在日常的社会管理层面的，而传统所谓“民本”和“民意”主要出现在天命政权转移之际这样的社会发展的特殊节点上，即所谓“革命”。只有在这样特殊的时候“民”的力量才能体现出来，“民意”以及“民”的政治主体性才能真正体现出来。实际上，这在部落联盟或封建制下，已经超出了政权或者政治权力领域，而进入“主权”的范畴了。所以，民本思想在诞生之初，就没有被赋予一种恒常的政治主体地位，至多只在天命转移之际体现出来，在更长的维护政权与和平生存的时期里，民并不是作为一种政治主体而存在的。

根据现代主权国家的概念，其基本要素有四项：人口、领土、政权和主权。政权是对内而言，对内的治理权；主权是对外而言，与其他国家交往的权力。这四项要素之出现和自觉意识，大概有一个历史过程。上古三代之时，人民和土地是最重要的两个要素，然后才自觉到政权的问题，即治理的合法性。而对治理之合法性的自觉是因为出现了天命的转移，即政权的更替才形成。政权的更替就涉及国与国之间的关系。在部落联盟制和封建制下，尽管彼时有天下共主，但各诸侯国有很大的独立性，天子与诸侯王之间并不是纯粹的内部君臣关系，而带有大国与小国的关系，故有大邦殷与小邦周之说。直到秦汉天下一统，中央集权的郡县制施行，中国内部的政权更替都属于国家内部的政权合法性问题，而不是主权问题。中华实现大一统之后，它与周边国家政权之间的对等交往少，所以古代中国的主权意识比政权意识要弱。古代中国非常重视国家内部的治理，重视社会的和谐。而在君主专制条件下，所谓和谐，主要就是防止以下犯上和叛乱。所以，只要不把“民”逼反，“民意”在日常的社会治理中其实没有多少表达的途径，也体现不出它的重要性来。

当然，古代也有采集民意的机制和官员，但是等级并不高，实施的成效也难以保障。《周礼》记小司寇之职为：“掌外朝之政，以致万民而询焉。”[①]这就是采集民意之职。古代帝王微服私访，也有采集民意的意思。但是这般途径毕竟有限，而且颇依赖于君主的主观意愿。君主不愿采集民意，也只能由他，没有一种可靠的力量和制度来约束和贯彻。

尽管“民”在参与某种特殊的时刻，比如革命时，能表现出巨大的力量，但由于“民”生来地位低下，在现实的政治生活中依然是看不到有多大作用的，依然不能以主体的形式存在。在这种条件下，民的地位有赖于君主，而

---

① 〔汉〕郑玄注，〔唐〕贾公彦疏：《周礼注疏》，《十三经注疏》（整理本），第912页。

不是民自身。

民，西周早期盂鼎金文作，《说文解字》：“民，众萌也。”[①] 商承祚谓：“民为萌之本字……统治阶级有种种侮辱人民的释义，如‘民，盲也’，‘民，冥也’，‘民，泯也’……尽管说‘民惟邦本’和‘民，国之根’，而事实并不这样。”[②] 林洁明：“高鸿缙谓民即盲字，字象眸子出眶之形。其说略近，然于字形仍未切当。……郭沫若谓字作一左目形而有刃物以刺之。古人民盲每通训，今观民之古文，则民盲殆是一字，然其字均作左目，而以之为奴隶之总称。按甲骨文亦有民，字作、，足证郭氏言之非谬。”[③]

可见，“民”本是生活在社会最底层的无知无识的劳动者、奴隶，平时的社会政治生活中是看不到他们的存在的，因为汤武革命，才发现这个群体的巨大力量，于是在政治上给他们一个承诺，让他们代表天意，成为政治主体。然而他们也只是在这样的特殊时刻似乎暂时成了政治主体，而且他们是以整体的方式成为政治主体的，而不是以个体的名义，不像“君本”，它可能具体到某一个体为主体，“民本”不是以个体为主体，当“民”当中的个体成为主体的时候，他已经不能代表“民”了，而成了统治阶层的一员。所以，在君主专制的制度条件下，“民”除了造反，除了革命，是没有真正成为政治主体之可能的。

直到明清之际，才有思想家旗帜鲜明地批判君主专制制度。比如曾被清末革命派人士梁启超、陈天华等人誉为“中国卢梭”、民权主义的先驱者的黄宗羲就曾批判过君主专制。侯外庐先生主编的《中国思想通史》把黄宗羲纳入“近代民主思想”的范畴。清末民初有康有为、谭嗣同、梁启超、刘师培等人一方面批判君主专制，一方面试图结合近现代西方的民主制来阐发传统的民本思想，希望由民本走向民主。于是传统的民本，被阐发为民贵君贱、

---

① 〔汉〕许慎撰，〔清〕段玉裁注：《说文解字注》，浙江古籍出版社 1998 年版，第 627 页。
② 古文字诂林编纂委员会：《古文字诂林》，上海教育出版社 1999 年版，第 907 页。
③ 古文字诂林编纂委员会：《古文字诂林》，第 908 页。

民主君仆、民主君客等种种与近现代民主相通的观念。这些思想为民国的建立准备了思想条件，而民国的建立又为这些思想的实现准备了制度条件。民国倡导的三民主义，在传统的“民生”之外，更讲求“民权”，实际上就是要走出传统民本思想的内在困境，赋民以权，就是使“民”真正在现实社会生活实践中成为政治主体，而不是逼着民在“革命”这样的特殊时刻才表现其主体性。真正的民本，应该走出社会治乱和暴力交接政权的循环。真正的民本应该在日常社会生活实践中也得以充分的表现，即真正实现以“民”为“主”，而不是为“民”作“主”，或者使民期待圣君贤相的治理。

当前，我国社会主义民主政治以“人民当家作主”为其本质特征，强调权为民所赋，权为民所用，并且以人民代表大会作为权力机关，以人民代表大会制度作为根本政治制度来保障人民的民主权利。在全社会范围内倡导社会主义核心价值观，从国家层面明确突出“民主”的价值。在社会治理上，逐步实现全民共治。其实正是要从根本上保障民有途径为自身和社会事务作主，真正成为政治主体。从传统的君主专制，到君臣共治，再到如今的全民共治；从传统的为民作主，到保障民权，再到如今的人民当家作主，其实在某种意义上正是希望克服传统民本思想的内在困境，以真正实现民主。当然，当前我国“人民当家作主”的社会主义民主政治，无论从理论上还是实践上，都还需要进一步完善和真正落实。

崇拜民主到质疑“民主”：中国台湾民本思想研究视角的改易

胡胜源

1949年，国民党败退台湾，在美国的庇护下，不仅标榜岛内为自由民主基地，还以中华传统文化传人自诩，也因此中国台湾学界对民本与民主思想的比较研究一时便蔚为风潮，迄今不绝。

金耀基是中国台湾早期民本思想研究的代表学者，他的《中国民本思想史》是中国台湾民本思想研究的开山巨作。金氏从“民”的角度，将我国的政治思想分成民本（儒）、非民本（老庄、杨朱）及反民本（申韩、李斯）三派，并认为反民本派自秦以降虽气焰万丈，却难真正得势，因为在民本派的冲洗下，中国政治虽专制，却有开明的成分。金氏更进一步申论，以为正音民本思想大流的不断灌溉，在清末便孕育出民主共和的花朵，也就是说，金氏认为民本思想乃是民主制度根源。

金氏将民本思想内涵分为六点：一、民本思想是以人民为政治的主体；二、君位必须得到人民的同意；三、养民、保民乃是人君最大职务；四、主张统治者要重利轻义，为人民谋福利（义利之辩）；五、人君要成为“一切制作，均系为民”的王者（王霸）之争；六、人民是政治之目的，人君不过是一种工具或手段（君臣之际）。金氏并讨论民主思想与民本思想的差异，认为民本思想与民主思想相比缺乏民治之说，而民治正是民主思想的根本，缺乏民

作者简介：胡胜源，海南师范大学历史文化学院讲师。

治理念的民本思想又如何孕育出民主思想呢？可知，金说本身即潜藏矛盾。

金氏的六期说也能印证此点。他将民本思想的发展分为：一、胚胎期（先秦）；二、建立期（春秋战国）；三、停滞期（两汉魏晋南北朝）；四、消沉期（唐宋）；五、发皇期（明清）；六、完成期（民国）。[①] 所谓的完成期，乃以孙中山民权思想的加入为准，金氏又称民本思想演进为民主思想乃至历史当有之发展。但孙氏民权思想乃源于西方，又如何是民本思想当有之发展呢？

孙广德看到金说之弊，对民本思想展开更细致的研究。孙氏则指出中国专制君主权力不受约束，容易滥用，有识之士都想限制，民本思想便是其中之一。孙氏认为民本思想的内容有尊重民意，重视人民地位，安民、保民、教民的目标等。首先，民本思想虽要君主重视人民，但却不是人民当政，君主仍是统治者，人民依然是被统治者；君主仍是政治的主体，人民依然是政治的客体。民本思想虽要君主重视人民，人民却没有权力对君主做出任何要求，即使民本思想允许人民表达意见，但君主并没有接受的义务，这与将公民视为政治主体，执政者由人民所选择的民主政治绝不相同。

其次，民本思想将君主比为人民父母，故要安民、保民、养民、教民，是君主的职责，可以说是一种视人民为婴儿不能独立自主的保姆政治。和假定人民都能独立自主，有参政能力，只因不能亲自执政，才将政权委托给少数人的公仆政治亦全然相异。再者，民本思想极为推崇仁政，仁政虽是君主专政下一种很好的政治，却不是最理想的政治，因会养成人民被动依赖的性格，使人民对政府只有期待而无要求，永难独立自主。

再次，民本思想即使有君主居位须得人民同意之说，但那是用来警告君主不得忽视民意，肆意妄为，并不是要人民选择或反抗君王，这与民主思想亦截然不同。且民主政治乃是民有、民治、民享之政治，民本却只求民享，

---

① 参见金耀基：《中国民本思想史》，法律出版社 2008 年版，第 1—199 页。

不讲民有，遑论民治，即使民享（重民生）也只将之视为君主的恩德而已。此外，民本思想只谈治权的运用，而不谈政权，也就是只讲君主如何实行统治，不谈人民如何管理政府。

最后，民主政治应该是公益政治、法治政治、责任政治，民本思想虽主张为政者要尊重民意，但民意并无决定力量，君主可以凌驾法律之上，亦不用负其责任，便谈不上公意政治、法治政治、责任政治。

孙氏进一步阐述，民本思想固然使君主大多重视民意，时有开明政治之表现，然而君主的开明与否，全存乎于其一心，人民虽在专制政治下仍有许多自由，固然可能与民本思想有关，但另一方面也可以说是君主统治能力、统治技术拙劣导致。然而民本思想对近代民主运动却有极大影响，康有为、陈天华、孙中山都受到黄宗羲民本思想的启发，可以说是其正面作用。

孙氏最后解释民本思想无法发展为民主的原因，并归纳为：一、缺乏斗争精神（无权力观念、无固定的贵族阶级）；二、报应说的信仰；三、真命天子的信仰；四、人治的观念，反驳金耀基之民本能蜕变为民主说。即使如此，孙氏最终亦肯定民本有超越民主之处，如认为养民保民的理想，要求君主要做得好，这比仅仅要求执政者尽责负责的责任政治来得崇高，故虽然应实行民主而不是民本，民本思想也有值得效法之处，不应一笔抹杀。①

周道济则将民本思想的内涵归为：一、人民是国家的根本；二、尊重民意；三、照顾民生；四、革命的权利。并将民本思想发展的历史分为三期：先秦的创造期、秦汉至宋元的继承期、明清的转变期。在先秦创造期方面，周氏除阐述主流的儒家外，亦分析其他学派的民本思想，如管子提倡富民、养民、爱民，老子提出“以百姓心为心”“圣人亦不伤人”“绝圣去智，民利百倍”“甘其食，美其服，安其居，乐其俗”之言，及墨子提出“仁人之事者，必务求

---

① 孙广德：《我国民本思想的内容与检讨》，《中国政治思想史研究集》，（台湾）桂冠出版社1999年版，第159—211页。

天下之利，除天下之害”“凡足以奉给民用则止，诸加费不加于民利者，圣王弗为”之说，《吕氏春秋》提出“天下非一人之天下也，天下之天下也”“主之本在于宗庙，宗庙之本在于民”之语，亦对我国充实民本思想的内涵贡献卓著。在秦汉至宋元的继承期方面，则历数贾谊、刘安、刘向、荀悦、桓范、郭象、苏绰、王通、陆贽、苏轼、朱熹、陆九渊、许衡之说，指出秦汉以下至宋元的民本思想虽无创新之处，但与先秦一脉相承，乃是民本思想深入人心之证。在明清的转变期方面，周氏着重介绍黄宗羲、康有为、谭嗣同的民本思想，认为康有为不仅光大黄宗羲的民本之义，更添加西方民权因素。至于谭嗣同提出“君亦一民也，且较寻常之民而更为末也”“止有死事的道理，绝无死君的道理”之言，有否定昔日之君臣大义，建立人民尊严的苦心。接着结合前述，周氏认为我国民本思想，自殷周至明清，脉络相连，条理一贯，从未中断，有在发展之中求进步的趋势。

周氏继而分析西方民主乃希腊文“平民”（demos）、“支配”（kratos）两个字义组成，因此民主政治在希腊时代便有人民支配政治之意。并引林肯“民有”（国家主权属于全体人民所有）、“民治”（国家由全体人民共同治理）“民享”（社会福利由全体人民共同享受）之说，认为民主政治的真正基础在“民治”，只有充分的“民治”，“民有”才不会落空，也唯有良好的“民治”，“民享”才能不断改善，故我国民本思想与西方民主最大的不同，乃在缺乏西方的“民治”观念及其相应的制度。

周氏更深入分析我国民本思想缺乏民治特质的原因，并将其归纳为直接原因与间接原因两项。直接原因有：一、未想到选举和投票，亦无多数决的观念；二、未想到国会或议会，亦未想到立法与行政的分立。间接原因则有：一、政治思想方面的原因（尊君的思想、人治的观念、一治一乱的理论）；二、社会背景方面的原因（缺乏贵族抗君的节制力量、广土众民的大陆国家）；三、国民性格方面的原因（不太注重方法与手段、安分知足的民族性、对命运逆来顺受的性格、缺乏权利观、对政治无兴趣，缺少辩论训练、伦理观浓厚）。

周氏最后也与孙氏一般批评我国民本思想“用意虽善，境界虽高，但大权则操之在君，并不在民，故其结果，往往‘理想自理想，现实自现实’。历代君主的施政每难做到真正的民本，而政治亦不能走上合理的轨道，以达于长治久安者，其症结在此”①。

孙广德于台湾大学政治系长年执教，周道济则身兼台湾大学三民主义研究所教授、“中央研究院”研究员二职，两人皆望重于台湾士林，学说也影响深远。②他们以民主为中心的观点，不仅符合国民党当局自由世界“灯塔”的自我期许，亦是顺应“五四”以来全盘西化的时代风气（香港新儒家一派欲探寻儒家思想中的“民主”因素亦有同样的考量），背后皆不脱“西方本位”“以西衡中”的深层意识。

然而，随着东亚的逐步崛起，学者的研究理路亦出现转变。黄春兴、干学平以为传统学者皆在君主政体之下思考最佳的政府形式，并相信只要圣王以德治国，人民便会靡然跟从，然而因为私有财产制的出现，君王与人民的距离也变得遥远，故君王便须借助官吏协助统治，吏治良窳便成为治理之中心。宋代李觏主张以考核取代分职，清代顾炎武更主张允许地方官吏依其意志施政，建构地方分工组织的雏形，两人则沿此脉络，以民本思想为中心，以民主政体的引进为前提，创设院局组织，在院与院之间采行分工原则，没

---

① 参见周道济:《我国民本思想的分析与检讨》,《“中央研究院”三民主义研究所专题选刊(四)》,（台湾）“中央研究院”三民主义研究所 1974 年版。

② 刘昊洲:《民本思想与民主思想比较研究》,(台湾)《三民主义学报》1990年第14期。李瑞全:《孟子哲学之定位：民本与民主之论》，（台湾）《鹅湖月刊》1990 年总第 185 期。黄俊杰：《孟子的王道政治论及其方法论预设》,（台湾）《台大历史学报》1991 年第 16 期。曾春海:《对黄宗羲“明夷待访录”民本思想的省察》，（台湾）《哲学与文化》1996 年第 4 期。袁长瑞：《荀子政治思想中的民本倾向》，（台湾）《白沙人文社会学报》2003 年第 2 期。陈运星：《从民本到民主：儒家政治文化的再生》，《中山人文社会科学辑刊》2006 年第 6 期。曾春海：《黄宗羲与约翰弥尔政治理念之比较》,（台湾）《哲学与文化》2006 年第 6 期。叶海烟:《孟子人权观的哲学意涵》,（台湾）《哲学与文化》2007 年第 7 期。沈锦发：《孟子民本思想的现代对话》，（台湾）《东方人文学志》2010 年第 2 期。潘小慧：《荀学视域中的“自由”与“民主”之可能》，（台湾）《哲学与文化》2019 年第 2 期。所论皆是孙、周两氏之说的延续与扩大。

有制衡；各院对其内各局采行分职、考核的管理模式，希冀以此走出新路。[①]

从李念祖对民本思想的变化，亦可一窥研究思路转换的轨迹。李氏前期透过比对先秦古籍，分析上博楚文书所载之“民之父母”意涵，并以此分析其与西方限制权力的宪政思想的异同。李氏指出上博楚文书的“五至”“三无”“五起”之说，揭示了君主对人民的道义责任，同时也赋予君主之于人民所具有的道德身份，却未提供君主何以愿意善尽道德责任的理由，更未交代君主未尽其责时，是否还能维持“民之父母”的身份，从而直接为君父思想铺路。李氏进一步指出“民之父母”与西方宪政思想都试图解决人君之恶的问题，但是手段显然有异。“民之父母”之说是儒家与现实君主的妥协，表现在民本思想与民主思想的差异之中。“民之父母”的提倡者选择“与君共舞”，承认君王统治的合理性，然而在民主制度中却未有如民父母般的君王存在。“民之父母”说，也会促成君民不平等的观念牢不可破，与西方宪政强调人人平等的思想明显不同。西方民主强调人民在政治权力来源上的绝对重要性，“民之父母”说则淡化了儒家以民意决定天命所属之说，阻碍了民治思想的萌芽。李氏更以君王“民之父母”的身份，不适禅让或定期改选，借用定期选举以防制权力为恶的制度，在“民之父母”的思想下，并无出现的可能。[②]可见，此时李氏思路仍深受孙广德、周道济影响，但他六年后对“民之父母”说的认识却全盘推翻前论。

李氏认为“民之父母”观念无形中形成了规范君王权力的较高法，也与当代宪政思想可以相通。此说却在大一统的汉代开始走入歧途，沦为专制政体的装饰。往后每当面临存亡绝续的时候，士大夫总会在不同的时代中回眸先秦，特别是孟子的思想，以溯问君主制度的原理及弊端。从宋末明末到清

---

① 黄春兴、干学平：《由民本思想的落实与发展论政府组织的分工原则》，钱永祥、戴华编：《哲学与公共规范》，（台湾）“中央研究院”中山人文社会科学研究所 1995 年版，第 163—200 页。

② 李念祖：《“民之父母”与先秦儒家古典宪政思想初探——从上博楚竹书简文谈起》，（台湾）《法制史研究》2005 年第 7 期。

末，终于与西方的宪政思想相遇。[①]

李念祖虽将民本与民主放在同一天平审视，仍不脱孙广德、周道济“民主本位”说的框架，许雅棠则彻底颠覆孙氏、周氏之论。许氏过去否定民本地位的看法有二：一是“判定民本乃依附君主政治而有”，另一是“判定民本需依附民主政治而可得”。作者亦由两方面予以驳斥：一是“梳理民本思想可有的意义”，另一是“说明民本思想自有其独立于民主与民主政治的价值。”

在第一部分，许氏讨论了民本思想中的舆论、民心与民。在舆论方面，许氏指出中国古代所看重的舆论“多是人民感于政策和施政推行效果的被动回应，与今日民主时代人民要主动发声或决意的主张十分不同”。至于民心则是有方向性，政治乃是人与人的结合，结合之道在于使民心悦诚服，而民心款服的关键正在“民生”与“善治”，也因此看似被动、消极的民心，对治理的要求其实十分客观、明确、严格与现实。许氏也对饱受批评的孔子“民可使由之，不可使知之”之言有与前人相异的阐述，他认为“孔子只是简单表达他对一般人政治认知和行为的观察（一方对人民判断政令施行的好坏有十足的信心，一方也清楚难以让人民知晓政令制订的复杂细节）”。并举孟子“行之而不著焉，习矣而不察焉，终身由之而不知其道者，众也”，及荀子“以从俗为善，以货财为宝，以养生为己至道，民德也”之言为佐证。反过来批判民主人人政治平等与自主的说法，“并不是对现实常人状态的描述，而是高调与道地的政治主张”。

在第二部分，许氏在民心认知的基础上，阐述儒家“民惟邦本”的主张，认为是“把人民的苦乐利害当成治理的根本价值，把等级制的权力结构转换成一种服务性的机构”“从政治治理的角度来看，民本思想中的‘民’所传

---

① 李念祖：《“民之父母”，“其无后乎”——论先秦儒家古典宪政思想的进度与限度（上）》，（台湾）《法制史研究》2011 年第 20 期；李念祖：《“民之父母”，“其无后乎”——论先秦儒家古典宪政思想的进度与限度（下）》，（台湾）《法制史研究》2012 年第 21 期。

达的，不是如一般注意到的，只是一群无知无能的无名小民，而是对一些重大公共问题之客观性的群体感受、舆论反应与行为表示，这就是前面已经谈到的‘民心’。它所对应的是现实中各种人民养生丧死可否无憾的安全、经济、教育、生活等具体经验，以及各种法令规范、行政执法与司法侦察、审判与裁决等治理表现的具体感受。……随着测量工具日益精准分化的发展，这种客观性还会越来越明确清楚。……它也是一套与时俱进的政治治理学问”。许氏更云，在中国传统政治中君主代表主权、政权，臣代表治权。“君不能变，以世袭为常态；臣能变，以选贤与能为原则，分职负责为方法，国泰民安为目标。二者分则两美，合则两伤。”即使民主政权理应支配治权，但民本政治的“善治”思想，才是民主政权可长可久的基石。因民主政权若无法实行善治，让人民感受实惠，不仅无益，反倒会使人民怀疑民主的价值。且民主理想虽好，实际运作上却往往受制于既有的社会结构大小强弱分布的事实，“所以当经济社会的分歧愈大，或是某群体势力愈强者，自由民主所产生的政治性格通常也越偏颇，愈往得势之社会权势或者信念倾斜”，产生“国家政治衰败”的现象。

许氏指出民本治道的落实，乃是各种政体能否稳固的基石。此说同时也流露对台湾徒有民主之表，当局却缺乏处理民生问题能力（不能安民、养民、保民）的不满，许氏云：“台湾原本戒严时期养成之高素质的财经官僚体系，具有较好统合与长期规划的能力，解严民主化以后，而特别是‘总统’全民直选，由于统独斗争意识强烈，与‘总统’大位的致命吸引力，‘政权’的竞逐具有高度张力，当选者与角逐者为此纷纷释放各种肉桶政策，讨好选民，也大量拉拢工商业者和地方派系人物，并且插手分化破坏文官体系，各自培养效忠的人马与班底。”① 即是一证。

---

① 许雅棠：《中国民本思想再议》，（台湾）《政治社会科学论丛》2018年总第77期。许氏在他文亦云：“邹文海殷殷期盼的两党制则不仅需视各国社会和历史条件而定，而有了两党制是否即可实现邹氏所向往的责任政治，对已然身处两大党制的台湾民众来说，恐怕也不会赞同。”许雅棠：《以“治”领“政”：当代中国读书人观看民主自由的一种方式》，（台湾）《人文及社会科学集刊》2019年第1期。

许雅棠之所以能超越前辈，戳破台湾“民主”的新衣，肯定传统民本思想的隽永价值，是因亲身经历台湾政治“治道”崩坏的过程，他会质疑“民主”而以民本思想为依归亦是顺理成章。值得注意的是，许氏追寻的以超越个别阶级利益、以改善民生，安民、养民为目的，以重视民心、倾听民意为依归的“善治”，正是中国共产党奋斗的目标，习近平总书记强调：“每个共产党员都要弄明白，党除了人民利益之外没有自己的特殊利益。”“我们必须把促进全体人民共同富裕摆在更加重要的位置，脚踏实地，久久为功，向着这个目标更加积极有为地进行努力。”“人民是我们党的工作的最高裁决者和最终评判者。”“今天，全党同志无论职位高低，都要把人民拥护不拥护、赞成不赞成、高兴不高兴、答应不答应作为衡量一切工作得失的根本标准。”[①] 若依许氏之说，人民会为追求“善治”而“用脚投票”，在大陆发展的数十万台湾人便是表征，打铁还要自身硬，只要坚持“以人为本”“人民对美好生活的向往就是我们的奋斗目标”，则实现中华民族的伟大复兴便指日可待！

① 转引自李军：《始终把人民放在心中最高位置——学习贯彻习近平总书记关于坚持以人民为中心的重要论述》，共产党员网（https://www.12371.cn/2021/05/14/ARTI1620950024210221.shtml）。

传统民本思想在当代的“破”与“立”

杨　娜

传统民本思想的当代价值与现代转化的探讨，长期以来一直是学术界多学科多领域关注的热点话题之一。数千年来，历朝历代的封建统治阶级以民本思想作为国家治理的基本指导思想和意识形态，推崇其所蕴含的朴素的“重民”“亲民”“爱民”“保民”思想，强调“民惟邦本”“水可载舟，亦可覆舟”，故而在政治实践过程中，统治者对其与民众关系的处理展现出了理性且相对包容的一面，这不但塑造了许多至今仍为世人传颂的帝王将相与清官良吏，而且有效遏制和缓解了国家治理中阶级矛盾的恶化，稳定了社会的秩序，推动了经济社会的发展，也使得民本思想成为我国传统政治思想中的最耀眼、最温情的部分。因此，有的学者如诸凤娟、刘燕妮等人认为正因为民本思想是一种很强大的政治理念和实践力量，是党执政理论的宝贵思想资源，应充分挖掘其当代价值；也有时亮、刘庆乐等学者认为民本思想作为我国优秀传统文化的重要部分，应在肯定其具有当代价值的基础上进行创造性发展以实现其现代转化。这两种研究视角存在一定的进阶性，后者可谓是对前者研究的进一步深化与拓展，不足之处在于“传统民本思想的现代转化”多被视为研究结论，而非研究的具体内容，研究逻辑亦多从传统民本思想的优点出发，在批判继承的基础上强调民本思想的现代转化。但是，对于传统

作者简介：杨娜，海南大学马克思主义学院副院长、教授。

民本思想何以转、如何转以及转为何，并未做系统深入的探讨，这既为本文的研究提供了基础，也留下了较为广阔的研究空间。本文首先从“民”这一身份的构建出发，认为“民”从来都是政治理念和政治实践的构建物，且会随着政治场境的转场而发生变化，从而回应了传统民本思想“何以转”的问题；进而在对传统民本思想剖析的基础上提出了此“民”（传统时期的民）非彼“民”（当下的人民），传统民本思想的现代转化有无法超越的悖论，并以此来探讨民本思想“如何转”的问题；最后，以当前社会政治场域变化作为讨论前提，分析转化的可能与方向，由此来回答“转为何”的话题。

一、“民”：一个被建构的身份

“民”是大家非常熟悉且长期使用的一个概念，但大家对“民”是什么或者谁是“民”的理解却不尽其然。古代诸多的思想家们就已经对“民”是谁的问题进行了探讨，朱熹认为“民，庶民也”①，薛综指出“民，谓百姓也”②，唐太宗则是从官民对立的视角看到了“民乐则官苦，官乐则民苦”，因此，王印总结古代思想家们视野中的“民”是官僚系统之外的广大民众，是包括一些处于绝对的无权地位、从事各种生业的社会成员。③ 持相同观点还有刘泽华，他认为“民”是特指没有政治身份的芸芸众生。但孙中山则指出“民”即“大凡有团体有组织的众人”④。由是观之，尽管不同的思想家们对“民”是否持有政治身份存在分歧，但是他们对“民”的理解都预设了“民”是客观存在的，且“民”是覆盖了“众人”或“芸芸众生”的客观存在。那么，不得不存疑的问题是：“民”是否是客观存在的？“芸芸众生”又是如何成为“民”的呢？

---

① 〔宋〕朱熹：《诗集传》卷十七，朱杰人等主编：《朱子全书》（第 1 册），上海古籍出版社 2002 年版，第 683 页。
② 转引自《汉语大字典》，湖北辞书出版社 1990 年版，第 2131 页。
③ 王印：《民本思想与中国封建时代的抑商政策》，《史学集刊》2000 年第 3 期。
④ 孙中山：《民权主义》，《孙中山选集》，人民出版社 1981 年版，第 692 页。

“民”是一个自然存在吗？若有人问及“你是否是‘民’”的问题时，很多人可能都会脱口而出“我就是民”，从这个回答上看，尽管这里的“我”是一个个体，是一个真实的自然存在，因为每一个个体在其自然生命的意义角度上而言无疑是一个客观存在，但是这并不意味着“民”就是一个自然存在。这一方面是因为“民”作为一个类的概念，在自然世界中并不存在，它是表征着一个整体性的抽象存在；进而可推出另一方面的原因，即虽然“我是民”，但因为“民”是抽象的，它并不是自然的，所以并不能由抽象大类中某个具体的实在物而推演出其所属类是实在的。就好比水蜜桃是食物，但是食物具体是什么，需要与其具体指称的对象发生关联才能产生意义的案例是一样的。因此，不难发现，“民”不是自然存在的，而是一个被建构的政治性概念。这可从“民”字的词源上窥探一二，“民”作为一个象形字，其最初意指刺瞎一只眼睛的奴隶。这本就蕴含着“奴隶”与“奴隶主”之间的阶级对立，以及后者对前者的奴役。如果进一步进入到语言学维度的探讨，“民”概念的产生催生了“民”这一语言符号的运用，后者便启动了人类社会对“民”的意义建构。

按照维特根斯坦的观点，人们根据社会习俗为人处事，事物不是处于人们的思维之中，而是处于人们使用的语言中。语言被认为是建构性，而不是指称性的，因而语言与意义是指示性的、社会性的、语境性的，而不是反映“现实”[①]的。“民”内涵的发展就经历这样一个过程。在人类社会早期发展的阶段，由于社会分工相对简单，社会构成甚至可以较为简单地被划分为“主”与“奴”两个等级，此时的“民”仅指“刺瞎一只眼睛的奴隶”。但是，随着社会发展，尤其是生产工具与生产技术的提升，自耕农在社会中所占比例的提升，带来“民”语义上新一轮扩张，“庶民”出现了，并带来了“民”在法律意义上的细化，为区分“庶民”与“奴”的差别，“民”被冠

① 参见粟进英：《叙事话语中军校大学生身份研究》，中国言实出版社2017年版，第40页。

以“良”“贱”之别，从而带来的“民”外延的新发展。“民”语义的进一步膨胀则是社会分工的发展之后，随着职业的多元化趋势加剧，民众因职业分工而被区别化定义，士农工商群体涌现，此时的中国也被称为“四民社会”。民则泛指士农工商的总称。如《榖梁传·成公元年》载：“古者有四民，有士民，有商民，有农民，有工民。”

值得关注的还有此时“民”也有被狭义化的趋势。即以“民”等同于“农”。如《清会典》卷十七《户部》中说：“凡民之著于籍，其别有四：一曰民籍，二曰军籍，三曰商籍，四曰灶籍。”“凡民有别，有民户，有军户，有匠户，有灶户，有渔户。”

近代以降，随着政治、经济、文化乃至法律的不断发展与完善，政治逐渐从传统的封建等级制走向现代政治，政治上的“民”也逐渐分化出了“臣民”“国民”。社会也在发展的过程中离析出公共空间与私人领域，“市民”“公民”出现了。需要重点指出的是，伴随着西方的强势入侵，中国被动卷入世界现代化大潮之中，社会矛盾复杂化的同时，程度也在不断加剧，“人民”作为一个特定内容的政治概念开始被广泛运用起来。尽管如毛泽东同志所言，“人民这个概念在不同的国家和各个国家的不同的历史时期，有着不同的内容”，即人民的概念存在明显的历史性，但是，“人民”的本质是未发生改变的，它是与“敌人”相对应的，更多是指在当时对社会历史发展起推动作用的人们。至此，从政治意义上而言，“民”的意义构建到了一个相对稳定的阶段。现阶段，虽然在日常生活中，不难发现有“难民”“居民”“岛民”“贫民”“山民”“顺民”“刁民”等各种各样关于“民”的字眼的出现，但无疑它们都是在“民”的基本意义上基于职业、地域、社会关系、经济水平等标准的进一步细化或者是分化，或者可以说是对“民”概念的精细化修饰与完善。

由是观之，“民”虽然是一个类的概念，但它远非是一个纯粹的、具有高度同质性且自然的整体。后马克思主义理论家拉克劳（Ernesto Laclau）认为“民”就是一个具有各种多元断裂点的整体。作为政治理念的“people”（或“mass”“multitude”），便是多元断裂点上零碎的个体所凝聚而形成出的一个“共同的表面”。[①] 言下之意即指“民”就是在差异化的个体之上构建出来的一个共同的身份。而构建者就是话语背后的霸权者——统治阶级。毫无意外，当代政治哲学家阿甘本（Giorgio Agamben）在谈到“people”时也就明确指出：“它是那个永远已经在的东西，同时又是那个有待去实现的东西。”[②]“已经在的东西”即是当下被构建好的“民”的身份，而“有待去实现的东西”则是指时境变迁下需要被构建的“民”的身份。“民”从来就不是自然的存在，但构建“民”始终都是一个真实的政治任务。“芸芸众生”就是在不断被裹挟进历史发展大潮的过程中，在政治这只看不见的手的拨动下，被语言、文化、制度等多种要素所构建，并获得了“民”的身份。从这个意义上说，“民”是谁已经变得不重要，重要的是历史或时代想要构建一个什么样的“民”和赋予“民”何种政治身份与功能。因此，在当下探讨传统民本思想的价值问题，就不能不对两个时境下的“民”做对比研究。

二、破：传统民本思想的当代之问

在既有研究之中，对传统民本思想当代价值的探讨多是立足于该思想的辩证分析，肯定了其内蕴的“重民”“亲民”等内容，也批判了这些思想内容背后“驭民”“用民”的目的性，进而以此为逻辑基础来提出当代政治对传统民本思想的批判性继承与发展，传统民本思想的当代价值似乎也由此应运而生了。那么，问题是此“民”是否是彼“民”？若此民非彼民，则由此民所构建的政治意图是否可以、是否能推及彼民呢？若可以且能，依据为何？若不可以且不能，那上述结论是否成立呢？

---

① Ernesto Laclau, *On Populist Reason* (London: Verso, 2005), 122.

② Giorgio Agamben, *Means without End: Notes on Politics*, trans. Vincenzo Binetti and Cesare Casarino, (Minneapolis: University of Minnesota Press, 2000), 32

（一）民之问

我们先处理此“民”是否是彼“民”的问题。经前文探讨，“民”是一个历史性概念，时境变换中的政治会不停构建“民”的身份。传统社会中的“民”虽然也在不断演进，但是基本上是一个与“官”对立的概念，官民是一组对应关系。而对于当下“民”的探讨，虽因标尺的差异，产生了有较多不同的意见，有从社会角色的划定，也有从政治维度界定，但正如前文所言，“民”是有差异的前提下的共同表面的构建，所以，当下的“民”是等同于“人民”的。原因有二：一是从国家治理维度上看，国家一切权力属于人民，实现了人民当家做主。“在中国，国家各项制度都是围绕人民当家作主构建的，国家治理体系都是围绕实现人民当家作主运转的。”[①] 以此可以推出第二个原因，当下中国已经不存在传统意义上的“官”，虽然依然有“官”这个称谓存在，但是此“官”更多是服务者，是人民让渡公权力后的执行者，是人民公仆。他们本身也属于“人民”。是以，此“民”并不是彼“民”。前者的外延是官僚系统之外的广大民众，是相对“官”而存在的一个概念。后者的外延则是国家中的广大民众，其相对概念是“敌人”。那么，既然是两个不同的“民”，或者说是被政治构建的两种迥异身份，何以由彼身份的“民”去借鉴或继承、发展此身份下的“重民”“亲民”思想呢？换言之，如何让两个时境之下不同的“民”走向沟通的可能？这就有必要对两个“民”之下的意义构建做深入探讨。

（二）民本之问

可以想象的是，传统社会对“民”的构建是其民本思想形成的重要前提。其作为“官”的对应概念，它的产生就隐喻着在阶级社会中“官”“民”在政治关系上的不平等性。因为从话语对象的角度上看，民本思想的提出从来

---

① 《中国的民主》，中华人民共和国中央人民政府网（http://www.gov.cn/xinwen/2021-12/04/content_5655823.htm.2021.12.04）。

都不是要告诉广大民众他们才是国家的根本，而是对“官”所提出的思想内容体系，是在告知、警醒官僚阶层民众在国家治理中的价值与作用。而如何去消解或者降低这种身份的不平等性所带来的对抗呢？所以他们构建了一套以“立君为民”“民为国本”“政在养民”为基本逻辑的内容体系，提出了一系列关涉君、官、国、民的命题，如“君轻民贵”“民惟邦本，本固邦宁”等，旨在从根本上解决君民关系、官民关系中所潜存的对抗和对立。所以，不妨勇敢地假设：“民”作为一个被建构的概念，旨在赋予官僚体系之外的千千万万具体的“人”一个抽象的“民”身份，此举无疑可达及两个目标：一是将个体成功纳入治理体系之中；二是可构建“官”“民”在治理体系中的位序及其合法性。而民本思想的构建又进一步削减了“官”“民”之间基于政治关系的不平等性所导致的分歧与对抗。因此，张分田、张鸿等学者指出：“如果全面地审视民本思想发展史，仔细地分析相关的文献资料，就会清晰地感觉到：中国古代有‘民本’之论，却无‘民本主义’。古人所说的‘民为国本’并不意味着唯此为本。”[①]这说明在传统社会中，民本思想更多是停留在话语或是理论的构建上，但并没有一套切实可行的实践方案。

尽管如此，一个吊诡的现象是这并不妨碍民本思想对社会的构建作用。相反，因为“亲民”“爱民”“重民”等思想内容的提出，不但给“民”塑造了一个温情政治的乌托邦，使民本思想成为一种替君主长治久安设计的政治方案，而且其也被统治者们所掌控和利用，成为君主专制政治的润滑剂与粉饰者。正如金耀基所言：“盖中国之政治，自秦汉以降，虽是一个君主专制的局面，但总因有浓厚的民本思想之影响，遂使君主专制的政治弊害得以减轻与纾解。”[②]这决定了传统民本思想的价值归宿，在中国古代它只能是一种绝对君权的抑制剂、制动闸，而不可能导向主权在民、人民参政的民主

① 张分田、张鸿：《中国古代“民本思想”内涵与外延刍议》，《西北大学学报（哲学社会科学版）》2005年第1期。
② 金耀基：《中国民本思想史》，台湾商务印书馆1990年版，第2页。

政治轨道。

（三）人民之问

“人民”成为一个炙手可热的政治概念是晚近以来的事情了。但事实上，“人民”是一个古老的政治词汇，在我国，早在《周礼·地官司徒·大司徒》中就提到“掌建邦之土地之图与其人民之数”，“人民”意指平民百姓。在西方，古典思想家们也经常使用“人民”（demos，populus），意思多指城邦公民或普通民众以及穷人等。不过此时的“人民”更多都是具象化的指称，而少有抽象意义上的所指。直到17世纪以后，“人民”开始频繁出现在政治家们的笔下，其含义也在不断膨胀与扩张，才逐步形成了抽象意义上的“人民”概念。如卢梭就在《社会契约论》中明确把“人民”称作“抽象整体”，并认为它是最高主权的最终所有者。[①] 在我国当下的政治话语中，“人民”亦是一个抽象的整体，且被定义为是政治权利的终极源泉，即国家一切权力属于人民。

一个有意思的现象是“人民”是相对于“敌人”而存在的，甚至因为无论是人民还是敌人，由于它们都是抽象的整体，所以“人民”“敌人”的概念都是在我们的脑海中的想象性再现。而谁是我们的朋友？谁是我们的敌人？这样的问题似乎是单个个体难以去决策的，更多依赖于来自组织、政府和国家对于“朋友”“敌人”观念的构建。由是观之，如果说传统的民本思想的目的在于协调“官”“民”两大群体之间的关系，实现的是“官”对“民”治理的合法性与策略优化，那“人民”回应的问题又是什么呢？

一方面，“人民”完成了对一个想象的敌我矛盾的构建。借用阿尔都塞的观点，就是通过构建了“人民”这一个具有普遍性意义的概念，就把国家中每个具体的个人“呼唤或传唤”为某个具体的“人民”。就好比如是现在有人问：“人民涵盖了所有人。那么，请问你是人民吗？”你的回答很可能是：

---

① ［法］卢梭：《社会契约论》，何兆武译，商务印书馆1994年版，第25、26、76、85—86页。

“是的，我是人民。”这其实就是观念构建或者是意识形态功能的体现，即，我们通过构建一套话语，从而抽象出观念或意识形态，再通过传唤的方式，把个体变成了主体，从而实现意识形态的构建。另一方面，“人民”还涵盖了对人民内部矛盾问题的回应。这是因为“人民”作为抽象的整体，它和传统社会中的“民”一样存在各种多元断裂点。若以任何一个断裂点为基础，“人民”就可解析为多个类的“人民”群体，这必然带有一定的差异性从而形成矛盾。同时，在政治实践过程中，“人民”是具有双重性的：一重是作为权力来源之基石的抽象的人民，另一重是真正生活在政治中的广大民众。前者是政治权力的赋予者，后者是政治权力的受力方。二者如何在实践中实现统一，这也是矛盾产生的另一个重要原因。可能的解决策略依旧是意识形态的构建，即是个体成为所谓的“人民”，而人民从属于国家治理体系或统治体系，从而保证“共同体”的稳定性。

可见，尽管“人民”和“民”相似，都是一个被构建的身份，但是身份背后的政治性区别是显而易见的。首先，“人民”可能是一个比“民”更抽象的存在，毕竟后者所映射的“官”“君”的概念，以及“官民关系”“君民关系”还能在客观世界中被发现被认知，而“人民”与“敌人”之间的关系则相对抽象。尤其是当历史发展到今天，“人民”直接对抗的、公开的敌人隐匿、潜伏或者是消失以后，在日趋复杂的社会现实情况下，有些社会内部成员的复杂关系表面上转为“人民”内部矛盾。因此，“人民”是不完全等同于甚至有时是高度不同于“民”的概念，它们在内涵与外延上存在明显的差异。其次，“民”作为一个被构建的身份，其目的在于调和官民关系，捍卫“君权”的稳定。而“人民”则更多聚焦在“共同体”（或者是国家）的利益之上，甚至需要通过构建一个假想敌的存在，来保持“共同体”（或者是国家）的存在以及良性运转。最后是“人民”较“民”更具复杂性，它不仅具有“民”的断裂性，还有其角色的双重性，因此，对于“人民”身份的构建，更需要借助意识形态与话语的帮助。

由是观之，传统民本思想中的“民”与“人民”是两个异质体，是两种迥异的身份，此“民”诚非彼“民”，以此“民”为理论前提的民本思想必然也与以彼“民”为理论前提的人民思想或人民观难以产生交集。那么，具有一定进步性的传统民本思想或者说其中的先进内容，在当代要如何实现突围呢？

三、立：传统民本思想在当代的突围

关于传统民本思想的现代安置问题，应该说自近代以来，围绕着这个主题的探讨，用多如牛毛来形容也并不为过。相关论断可归纳成三个方面：一是以五四新文化派为代表的彻底西化论，他们全面否定了中国传统文化，认为“中国固有之文化”是“旧者”[①]。“吾人倘以新输入之欧化为是，则不得不以旧有之孔教为非；倘以旧有之孔教为是，则不得不以新输入之欧化为非，新旧之间，绝无调和两存之余地。吾人只能任取其一。”[②]新文化派是将“中”“西”文化冠以“旧”“新”之别，并认为新旧问题就是是非问题。这种荒谬且错误的归因逻辑，必然无法让传统民本思想走向创造性转化。二是绝大多数新儒家学者们认为，传统民本思想可以实现创造性转化。这种创造性的转化即是从民本走向民主，根本的依据在于传统的民本思想中蕴含着丰富的朴素民主思想。不仅如此，徐复观甚至认为传统民本思想中的困局，即有民本却无法进阶到以民为主的问题，只有民主政治才能破解。他说：“中国历史中的政治矛盾，及由此矛盾所形成的历史悲剧，只有落在民主政治上才能得到自然而然的解决。”[③]“中国的问题，必以政治民主为其解决的总关键，这是铁的事实。”[④]这是一种过于自信的观点，他们在一定程度上直

① 陈独秀：《独秀文存》，安徽人民出版社1987年版，第10页。
② 陈独秀：《独秀文存》，第660页。
③ 徐复观：《学术与政治之间》，台湾学生书局1985年版，第126页。
④ 徐复观：《学术与政治之间》，第435页。

接忽视了“民本”思想中的“民”与“民主”中的“民”的差异性，相反，对这种忽视理论前提的差异性进行弥补是于事无补的。三是作为特例的梁漱溟，他从文化发展的路向上入手，认为中国文明是早熟的文明，它的发展程度已经超越民主时代的文化，因此，在中国的传统民本思想中是走不出民主的。

对于上述三种论断，新文化派的观点已经被历史证实了是错误的，全盘西化以及全面否定中国传统文化是不对的。对于梁漱溟先生的观点，从逻辑上虽然有其一定的合理性，但是问题则在于中国文明早熟与否是值得商榷的问题，且文化早熟的标准又是什么也存有较大探讨空间。而新儒家学者们所寄望的创造性转化，在本文看来，亦是十分困难的。在本文的第二部分实质上回应的问题就是民本思想向民主转化之难。这些“难”体现在，两个“民”并非处在同样的范畴内，这导致“民本”思想的价值归宿是“为君”，这亦与民主的“为民”是背道而驰的。所以，传统民本思想向民主转化或许是一条没有归途的路。

但是，否定传统民本思想向民主转化并非否定其有现代转化的可能。相反，传统民本思想亟需现代转化。一方面是因为传统民本思想是中华文明数千年政治文化的淬炼与积淀，虽然它的某些具体的论断与主张是脱胎于特定的历史时境，并不能完全适用于新历史环境的需要，但是，其蕴含的内在精神是值得我们传承甚至是发扬光大的。另一方面，任何国家的发展都是具体的，是历史的，它不能脱离自身原有的传统、历史与文化去实现新的发展。正如余英时所言：“文化虽然永远在不断变动之中，但是事实上却没有任何一个民族可以一旦尽弃其文化传统而重新开始。克拉孔曾指出，一个社会要想从它以往的文化中完全解放出来是根本不可想象的事。离开文化传统的基础而求变求新，其结果必然招致悲剧。”[①] 那么传统民本思想如何在当下求

① 余英时：《中国思想传统的现代诠释》，江苏人民出版社2003年版，第36页。

变求新，可能的方向是融入后创新。

首先，融入后创新的方向是全过程人民民主。民主是全人类的共同价值，但民主是历史的、具体的、发展的，各国民主根植于本国的历史文化传统。中国的民主是全过程人民民主，它是党领导人民扎根广袤的中华大地，吸吮着中华民族漫长奋斗积累的文化养分，学习借鉴人类文明优秀成果，不断推进中国民主理论创新、制度创新、实践创新的经验结晶。它既有完整的制度程序，也有完整的参与实践，有效解决了阿甘本在谈及西方的“人民”时的“分隔性结构”悖论。即阿氏所言的“大写的人民”与“小写的人民”之间的隔离，“大写的人民”就是以整体人民之名进行统治的主权者，“小写的人民”则是指政治体系中每个具体的个体。全过程人民民主就是努力在时间的连续性、内容的整体性、运行的协同性、参与的广泛性和持续性上，让“小写的人民”走向“大写的人民”，即让人民真正当家做主。因此，相较于西方民主，全过程人民民主无论是从其文化根源还是其实践操作上，都应是传统民本思想进行现代突围的方向。

其次，融入可能是当前最佳的途径。就传统民本思想的融入问题，何信全曾指出：“如果中国要走向现代民主之路，又不愿舍弃文化传统中弥足珍贵的价值系统，则除了致力于两者之间的疏导融通之外，似乎别无选择。”那么，缘何融通是最佳路径？两种思想的关系可能的方式有：一是某一方被另一方完全吞噬，自身的特性完全消失；二是某一方向另一方转化，但可能还保持原有的特性；三是某一方融入另一方，推动了双方的变化。就第一种方式而言，这不是我们所期待的，且传统民本思想因其具有某些超越时空的政治价值也不会被轻易吞噬、消解；而转化已无可能，前文已进行过详细论述。而融入之所以成为可能，是因为尽管当下的“人民”身份所指称的范围远远大于传统的“民”，但却包含了传统的“民”所指称的对象，这也就意味着传统民本思想与当前的人民思想之间是有可融通的可能与空间的。

最后，融入的路径是什么。第一步，找到两个“民”中共同的部分，即

“人民”中所包含的传统意义上的“民”。换言之，即“人民”中没有进入公权力系统的那部分“民”。第二步，把民本安放在这部分“民”之上。正如前文所提及，“人民”内部依旧存在“官”“民”关系的问题，把民本思想限定在这个领域来进行融入是可行且必要的。因为传统民本思想中存有大量的对官民关系的要求与规范，这些要求和规范背后的价值放在今天的官民关系中依然适用。比如说民本思想中对官德的要求，虽然看似已经不完全适用于今天的民主时代，但是“任何社会结构都离不开一个领导阶层（elite），民主社会也不例外……因此领导人物的品质即使在现代民主社会中也依然是一个十分严重的问题。只要社会上有领导人物，人民便必然要求他们在道德上和知识上具备一定程度的修养。在这个意义上，儒家的修身论通过现代的转化与曲折也未尝不能继续在‘公共领域’中有其重要的贡献。传统儒家的‘有治人、无治法’的观念固已失时效，但‘徒法不足以自行’终究是一条经得起历史考验的原则。”① 第三步，在融入的基础上创新。毕竟，“人民”内部的“官”“民”关系是以现代民主制度为基础所展开的，它离不开人，也对政治环境中的人的道德素质、品行修养存有依赖，但是它不仅限于人，还需要制度、规则、程序甚至是法律做支撑，这就对民本思想的融入提出了创新的要求。这种创新我认为应该是“生产性的”，要跳出民本思想的历史性语境进行知识性的“再生产”：新的表述、新的视角、新的论断等。还可以是“整体性的”，即将“民”作为研究对象，去认识“民”，研究“民”，发现“民”，甚至预测“民”。

---

① 余英时：《现代儒学的回顾与展望》，生活·读书·新知三联书店2004年版，第185页。

民本思想与君臣纲纪

王朋飞　孙劲松

我国古代政治思想强调天命，商朝人重视血缘性的祖先崇拜，强调“以祖配天”，将天神上帝和祖先合一，认为“我生不有命在天”（《尚书・西伯戡黎》），天命不改。周王朝有鉴于商朝的覆灭，“把血缘性的祖宗崇拜，发展为政治与道德性的祖宗崇拜，把外在性的天神崇拜，逐渐内在化、道德化”①，实现了命定之天向道德之天的转化。周代统治者认为，天命的转移以民心为导向，“天矜于民，民之所欲，天必从之”（《尚书・泰誓上》）。因此古代经典中往往强调民心的重要性，主张人民为国家的根本。如《孟子・尽心下》中说：“民为贵，社稷次之，君为轻。”将人民放在了比社稷与君主更为重要的地位。《尚书・泰誓中》中称：“天视自我民视，天听自我民听。”强调天与民的联系。《礼记・礼运》中说：“大道之行也，天下为公，选贤与能，讲信修睦。故人不独亲其亲，不独子其子，使老有所终，壮有所用，幼有所长，矜、寡、孤、独、废疾者皆有所养，男有分，女有归。货恶其弃于地也，不必藏于己；力恶其不出于身也，不必为己。是故谋闭而不兴，盗窃乱贼而不作，故外户而不闭。是谓大同。”《礼记》中构想的最高级的大同世界的形态，所描述的都是人民生存状态如何安定和谐。而“大人世及以

作者简介：王朋飞，山东师范大学齐鲁文化研究院讲师；孙劲松，武汉大学国学院院长。

① 郭齐勇：《中国哲学史》，高等教育出版社2006年版，第16页。

为礼”的世袭君主制，不过是“大道既隐，天下为家”后的次级形态。

得民心者受命于天，拥有政权的合法性。若是民心背离，则会失去天命，丧失政权的合法性。统治者因此主张敬天保民，在对人民的关照中取得天命，实现统治的稳固。这种看重民心向背，以人民为国家根本的思想称为“民木”。民本思想在我国政治伦理中占据着重要地位。为君者治国理政，为臣者辅弼君主，都应坚持此项原则。

我国古代的君臣关系的原则，所谓“君为臣纲”，并非单方面的服从，按照古人的理解，君臣之间有着双向的互动要求。这种双向互动思想的源头也来自民本思想。为臣者有义务维持政权的稳定与君王的荣耀，而政权与君权的稳定与否归根结底系于民心的归向，而非君主个人的意愿与强力。为了使君主取得民心，为臣者必须保持一定的独立人格，对君主进行匡扶，规范君主的行为，使其行为符合民本的原则，而不是盲从、愚忠于君主。孔子称：“君使臣以礼，臣事君以忠。”（《论语·八佾》）在要求臣子效忠之前就对君主的行为设定了规范。《孟子》中称：“君之视臣如手足，则臣视君如腹心；君之视臣如犬马，则臣视君如国人；君之视臣如土芥，则臣视君如寇雠。”臣子的行为是对君主态度相应的回馈，而不应盲目地服从。在历史上，言官谏臣对君主的行为提出批评是其分内之事。因此，近代以来的将君臣关系批评为单向的服从的观点，如冯友兰总结封建社会的纲常名教，认为“不管为君、为父、为夫者实际上是怎样的人，……他们的臣、子、妻，对于他们都有绝对服从的义务”①。显然并不能反映我国古代君臣关系的实际情况。

以民本思想为指导，可以大致将古代君臣相处模式分为三个层级：君仁臣忠、君过臣谏、昏暴之君，或革或易，下面分而述之。

---

① 冯友兰：《中国哲学史新编》，人民出版社 2007 年版，第 73—74 页。

一、君仁臣忠

君仁臣忠，指君主怀有仁德，推行德政，以民为本，以德配天；为臣者因奉行和君主同样崇高的政治理念而忠于君主，自觉地接受君主的领导与支配。

仁君首先应具备仁的品格，成为人伦的典范。“国君者，国之仁人也。”（《墨子·尚同上》）仁是一切道德的总称。孔子称赞虞舜：“舜其大孝也与！德为圣人，尊为天子，富有四海之内，宗庙飨之，子孙保之。故大德必得其位，必得其禄，必得其名，必得其寿。……故大德者必受命。”（《中庸》）舜的无私、孝敬等品德都是仁的表现形式。心怀仁德者必定会接受天命，成为天下之主。此谓之德配其位。

其次，要具备为君的才能。《荀子》中认为：“天下者，至重也，非至强莫之能任；至大也，非至辨莫之能分；至众也，非至明莫之能和。此三至者，非圣人莫之能尽。故非圣人莫之能王。”（《荀子·正论》）要成为天下之主，需要具备“至强”“至辨”“至明”的能力。《管子》中称：“论材、量能、谋德而举之，上之道也。”（《管子·君臣上》）将选贤任能和修养道德作为君主之道。此谓之才堪其任。

最后，要推行仁政，为政以德，以民为本，将仁爱之心推之四海。君主怀有仁德，是推行仁政的起点。具备为君的才能，是推行仁政的必要手段。只有两者都具足，才能发政施仁，造福天下。宋代黄裳称：“道德灿然出于众人之上，材足以御其下者，坐之庙堂之中，号令于四海之外，其德之赏可以劝，其罪之罚可以畏，谓之曰君。”[1]可作为仁君的绝佳注脚。

如果仁君在位，以天下自任，行仁道，施仁政，抚育万民，做到了自身利益和天下利益的统一，由此得到了民心和天命，那么作为臣子来讲，对天

---

① 〔宋〕黄裳：《演山集》，〔清〕永瑢等：《景印文渊阁四库全书》（第1120册），台湾商务印书馆1983年版，第276页。

下、对百姓的忠诚和对君主的忠诚就能统一起来，也就没有什么公义和私恩之分了。

这种君臣之间因奉行共同的崇高政治理念而相得的模式又可称为“君臣道合”。所谓的道即天下公义，归根结底是在于百姓的福祉。正如宋代詹初所说：“君礼臣忠，是之谓上下交而志同。同非同私也，同其公。”① 这是中国古代理想化的政治模式，如《尚书·冏命》所说：“昔在文、武，聪明齐圣，小大之臣，咸怀忠良。”便是这种模式的写照。

这种理想化的模式可以从《易》上找到依据。《易·乾·彖》中称赞乾德：“大哉乾元，万物资始，乃统天。”乾德能够安养世间万物，使其得以孕育生长，形成了各自的品性。《易·坤·彖》中称赞坤德：“至哉坤元，万物资生，乃顺承天。”坤德能够顺承天的施予，承载万物。“天地之大德曰生。”（《易·系辞》）乾坤和合，如此则万物生生不息。君臣相得，如乾坤和合，各司其职，各安其位，合乎自然之道，百姓也就能够安居乐业。

如果为君者心怀仁德，而臣子却无忠诚之心，行为不轨，则会受到惩戒。如舜帝时共工、驩兜、三苗、鲧作乱，被称为“四凶”。舜帝“流共工于幽州，放驩兜于崇山，窜三苗于三危，殛鲧于羽山”（《尚书·舜典》），得到了天下人的拥护。

二、君过臣谏

君过臣谏，指的是为臣者对君主提出劝诫，纠正其过失。君主若是不行仁道，民心背离，则难免会有天命转移、身死国灭的下场。如果君主做出了或者要做出有违仁道的举动，臣子就要站在百姓的立场上勤加劝谏，使君主能够时刻规范言行，向着仁的境界趋近，避免民心偏离，政权动摇。

从臣子的角度来讲，辅佐君王推行仁政，以致尧舜，乃是为臣者的应有

---

① 〔宋〕詹初：《寒松阁集》，〔清〕永瑢等：《景印文渊阁四库全书》（第1179册），第5页。

之义。《孟子》中称："君子之事君也，务引其君以当道，志于仁而已。"（《孟子·告子下》）通过进谏对君主的行为进行规范，正是臣子塑造心目中的圣王、实现政治理想的重要途径。

根据效果，进谏可以分为纳谏和拒谏两种。

（一）纳谏则可以维系与增进君臣关系

君主或是自身力有不逮却怀有求仁为民之心，或是畏惧天命改易而丧失天下，往往会重视臣子的劝谏，择善而从。《尚书·冏命》说："惟予一人无良，实赖左右前后有位之士，匡其不及，绳愆纠谬，格其非心，俾克绍先烈。"君主认识到个人德行难以尽善尽美，需要依赖臣子来匡缪补阙，纠正错误。臣子竭诚进谏，君主虚心纳谏，那么君主的道德就能日臻完善，在治理国家时更能坚持想民所想，急民所急。有了民心的归向，国家才能安稳富强。

但是，即使是以善于纳谏著称的唐太宗，也难以善始善终。贞观元年，唐太宗鼓励臣子直言进谏："惟君臣相遇，有同鱼水，则海内可安。朕虽不明，幸诸公数相匡救，冀凭直言鲠议，致天下太平。"[①]可到了贞观十年（636），魏徵上书批评："昔贞观之始，乃闻善惊叹，暨八九年间，犹悦以从谏，自兹厥后，渐恶直言，虽或勉强有所容，非复曩时之豁如。"[②]由此可见，君主从谏如流乃是极难之事。臣子在进谏与纳谏的互动中的作用更加凸显。

古人通常把进谏的方式分为五种，但在不同的古籍中所立的名目不同。[③]大致可归为"婉言讽谏、顺情窥谏、质实正谏、敢言直谏、犯颜强谏"[④]。孔子主张采取讽谏的方法。"唯度主而行之，吾从其风谏乎。"（《孔子家语·辨证》）所谓讽谏，指用委婉的言语进行劝说。而犯颜强谏的方式，并

---

① 〔唐〕吴兢：《贞观政要译注》，裴汝诚、王义耀、郭子建、顾宏义译注，上海古籍出版社2006年版，第62页。
② 〔唐〕吴兢：《贞观政要译注》，裴汝诚、王义耀、郭子建、顾宏义译注，第287页。
③ 略举几例：《说苑·正谏》分正谏、降谏、忠谏、戆谏、讽谏；《白虎通义·谏诤》分讽谏、顺谏、窥谏、指谏、陷谏；《春秋公羊传》何休注分讽谏、顺谏、直谏、争谏、戆谏；《孔子家语·辨证》分谲谏、戆谏、降谏、直谏、风谏。
④ 孔繁敏：《论中国古代谏诤的几个问题》，《北京大学学报（哲学社会科学版）》1994年第5期。

没有得到广泛的认可。韩非用“婴逆鳞”来比喻触怒君主，主张劝谏者以不“婴逆鳞”为善。（《韩非子·说难》）因此为臣者在秉公持正的同时，还应掌握进谏的艺术与技巧。

（二）拒谏则可能结束君臣关系

当君主行为有失，臣子为百姓的利益考虑，屡次进谏却不被接受时，则臣子有离开君主的权力。《论语·先进》中称：“以道事君，不可则止。”这种思想已为三谏不听则去提供了基础。《礼记·曲礼》：“为人臣之礼不显谏，三谏而不听则逃之。”反对臣子公开诤谏，主张三谏不听则逃。《荀子·臣道》：“大臣父兄，有能进言于君，用则可，不用则去，谓之谏。”也认可不用则去。

关于这个问题，最有名的说法来自《孟子》。孟子为齐宣王言异姓之卿：“君有过则谏，反复之而不听，则去。”（《孟子·万章下》）将不听则去的主体定为“异姓之卿”。所谓异姓之卿，即和君主没有亲戚关系的臣子。更具体一点指的是与君主没有血缘关系的臣子。

从君臣关系的角度看，君臣关系以义为纽带，如果君主不接受臣子出于公义而提出的劝谏，那么，这种维系君臣关系的“义”——无论是以民为本的公义，还是以私恩为本的私义——就不复存在了。郑玄注《礼记》云：“君臣有义则合，无义则离。”①君臣之义已绝，三谏不听则去即是合理的。

从君主身份的角度看，君臣本是为了天下百姓的利益而精诚合作，如果臣子出于公义的劝谏不被采纳，说明君臣之间合作的目标，即所践履的道也就发生了分歧，君主背弃了仁道，丧失民心不再拥有天命，空负君之名，而无君之实。既然君已非君，臣子的离开就没有什么不妥了。

从臣子自身的角度看，尽管理论上，卓越的德行是君主所应具备的品格，

---

① 〔汉〕郑玄注，〔唐〕孔颖达正义：《礼记正义》，吕友仁整理，上海古籍出版社2008年版，第199页。

但真正能够宽容对待臣子进谏的君主实在少之又少。如果触怒了暴君，臣子受到处罚甚至被杀害，矫正君主的意愿没有达到，反而增添了君主的罪行。所以三谏而逃，不仅是对臣子义务的权变，也避免了君主滑向更加背离民本与仁道的深渊。

历史上不听则去的例子很多，如春秋时期，晋国向虞国借道，以攻打虞国的盟国虢国。虞国大臣宫之奇两次向虞君进谏反对，不被采纳，于是他带领族人逃离。最终虞国被灭虢后返回的晋军消灭。清人彭家屏称赞："宫之奇屡谏不纳而挈族以行，可谓知所处矣。"①

后世对于不听则去的做法颇有异议。如清代陆次云称："臣之于君，忠君之心，有死无二。无论折槛引裾，期于必听。即伏剑碎首，亦所不辞。幸而容纳，则为汲黯、魏徵。不幸诛戮，则为龙逢、比干。岂可以不听而逃乎？列国之时，有可逃去。后世四海一君，使其撄人主之逆鳞，则刑狱随之。倘有挂冠潜遁，则缇骑集门，孰有破柱复壁以容之哉？不如尽忠致身之为得也。"② 认为如果君主不听劝诫，臣子应以死相谏，以成就忠臣之名。陆次云生活在清朝前期，正是中国君主专制逐渐走向顶峰的时代。他曾任河南郏县知县、江苏江阴知县。其身份和所处的时代使得他无法具备孔孟程朱那样的格局。这种漠视生命的看法显然不是孔孟的本意。即使是在后世天下一统、无别国可奔的情况下，也可以采取出知地方、申请致仕等方法远离权力中心甚至脱离官场，而不必采取潜逃的方法。陆次云所说的除了死谏无他路可走，不过是借否定三谏而逃来为君本之说辩护。

对于后世否定不听而逃这一原则的行为，吕留良认为："嬴秦无道，创为尊君卑臣之礼，上下相隔悬绝，并进退亦制于君而无所逃，而千古君臣之

---

① 〔清〕魏禧撰，〔清〕彭家屏参订：《左传经世钞》，《续修四库全书》编纂委员会编：《续修四库全书》（第 120 册），上海古籍出版社 2002 年版，第 365 页。
② 〔清〕陆次云：《尚论持平》，四库全书存目丛书编纂委员会编：《四库全书存目丛书·子部》（第 115 册），齐鲁书社 1995 年版，第 233 页。

义为之一变，但以权法相制，而君子行义之道几亡矣！其有言及去字者，谐臣媚子，辄以二心大逆律之，不知古君臣相接之礼当然也。”[①] 因为秦朝变君臣相处之道，创尊君卑臣之礼，君主对臣子进行了严格的控制，所以臣子丧失了逃离的可能。后世对不听而逃的批评，乃是受了尊君卑臣之礼的余毒，而不明古代君臣相待之礼。更深入地讲，君臣都是为民而设。君主动辄以大逆来钳制臣子，实际上是将臣子误为了君而立，变民本为君本，来满足自己的私心大欲。

三、昏暴之君，或易或革

对于使民不堪命的昏暴之君，可以采取或改易君位，或革命推翻的办法。

（一）易位

君主施虐于民，足以亡国，臣子反复进谏不被采纳，可以从君主的亲族中挑选贤德之人来取代君位。这种观点见于《孟子》：“君有大过则谏；反复之而不听，则易位。”（《孟子·万章下》）行易位之事的主体被定为“贵戚之卿”。所谓贵戚之卿，指的是君主的亲族，与君主有同姓血缘关系。

亲戚易位之论虽为孟子首倡，并无旧说可依，但仍具有合理性。一来，君主无视百姓，犯有大过，且不知悔改，已经丧失了作为君主所应具备的品格，不宜再继续承担君位。二来，和异姓之卿相比，贵戚之卿是君主的亲族。“与君有亲亲之恩，无可去之义。”[②] 如果君主无道，天命转移，国家灭亡，那么宗庙难免会覆灭，这是为人子嗣者所不能接受的。“以宗庙为重，不忍坐视其亡，故不得已而至于此也。”[③] 如此方才实施易位，以保障祖先的祭祀。

考察历史事实，赵汝愚推动绍熙内禅，可备一例。宋光宗与其父宋孝宗

---

① 〔清〕吕留良撰，〔清〕陈鏦编：《四书讲义》，俞国林点校，中华书局2017年版，第831—832页。
② 〔宋〕朱熹：《四书章句集注》，朱杰人等主编：《朱子全书》（第6册），上海古籍出版社2010年版，第393页。
③ 〔宋〕朱熹：《四书章句集注》，朱杰人等主编：《朱子全书》（第6册），第394页。

不和，乃至“父疾不问安，父崩不成服”[1]，无父子之礼，更兼受制于妇人，不理朝政。宗室赵汝愚在太皇太后等人的配合下，推动宋光宗禅位于其子，是为宋宁宗。

但同宗易位的案例较少，历史影响不大。反倒是并非君主的同姓贵戚的伊尹和霍光对君主进行易位的例子较为著名。伊尹流放昏聩的商君太甲，待其悔过后又还政于君。霍光在汉昭帝死后立昌邑王为帝，昌邑王荒淫无礼，霍光遂上奏皇太后，另立汉武帝曾孙刘病已为帝，是为汉宣帝。伊尹、霍光行易位之事，受到历代的颂扬。但是也对后世产生了不良的影响。历代奸佞弄权废立，往往假托行伊霍之事，而实为王莽、董卓之实。《孟子》中，公孙丑就伊尹之事发问，质疑为臣者放逐不贤的君主的做法。孟子回答：“有伊尹之志则可，无伊尹之志则篡也。”（《孟子·尽心上》）为臣者欲改易君位，须秉公持正为天下计，不能怀有私心，否则就是篡位。

亲戚易位，司马光强烈反对这种做法，并举殷末三仁不废纣王为证：

> 有大过无若纣，纣之卿士，莫若王子比干、箕子、微子之亲且贵也。微子去之，箕子为之奴，比干谏而死。孔子曰：“商有三仁焉。”夫以纣之过大，而三子之贤，犹且不敢易位也，况过不及纣，而贤不及三子者乎？[2]

司马光认为，人臣无论异姓同姓，都不能行易位之事。即使是像比干、箕子、微子一样的贤人，也没有行废纣立新王之事。对于司马光的质疑，朱熹的观点或许可以回答：“然三仁贵戚，不能行之于纣；而霍光异姓，乃能行之于昌邑。此又委任权力之不同，不可以执一论也。”[3]“若其力之可为，

---

① 《御批续资治通鉴纲目》，〔清〕永瑢等：《景印文渊阁四库全书》（第 694 册），第 45 页。
② 〔宋〕司马光：《司马温公集编年笺注》（第 5 册），李之亮笺注，巴蜀书社 2009 年版，第 427 页。
③ 〔宋〕朱熹：《四书章句集注》，朱杰人等主编：《朱子全书》（第 6 册），第 394 页。

则伊尹、霍光固以异姓之卿而行之矣，况有骨肉之亲者乎？”[1] 在朱熹看来，三仁没有行易位，而霍光作为异姓之臣，却能够废立，是因所担任的职责以及掌握权力的缘故，并不能因此就否定亲戚易位的合理性。司马光身居相位，此说实为维护君权而发。朱熹身居权力中心之外，故更能秉持公心，代表中国古代学者的普遍看法。

（二）革命

如果君主怙恶不悛，臣子苦谏无果，贵戚之卿也无力匡正，那么民心最终会转移到新的有德者身上。有德之臣受命于天，顺天应民，对无道昏君进行征伐，改朝换代，使天下重归于安乐祥和。民心转移，则君主权力就不具合法性，也就不能称之为君主。齐宣王以武王伐纣为以臣弑君，孟子回答：“贼仁者谓之‘贼’，贼义者谓之‘残’。残贼之人，谓之‘一夫’。闻诛一夫纣矣，未闻弑君也。”（《孟子·梁惠王下》）正是这个道理。

新的天命者，对失道者进行讨伐，反而是顺应了民意。所以说：“汤武革命，顺乎天而应乎人。”（《易·革·彖辞》）发扬仁心，为民除害，那么百姓归顺，如同水流就下，是自然而然的事情。得道者得君位，失道者失君位，都是民心向背的结果。

如何处理君臣之分与革命的正当性是理解臣子革命的关键。暴君虽有君之名，论者皆从实入手，否定其作为君主的正当性，以摆脱忠君与革命之间的矛盾。如孟子否认纣为君，而是称其为残贼一夫。《管子》中，齐桓公对三王弑其君而成为仁义的代表表示怀疑，管仲回答：“善之伐不善也，自古至今，未有改之。君何疑焉？”（《管子·内言》）将汤武革命定义为善伐不善，善者民心归附，得天命而为君，不善者民心背离，失天命而为贼，君臣关系发生了转移，由此消解了忠君与革命之间的矛盾。

虽然汤武都被认为是圣君，历来受到推崇，但是对于汤武革命的批评并

---

① ［宋］朱熹：《四书或问》，朱杰人等主编：《朱子全书》（第6册），第474页。

非没有。《韩非子》中称："汤、武为人臣而弑其主、刑其尸，而天下誉之，此天下所以至今不治者也。"（《韩非子·忠孝》）韩非强调孝悌忠顺，认为君臣之间的上下秩序不可更改。所以汤武以下犯上，杀害君主，天下人反而称赞这种扰乱秩序的人，天下因此而混乱。韩非的观点忽略了名与实的关系。苏轼对学者赞扬汤武革命提出了批评："自是学者，以汤、武为圣人之正，若当然者，皆孔氏之罪人也。使当时有良史如董狐者，南巢之事，必以叛书，牧野之事，必以弑书。"①苏轼认为武王不应以武力取代商朝，而是应等待纣王死亡，殷人立新君臣服于周，这样才能两全君臣之道。虽然修仁德、行仁政能够使天下归心，但自以为不通过武力就能使敌方投诚，这种幻想显然不切实际。

中国历史上的主流观点还是如《易·革·彖辞》中所说的那样，认为汤武革命、顺天应人。历代学者解《易》，论及汤武革命，也多采取赞扬的态度。统治者并没有因汤武革命之说有可能引起政权的动摇而将其禁绝。实际上，这种鼓吹民本与革命的思想对于君主是一个警示，有助于构建合理的君臣关系，使君主以谨慎的态度维护百姓的利益。

熊十力在《原儒》中批评："孟、荀虽并言革命，而只谓暴君可革，却不言君主制度可废，非真正革命论也。惟《礼运》言'天下为公、选贤与能'，而深嫉夫当时之大人世及以为礼，此乃革命真义。"②在他看来，孟子、荀子仅仅主张革除暴君还是不够的，还应改变"大人世及以为礼"的现象，废除君主制度，使百姓能够各尽其力，各有归宿，实现《礼记》中所说的"天下为公"的政治理想。

四、总结

天命的来源在于修德，修德则民心归附，上天就会把天命赋予有德者，

① 〔宋〕苏轼：《苏轼文集》，顾之川校点，岳麓书社2000年版，第146页。
② 熊十力：《原儒》，《熊十力全集》（第6卷），湖北教育出版社2001年版，第449页。

使其成为君主，来保障百姓生活的安定和谐。正所谓："天之生民，非为君也；天之立君，以为民也。故古者，列地建国，非以贵诸侯而已；列官职，差爵禄，非以尊大夫而已。"（《荀子·大略》）君臣的产生与运作，都是为了保障百姓的利益。所以，维系君臣关系的纲纪，也应该以民本为原则。中国古代的许多典籍，如四书五经等，其中但凡涉及君臣关系，背后都有民本思想来作为支撑。民本思想是构成以儒家思想为主流的中华民族精神的重要内容，得到了中国社会的普遍认同，并成为历朝历代君臣的政治指南。既不停止对君主实现圣王境界、将人民利益与自身利益合一的期许，又顾及君主作为人本身所固有的私欲，还为由人到圣的升华指明了方向。也使为臣者能够在忠君与民本之间寻找平衡点，既追求人民利益、君主利益和个人利益的统一，又不丧失自己的人格，为臣子在塑造圣王、追逐理想失败后提供了其他的可行路径。虽然历史上有些学者对于以民本思想为指导君臣纲纪进行过曲解，但并不能因为后世的曲解而否定整个儒家的思想与理念。毕竟历史上的某些曲解君臣纲纪的言论虽然能产生一时的流毒，但是，四书五经长久以来被历代王朝君臣奉为经典，儒家思想被奉为作为官方的指导思想，其影响的广远是任何一时的曲解性的言论所不能比拟的。尽管在实际的操作中，历代君臣的言行会产生偏移，难以完全契合民本的精神，甚至在极端的情况下会与之背道而驰。但是如果中国几千年的政治文化实践中没有以民本思想为指导的君臣纲纪，没有这些君主、大臣、普通民众都接受或者不敢公开反对的道德原则、政治原则，这个社会将会偏移得更远。

“本心同然”与象山心学的平民性

杨永涛

儒学的平民性是一个时代大课题。郭齐勇教授强调：“越是社会底层的老百姓，越是拥有儒家的基本价值。这是民间儒学的基础。”而徐复观先生更曾尖锐地指出：“我们只看中国知识分子的行为，自科举制度实行以来，以至于今日，其品格大体上皆不如愚夫愚妇；都市人的品格，大抵不如农村。不认识字者之中可以出一个金石为开的武训，但在知识分子中决出不出一个武训型的人物。武训不懂得许多道理，而只有兴学以救穷子弟之一念，自其心坎中流出，便有一生不容自已的忘己救人（兴学，在他的心目中即是救人）的卓绝行为。这类事实，只有在象山的学说中才可加以解说，即此，亦可以知道象山学说的真价。”① 他在其《象山学述》更是指出：“象山之学，最足表现中国文化之基本精神。”② 从这个角度看，这是指儒家精神“爱人”的生命底色。

学界以往研究陆象山，注重于其主体性的探求，而忽视了对其平民性的系统考察。对象山心学主体性思想的研究可谓汗牛充栋，但牟宗三先生曾指出陆象山哲学研究的难度很大，因为陆象山总是“非分解地启发、指点、训

作者简介：杨永涛，武汉大学国学院博士研究生。

① 徐复观：《中国思想史论集》，九州出版社 2013 年版，第 21 页。

② 徐复观：《中国思想史论集》，第 1 页。

诚、遮拨”①。牟宗三以“分解”与“非分解”分判朱熹与陆象山的学问特色，他认为“朱子重分解，此非其病，并在端绪不明也。”②所谓“端绪”应是“辨志”，是主体不明。陆象山哲学强调人对于“本心”的自我发明，是通过“非分解”的指点使人明志、笃行，就学问而言，象山心学强调的是人人本自具足的“尊德性”③，主张“朴实”与真诚。而朱熹太过注重概念的分析，进而“立议（议论）”④，甚至引发学术上的意气（胜意）纠纷。因此，本文所做的研究是在体会“非分解”的文本阐释基础上，以陆象山论述“圣凡”异同作为文本载体来考量象山心学的平民性。

一、圣贤先得“本心”

圣人并不是孤立的存在，“千万世之前，有圣人出焉，同此心同此理也。千万世之后，有圣人出焉，同此心同此理也。东南西北海有圣人出焉，同此心同此理也”⑤。正是因为圣人“先知先觉”“同心同理”背景，圣人群体才涌现出来，而且圣人群体的出现并不以时间、地域为限制，而具有道德超越性。陆象山指出：“‘人皆可以为尧舜’，‘尧舜与人同耳’，但恐不能为尧舜之大也。”⑥这个“大”可指两个层面：第一个层面是圣人的功绩大，

---

① 牟宗三：《从陆象山到刘蕺山》，《牟宗三先生全集》（第8册），（台湾）联经出版事业有限公司2003年版，第3页。

② 牟宗三：《从陆象山到刘蕺山》，《牟宗三先生全集》（第8册），第5页。

③ 在陆氏处，尊德性与道问学并不是矛盾的，两者同源于本心之发用为一，这也就如同“存养”与“格致”在“心即理”的修养工夫上没有本质的差别。陆象山认为圣人之学是“践形尽性”之学：“夫学，尊德性而已矣；问也者，问此者也；学也者，学此者也。遗此之谓禅，离此之谓训诂。故尊德性者，君子之所主以为问学者也；问学者，君子之所由以尊德性者也。舍问学而求尊德性，则德性不可得而尊；舍尊德性而求道问学，则亦不复有所谓问学之事。此尊德性、道问学所以为一，而非可以存养、格致分属并言者也。且存养非他也，存其所格之理焉耳；格致非他也，格其所存之理焉耳。存也，格也，其功无二用也。是乃所谓问学，而君子所由以尊德性者也。如必析尊德性以属存养，析道问学以属格致，而谓尊德性之功，别有出乎问学之外，则《中庸》首章之独言戒惧，于义既不免有所遗，而大学之格物致知，乃徒为博物洽闻之具，而非所以致诚正修齐之实矣。此岂独不知尊德性、道问学，亦岂识所谓存养、格致哉？”（〔宋〕陆九渊：《学则辩》，《陆九渊集》附录一，钟哲点校，中华书局1980年版，第547页）

④ 牟宗三：《从陆象山到刘蕺山》，《牟宗三先生全集》（第8册），第10页。

⑤ 〔宋〕陆九渊：《杂说》，《陆九渊集》卷二十二，钟哲点校，第273页。

⑥ 〔宋〕陆九渊：《语录》，《陆九渊集》卷三十四，钟哲点校，第421页。

孔子“祖述尧舜，宪章文武”之赞叹亦可见，这是常人难以达到的境界；第二个层面是指圣人“从其大体”，“从心所欲不逾矩”（《论语·为政》）呈现出来“肫肫其仁！渊渊其渊！浩浩其天！”（《中庸》）之德性之界。

就圣人群体而言，常人固有的视野是一种追求“三代”近乎完美的理想图景，禹不如尧舜，孔孟不如尧舜。孔子也曾喻之“子谓《韶》，尽美矣，又尽善也。谓《武》，尽美矣，未尽善也。”（《论语·八佾》）而陆象山指出，三代“伏羲之时，未有尧之文章，唐虞之时，未有成周之礼乐。”这从历史现实的角度解释人类社会的进步，是客观之存在，是实情之记叙。但同时，陆象山指出：“非伏羲之智不如尧，而尧舜之智不如周公。”[①]“文章”“礼乐”的进步虽并不与圣贤德智相挂钩，但光明的德性之智是平等存在于每一个圣贤之中的，进而也是普遍存在于每个普通人生命中的。王阳明在这一点上论说得更为通透。他在继承孟子、陆象山的基础上认为：“圣人之所以为圣，只是其心纯乎天理，而无人欲之杂。犹精金之所以为精，但以其成色足而无铜铅之杂也。”同时对于每个个体而言，“人到纯乎天理方是圣，金到足色方是精”。就圣人群体的历史记载及其功绩而言，“然圣人之才力，亦是大小不同，犹金之分两有轻重。尧、舜犹万镒，文王、孔子有九千镒，禹、汤、武王犹七八千镒，伯夷、伊尹犹四五千镒”。这些分量上的差别，并不影响本心纯乎天理上的一致性与平等性，“才力不同，而纯乎天理则同，皆可谓之圣人”。进而王阳明从工夫修养的精粗角度指出“盖所以为精金者，在足色而不在分两；所以为圣者，在纯乎天理而不在才力也”[②]。而这一“惟精惟一”（《尚书·大禹谟》）之学也被王阳明视为“圣学之源”。[③]圣人群体的图景被陆象山、王阳明重新拉回到基于“天理（本心）”的平行线上，

---

① 〔宋〕陆九渊：《与邵叔谊》，《陆九渊集》卷一，钟哲点校，第2—3页。
② 〔明〕王守仁：《传习录上》，《王文成公全书》卷一，王晓昕、赵平略点校，中华书局2015年版，第34页。
③ 〔明〕王守仁：《象山文集序》，《王文成公全书》卷七，王晓昕、赵平略点校，第296页。

这是心学的独特贡献。

陆象山认为圣人先知先觉，但亦有所不知。陆象山指出儒家的常道是必然贯彻到每个人自身，而这是基于上天赋予每个人自身的天命，“天命之谓性”（《中庸》）将每个人的善端善性与上天相贯通，其形而下的显现之一就是：“爱人者，人恒爱之；敬人者，人恒敬之。”（《孟子·离娄下》）这样的推扩才是圣贤之所以是圣贤的进路。正所谓：“彝伦在人，维天所命，良知之端，形于爱敬，扩而充之，圣哲之所以为圣哲也。”[①]“使先知觉后知，使先觉觉后觉也。”（《孟子·万章下》）“先知者，知此而已；先觉者，觉此而已。”[②] 在陆象山看来，所谓的圣人先知先觉就是这样的一种扩充进路。但因为人的气禀是不同的，于是产生了愚人、不肖之人，“气有所蒙，物有所蔽，势有所迁，习有所移，往而不返，迷而不解，于是为愚为不肖，彝伦于是而斁，天命于是而悖，此君师之所以作，政事之所以立”[③]。因此，才需要通过“天、地、君、亲、师”以及“礼、乐、刑、政”复归人之“常道”。同时，圣人所具备的德性之智，并不是耸立的山峰高不可攀，“圣人之智，非有乔桀卓异不可知者也，直先得人心之同然耳”[④]。天下事理，固有愚夫愚妇之所与知，而大贤君子不能无蔽者。[⑤] 圣贤都是从普通人中走出来的，并非高不可攀，圣人只是比普通人“先得”人人具足的“本心”，并使其敞现开来（并通过经典文本教化平民等方式），最终目标还是要“会其有极，归其有极”（《尚书·洪范》）。

此外，象山认为圣贤异于平民处还在于其善推其心。《中庸》言“君子”之道“费而隐”，亦可谓广大而精微。《中庸》认为，“道”是开放给每个人的，“夫妇之愚，可以与知焉，及其至也，虽圣人有所不知焉；夫妇之

① 〔宋〕陆九渊：《武陵县学记》，《陆九渊集》卷十九，钟哲点校，第238页。
② 〔宋〕陆九渊：《武陵县学记》，《陆九渊集》卷十九，钟哲点校，第238页。
③ 〔宋〕陆九渊：《武陵县学记》，《陆九渊集》卷十九，钟哲点校，第238页。
④ 〔宋〕陆九渊：《智者术之原论》，《陆九渊集》卷三十，钟哲点校，第348页。
⑤ 〔宋〕陆九渊：《与吕伯恭》，《陆九渊集》卷五，钟哲点校，第61页。

不肖，可以能行焉，及其至也，虽圣人有所不能为。”（《中庸》）这里的“知”是明白、体察的意思，圣贤和平头百姓都能够在道德性起点层面平等地体察到“君子之道”。陆象山认为：“夫圣人有所不知不能，则可谓隐密精微之地矣，而不外乎夫妇之所可知、所可能。”①“隐密精微之地”就是上文所言“纯一之地”，这就是基于“天理”“心即理”基础上的圣人、平民都可以体察到的“本心”。圣人之所以为圣人，是因为“常人之学，多是偏于一理，主于一说，故不见四旁，以起争辨。圣人则中正和平，无所偏倚”②。是因为“（圣人）仁义忠信，乐善不倦，此夫妇之愚不肖，可以与知能行。圣贤所以为圣贤，亦不过充此而已。学者之事当以此为根本”③。从孔子到孟子，儒家推扩仁心（仁爱）的路径也逐渐显现，尤其是孟子的“扩充”说：“古人之所以大过人者无他焉，善推其所为而已。人所不见，此心昭然。善推所为，充是心而已。”④圣人善于扩充本心，而常人之中往往有“学未知至”者，他们往往“自用其私者，乃至于乱原委之伦，颠萌蘖之序，穷年卒岁，靡所底丽，犹焦焦然思以易天下”⑤。这就变成非常可悲的现实。

同时，圣人立志行道，学而后进。陆象山十分重视“立志”，他认为孔子所言“吾十有五而志于学”已经千百年不传了。“道非难知，亦非难行，患人无志耳。”⑥这并不能怪“立志”本身，只是人们缺少个德性之智的认识，“须是有智识，然后有志愿。人要有大志”⑦。他认为平常人需要圣人的“先知先觉”给予开导，但“常人汩没于声色富贵间，良心善性都蒙蔽了。今人如何便解

---

① 〔宋〕陆九渊：《圣人以此洗心退藏于密吉凶与民同患神以知来知以藏往》，《陆九渊集》卷二十九，钟哲点校，第341页。
② 〔宋〕朱熹：《总论为学之方》，〔宋〕黎靖德编：《朱子语类》卷八，王星贤点校，中华书局1986年版，第130页。
③ 〔宋〕陆九渊：《与陶赞仲一》，《陆九渊集》卷十五，钟哲点校，第193页。
④ 〔宋〕陆九渊：《赠陈晋卿》，《陆九渊集》卷二十，钟哲点校，第248页。
⑤ 〔宋〕陆九渊：《与邵叔谊》，《陆九渊集》卷一，钟哲点校，第2页。
⑥ 〔宋〕陆九渊：《与侄孙濬》，《陆九渊集》卷一，钟哲点校，第13页。
⑦ 〔宋〕陆九渊：《包扬显道所录》，《陆九渊集》卷三十五，钟哲点校，第450页。

有志，须先有智识始得。有一段血气，便有一段精神”[①]。同时，他认为：“今时学者，悠悠不进，号为知学耳，实未必知学；号为有志耳，实未必有志。若果知学有志，何更悠悠不进。”[②] 象山门人李伯敏曾以书信向朱熹问学，朱熹劝导他专心向陆象山问学，专心致志，及早辨志。李伯敏得朱熹此书，遂终生为陆象山之学，不复名他师。陆象山告诫李伯敏为学要有所立，不要为流俗所移。[③] 这都涉及一个立志真切、真学真知的问题。

圣贤教化在于“使民宜之”，具有平民性。陆象山认为：“道者，天下万世之公理，而斯人之所共由者也。”他并没有把“道”只归结为圣人所有，“道”对于公共性的所有人都是平等敞开的。只是因为，“惟圣人惟能备道”，而“常人固不能备道”并不意味着常人“尽亡其道”。陆象山认为：“田野陇亩之人，未尝无尊君爱亲之心，亦未尝无尊君爱亲之事，臣子之道，其端在是矣。”[④] 一个人只要端绪已明，即使没有人教育他，也不能说他不能推扩他的仁心。但若民欲行道，仍需要重视“民之于道，系乎上之教；士之于道，由乎己之学”[⑤] 的途径，当然，途径的差异并不妨害了主体的“本心”独立。

陆象山进一步根据《易传》“使民宜之”一语，加强了对“民可使由之，不可使知之”一句的诠释。他认为，“非圣人固不使之知也，若道之义则彼民之愚，盖有所不能知也。若乃其道之宜，则圣人固与天下之民共由而共享之”[⑥]。他举例论证：“方民未知佃渔也，圣人作为网罟，而民宜于网罟矣。方民未知耕稼也，圣人作为耒耜，而民宜于耒耜矣。以至舟楫、弧矢、杵臼，莫不皆宜于民。虽其以象以义，取诸离益之诸卦，而其所以使民宜之者，盖

① 〔宋〕陆九渊：《语录》，《陆九渊集》卷三十五，钟哲点校，第 451 页。
② 〔宋〕陆九渊：《与舒西美》，《陆九渊集》卷五，钟哲点校，第 63 页。
③ 赵伟：《陆象山门人》，中国社会科学出版社 2009 年版，第 126 页。
④ 〔宋〕陆九渊：《论语说》，《陆九渊集》卷二十一，钟哲点校，第 263—264 页。
⑤ 〔宋〕陆九渊：《论语说》，《陆九渊集》卷二十一，钟哲点校，第 264 页。
⑥ 〔宋〕陆九渊：《使民宜之》，《陆九渊集》卷二十九，钟哲点校，第 340 页。

无以异于黄帝尧舜之乾坤也。”[①] 肖芬芳认为陆象山则对“民可使由之”做出了新的阐释，认为“由”具有“共由共享”之义，“之”指向“道之宜”，于是庶民和圣人能够共由共享在此道创造的文明成果。[②]“共由”是没问题的，但原文两个“之”的指向还应“大道”，非“道之宜”。李景林教授结合楚简《尊德义》认为，“民可使由之”之“之”，既非指“民”，亦非指“王”，而是指“王教”、礼乐或“道”。此道、礼乐，是统治者和天下百姓所应遵循的最高原则，而王与民当共由之。[③] 笔者从之。丁四新教授对这句话的解读是：“人民可以让他们跟从大道，但无法使他们知晓、认识到道本身。”丁教授还指出：“孔子并没有说百姓永远不可能知‘道’。”[④] 在陆象山的视角下，他更明确地认为“常人固不能备道”不能意味着常人“尽亡其道”，只不过常人因为气质之差异而偏于一理。变化气质后，仍可通经达道。

二、平民后得“本心”

陆象山要打破平民对平民自身的固有认识，我们首先要解决“平民”的历史维度。他认为在上古三代的时候，君子之道普遍施行，“匹夫匹妇，不获自尽，民主罔与成厥功。”[⑤] 是“比屋可封”的场景。在当时“愚夫愚妇，亦皆有浑厚气象，是时便使活佛、活老子、庄、列出来，也开口不得。”[⑥] 平民百姓气质浑厚，人性朴素善良，“邪说诐行不作”。这是因为老百姓“渐于圣人之化，自无昏塞之气，乖薄之质，其迁善远罪之处，不谋同方”[⑦]。

---

① 〔宋〕陆九渊：《使民宜之》，《陆九渊集》卷二十九，钟哲点校，第 339—340 页。
② 肖芬芳：《“使由使知”新诠与宋代庶民教化理念的发展》，《北京社会科学》2020 年第 11 期。
③ 李景林：《“民可使由之”说所见儒家人道精神》，《人文杂志》2013 年第 10 期。
④ 丁四新：《“民可使由之，不可使知之”问题检讨与新解》，《东岳论丛》2020 年第 5 期。
⑤ 〔宋〕陆九渊：《天地设位圣人成能人谋鬼谋百姓与能》，《陆九渊集》卷二十九，钟哲点校，第 343—344 页。
⑥ 〔宋〕陆九渊：《语录》，《陆九渊集》卷三十五，钟哲点校，第 438—439 页。
⑦ 〔宋〕陆九渊：《与吕子约》，《陆九渊集》卷五，钟哲点校，第 62 页。

正是因为圣人的教化、感化，平民的气质才得以改变。但同时，陆象山指出，古代的平民士人尚且可以“依据末节细行以自律”，而没想到今天的读书人“有如许浮论虚说谬悠无根之甚”①。这样的古今对比对于冲击平民对自身的固有认识有“羞恶之心”的点发。

就上天赋予人的生理功能来看，圣人与平民没有根本差别，“天之生人，人之得于天，其具耳目口鼻者，莫不皆有此理。耳便必当无有不聪，目便必当无有不明，口便必能尽别天下之味，鼻便必能尽别天下之臭，圣人与常人都一般”。但因为“惟众人有气禀之杂，物欲之累”，“气禀有厚薄昏明强柔利钝之殊”的缘故，② 圣人与平民在视听言动上才会有很不一样的表露，这也导致普通人与圣人相比较而言不能够“充践此形”③。

《孟子》言“我不能”是“自贼”的行为，“至是而又自欺其心，则所谓下愚不移者矣”④。因为纵情于声色犬马、财色名利，“下愚”只能在失其本心的状态下苟活。无论是智者，还是愚者，在“本心”面前都是平等的，只可惜智者、愚者都有所失。阳明对“下愚不移”的解读更是妙，王阳明的弟子问道：“上智下愚如何不可移？”阳明回答：“不是不可移，只是不肯移。”⑤ 这十个字铿锵有力，“可”代表着限制、规范，是外在的；而“肯”代表着主动、自得，是内在的。上文也提到陆象山所论“不肯为小人”，就是在于人“本心”的那一点灵明没有被损磨掉，这种向上的生机一直存有。因此，陆象山愤慨而言：“人之所以异于禽兽几希，庶民去之，君子存之，是心或几乎泯，吾为惧矣！天地鬼神不可诬也，愚夫愚妇不可欺也，是心或几乎泯，吾为惧矣！”⑥ 本心之存有并不会被外物所夺取，愚夫愚妇也有、

---

① 〔宋〕陆九渊：《与曾宅之》，《陆九渊集》卷一，钟哲点校，第 6 页。
② 〔宋〕陆九渊：《与傅圣谟三》，《陆九渊集》卷六，钟哲点校，第 79 页。
③ 〔宋〕朱熹：《尽心上·形色天性章》，〔宋〕黎靖德编：《朱子语类》卷六十，王星贤点校，第 1452 页。
④ 〔宋〕陆九渊：《与赵然道三》，《陆九渊集》卷十二，钟哲点校，第 158 页。
⑤ 〔明〕王守仁：《传习录上》，《王文成公全书》卷一，王晓昕、赵平略点校，第 39 页。
⑥ 〔宋〕陆九渊：《敬斋记》，《陆九渊集》卷十九，钟哲点校，第 227—228 页。

庶民孩提也有、鳏寡孤独亦有。这一“本心”凸显了陆王心学的一以贯之。郭齐勇教授也指出，王阳明真正的理框架和心学的底色，是由象山先生确定的。[①]那么，如何去“移”？陆象山指出：“诚能于此深切着明，则自成、自道、自求多福者，权在我矣。前言往训，真先得我心之所同然耳。”[②]只有每个人“先立乎其大”，才能够存养本心，进而“优入圣域”。

陆象山的“辨志”论应分向两个群体，一是士人；一是常人。对常人来说，“愚民不知所辨，则可以得货”[③]。平民受其气质局限，在货利面前不能够很好地判断是否是合义之财，因此，无关义利，皆有贪心私念。同时，“常人之学，多是偏于一理，主于一说，故不见四旁，以起争辨。圣人则中正和平，无所偏倚”[④]。这并不意味着“一理”尽然错误，只不过没有圣人般从容中道，从心所欲不逾矩。这并不意味着要刻意降低对常人的标准，陆象山认为：“常人更应自我辨志。”通过“继续之善，防闲之严”，防止被浑噩习气带上歧途，而且这如同除草要从芽苗时起，“辨之于早，绝之于微，则易为力耳”[⑤]。否则，就只能是“善恶之习，犹阴阳之相为消长，无两大之理。一人之身，善习长而恶习消，则为贤人，反是则为愚。一国之俗，善习长而恶习消，则为治国，反是则为乱。时之所以为否泰者，亦在此而已”[⑥]。所以，后天习气的影响可谓牵一发而动全身。因为人之气质的差异，无论是“君子贤其贤而亲其亲”，还是“小人乐其乐而利其利”，都是因其气质不一而导致的不同情形，因此陆象山称两者“俱是一义”，也就是在这个层面上说明了君子、小人在面对财货等情况下不同表现的合理性，但这在象山看来，只能是“仁

① 郭齐勇：《序》，欧阳祯人主编：《心学史上的一座丰碑：陆象山诞辰880周年纪念》，武汉大学出版社2020年版，第1页。
② 〔宋〕陆九渊：《与赵然道三》，《陆九渊集》卷十二，钟哲点校，第158页。
③ 〔宋〕陆九渊：《葛致政墓志铭》，《陆九渊集》卷二十八，钟哲点校，第329页。
④ 〔宋〕朱熹：《总论为学之方》，〔宋〕黎靖德编：《朱子语类》卷八，王星贤点校，第130页。
⑤ 〔宋〕陆九渊：《与诸葛诚之二》，《陆九渊集》卷四，钟哲点校，第51页。
⑥ 〔宋〕陆九渊：《与杨守三》，《陆九渊集》卷九，钟哲点校，第124页。

者见之谓之仁，智者见之谓之智”[①]。不代表陆象山同意两者“不应趋向于同一善的标准”。只是因为圣贤与常人的气禀不一，而由此肯定发生现象的逻辑性和现实性，但陆象山终究还是希望常人及早辨志，明公私，这即是“从其大体”“发明本心”。因为，正是基于主体的平等，“人惟患无志，有志无有不成者。然资禀厚者，必竟有志”[②]。“志”也是面向所有主体的。陆象山认为：“理乃天下之公理，心乃天下之同心，圣贤之所以为圣贤者，不容私而已。”[③]因此，去私存公是除圣贤以外，对所有人的道德要求。

常人唯不知保养“本心”。陆象山从孟子学的角度指出：“盖人受天地之中以生，其本心无有不善，吾未尝不以其本心望之。”[④]“仁，人心也，心之在人，是人之所以为人，而与禽兽草木异焉者也，可放而不求哉？”[⑤]陆象山以“仁心”言“本心”，这是“义理所在，人心同然”，他认为，古人把“求放心”看作最正常不过的事情了，“古人之求放心，不啻如饥之于食，渴之于饮，焦之待救，溺之待援，固其宜也”[⑥]。同时，他依据“心存”与否将先秦历史分为三个阶段：“唐虞之时，黎民于变，比屋可封之人，此心存也。周道之行，人皆有士君子之行。此心存也。自战国以降，权谋功利之说盛行者，先王之泽竭，此心放失陷溺而然也。”[⑦]意在指向：孟子之后，道不传也久矣。从教化的角度也指向了孟子所论“古人教人，不过存心、养心、求放心”[⑧]的教化途径。

但因为常人的气禀不一，气质差异，陆象山认为“下愚之人忽视玩听，不为动心”，同时，他也批评读书人：“而其所谓学问者，乃转为浮文缘饰

---

① 〔宋〕陆九渊：《语录》，《陆九渊集》卷三十五，钟哲点校，第472页。
② 〔宋〕陆九渊：《语录》，《陆九渊集》卷三十五，钟哲点校，第439页。
③ 〔宋〕陆九渊：《与唐司法》，《陆九渊集》卷十五，钟哲点校，第196页。
④ 〔宋〕陆九渊：《与王顺伯二》，《陆九渊集》卷十一，钟哲点校，第154页。
⑤ 〔宋〕陆九渊：《学问求放心》，《陆九渊集》卷三十二，钟哲点校，第373页。
⑥ 〔宋〕陆九渊：《学问求放心》，《陆九渊集》卷三十二，钟哲点校，第373页。
⑦ 〔宋〕陆九渊：《邓文苑求言往中都》，《陆九渊集》卷二十，钟哲点校，第256页。
⑧ 〔宋〕陆九渊：《与舒西美》，《陆九渊集》卷五，钟哲点校，第64页。

之具，甚至于假之以快其遂私纵欲之心，扇之以炽其伤善败类之焰，岂不甚可叹哉！”[①]无论是普通人，还是读书人，一旦放纵自己的私欲私心，就会导致“本心”的“陷溺”“蒙蔽”“系累”“压抑”“滞碍”“窒碍”“壅蔽”“昧没”“移夺”“陷井”“网罗”“荆棘”“戕贼”“泥涂”“荧惑”“蒙滞”“囹圄”“械系”等等。[②]因此，陆象山继承并发展了孟子所论，“养心莫善于寡欲，将以保吾心之良，必有以去吾心之害”[③]。他认为，通过剥落物欲以澄明人人本所固有的“本心”并加以“自保”，这样才能做到“养而不害”。

三、圣贤与平民“本心同然”

南宋宣教郎孔炜称赞陆象山：“唯孟轲氏书是崇是信。盖谓此心之良人所均有，天所予我，非由外铄，先立乎其大者，则其小者莫能夺。信能知此，则宇宙无非至理，圣贤与我同类。”[④]象山心学最大特点就是继承并发展了孟子“天道”背景思想下的“仁义内在，性由心显”（牟宗三语），并发展出“心即理”“发明本心”的哲学理路，其平民精神是根植于其广大而精微的主体精神上的。思孟一系“天命之谓性”的下贯必然昭示着人性之本善。陆象山指出：“孟子云：‘尽其心者知其性，知其性则知天矣。’心只是一个心，某之心，吾友之心，上而千百载圣贤之心，下而千百载复有一圣贤，其心亦只如此。心之体甚大，若能尽我之心，便与天同。”[⑤]我之心与现实中每个人的心在德性上都是相通的、相同的、相等的，而且其超越性贯通历史之维，与古圣先贤同然。所谓“大体”即是“本心”的实然遍润，没有私欲的掺杂，这就是直通天人的道心。

杨简认为陆象山的思想里面“道心大同，人自区别”。这里的“人”是

---

① 〔宋〕陆九渊：《学问求放心》，《陆九渊集》卷三十二，钟哲点校，第 373 页。
② 〔宋〕陆九渊：《前言》，《陆九渊集》，钟哲点校，第 4 页。
③ 〔宋〕陆九渊：《养心莫善于寡欲》，《陆九渊集》卷三十二，钟哲点校，第 380 页。
④ 〔宋〕孔炜：《文安谥议》，〔宋〕陆九渊：《陆九渊集》卷三十三，钟哲点校，第 385 页。
⑤ 〔宋〕陆九渊：《语录》，《陆九渊集》卷三十五，钟哲点校，第 443—444 页。

指人之气质不同所导致的对道心认识、呈现的不同。他也认为：“圣贤非有余，愚鄙非不足。何以证其然？人皆有恻隐之心，皆有羞恶之心，皆有恭敬之心，皆有是非之心。恻隐、仁，羞恶、义，恭敬、礼，是非、智，仁义礼智，愚夫愚妇咸有之，岂特圣贤有之？人人皆与尧舜禹汤文武周公孔子同，人人皆与天地同。又何以证其然？”[①]他以体证的视角，辩论圣人与平民本心之同然，仁义礼智，四端之心，人皆有之，圣凡共有，与天地参同。陆象山认为：“盖心，一心也，理，一理也，至当归一，精义无二，此心此理，实不容有二。”[②]“心”与“理”是高度统一、惟精惟一的。进而，“圣人与我同类，此心此理谁能异之”。扩展到具体的德目上，“忠信之名，圣人初非外立其德以教天下，盖皆人之所固有，心之所同然者也”[③]。扩展到具体事务上，“凡事不合天理，不当人心者，必害天下”[④]。从而，“但以此精神，居广居，立正位，行大道”[⑤]。

源于天命的道心平等地赋予在每一个人身上，此道心与天道相切合，即与天理相切合，与本心相切合，与圣人之心相切合，与百姓之心相切合，与一切德性（彝伦）相切合，超越时空、地域、身份、固知。这种精一（“先生之道，精一匪二”）的思维模式为王阳明的精一之教（致良知教）奠定了底色。同时，这样的精一的思考方式最大的特点就是简易、切实。因此，陆象山说：“道在天地间，古今如一，人之同得，贤知愚不肖无一墻焉。能反之于身，则天之所以与我者，我固有之，不待外求也，扩而充之，不待增益也。先生之教人盖以是，岂不至简易、切实哉！”[⑥]同时，“明得此理，即是主宰”，随处点化也是“坦然明白之理可使妇人童子听之而喻”[⑦]。因此，象山心学的简易、切实的文风为其平民精神的展开起到关键作用。

---

① 〔宋〕陆九渊：《年谱》，《陆九渊集》卷三十六，钟哲点校，第514—515页。
② 〔宋〕陆九渊：《与曾宅之》，《陆九渊集》卷一，钟哲点校，第4—5页。
③ 〔宋〕陆九渊：《主忠信》，《陆九渊集》卷三十二，钟哲点校，第374页。
④ 〔宋〕陆九渊：《删定官轮对札子四》，《陆九渊集》卷十八，钟哲点校，第223页。
⑤ 〔宋〕陆九渊：《语录》，《陆九渊集》卷三十五，钟哲点校，第451页。
⑥ 〔宋〕陆九渊：《吴澄叙》，《陆九渊集》附录一，钟哲点校，第545页。
⑦ 〔宋〕陆九渊：《与曾宅之》，《陆九渊集》卷一，钟哲点校，第4页。

陆象山论述圣凡“本心同然”的重要论述还渗透在“至诚与思诚”“尽仁与望仁”的表述中。儒家心性哲学的主线之一是“诚”。“至矣哉！诚之在天下也。一言之细，一行之微，固常人之所忽。”[①]“诚”道“莫见乎隐，莫显乎微”，而又贯穿在我们每个人生活的方方面面。孔子言“七十而从心所欲不逾矩”，在陆象山看来就是“至诚无息”。陆象山曾简略地论述现实中“圣人、贤人、众人”这样的划分是需要批判的。他认为，圣人“至诚无息”；像颜渊一样的贤人“三月不违仁”；像普通人“其余则日月至焉而已矣”。他深刻地回应这三种分判，他说：“不知日月至者，其所至之地与不违之地同乎不同？不违之地与无息之地同乎不同？”紧接着他说：“诚者不思而得，不勉而中，从容中道，圣人也。若思诚者，但是未能不思不勉耳，岂皆不得、皆不中？但未能尽诚，未可以擅诚之名耳，岂是皆不诚？诚者，物之终始，不诚无物。凡此皆泛言诚，不专指圣人也。今之学者，岂皆不诚，不知思诚时所得、所中者，与圣人同乎不同，若其果同，则是滥觞与溟渤，皆水也，则大小广狭浅深之辨，亦自不害其为同。”这里陆象山对于“思诚”的几种状态做了划分，他力图让大众明了“诚”是开放给每个人的，虽“至诚”可与圣人达“纯一之地”，但“思诚”亦可凭“所得、所中之地”至“纯一之地”。一旦明了这个道理，平民之心就会得到巨大的鼓舞。相比较而言，朱熹面对同样疑惑的回应显得苍白许多。他说：“‘至诚无息’一段，诸儒说多不明，却是古注是。此是圣人之至诚，天下久则见其如此，非是圣人如此节次。虽尧舜之德，亦久方着于天下。”门人问：“赞化育，常人如何为得？”朱熹曰：“常人虽不为得，亦各有之。”[②]“有之”之意未发，依然没有走出前人的诠释。而象山的这种诠释无疑是具有革命性的。

---

① 〔宋〕陆九渊：《庸言之信庸行之谨闲邪存其诚善世而不伐德博而化》，《陆九渊集》卷二十九，钟哲点校，第336页。
② 〔宋〕朱熹：《中庸·第二十二章》，〔宋〕黎靖德编：《朱子语类》卷六十四，王星贤点校，第1571页。

同时，陆象山指出："孟子曰'人皆可以为尧舜'。又曰：'至于心，独无所同然乎？'又曰：'人之有是四端，而自谓不能者，自贼者也；谓其君不能者，贼其君者也'。今谓人不能，非贼其人乎？居仁由义，大人之事备矣。吾身不能居仁由义，则谓之自弃。圣人于此理，不勉而中，不思而得。贤如颜子犹未至于不思不勉，曰'三月不违'，则犹有时而违也。曰'有不善未尝不知，知之未尝复行'，则言其不远而复也。然则虽未至于不思不勉，而思勉之工益微矣。气禀益下，其工益劳，此圣人、贤人、众人之辨也。"①这段话是对上文的补充，气禀的差别才是普通个体与圣贤真正的差别处，因此，要变化气质。

更具有启发的思考是"已明白、未明白"之论，如果一个人不能明白自己与圣人的异同，那实则还是因为个人气禀的原因，从这个层面上看，"圣人、贤人、众人"的划分是有一定的现实必要的，因为这就是现实生活的真实情况。"第未知所谓同者，其果同乎？故尝谓其不同处，古人分明说定等级差次，不可淆乱，亦不难晓，亦无可疑。"②圣人与常人同心同理，需是平民自己真实地看得见才行，"独其所谓同者，须是真实分明见得是同乃可，不然，却当致疑而求明也"。因此，"致疑而求明"是对于每个读书人、普通人普遍之诉求。只有这样，"则已明白与未明白者，不应致疑与合致疑者，两处不相淆杂，学问自得要领，不为泛然无端之言所惑。已知者，则力行以终之；未知者，学问思辨以求之；如此则谁得而御之"③。"已明白"者虽是常人，但已然是明了如何做道德上的圣贤，如何存养"本心"，因此需要"力行"。"未明白者"应当"质疑"自身为何与"圣贤"有别，进而学问思辨、求教师长，才能发明"本心"。上述以"诚"作为思考点，陆象山认为"日月至之地""不违之地""无息之地"皆是从"纯一之地"流淌开来的。他批判只考虑"至

① 〔宋〕陆九渊：《与郭邦逸》，《陆九渊集》卷十三，钟哲点校，第171—172页。
② 〔宋〕陆九渊：《与傅圣谟三》，《陆九渊集》卷六，钟哲点校，第79页。
③ 〔宋〕陆九渊：《与傅圣三》，《陆九渊集》卷六，钟哲点校，第79页。

诚”“思诚”等程度的差异作为分判“圣人、贤人、众人”的标准，但同时，不拒绝气禀差异给人所带来的社会地位的不同。同时，以“已明白、未明白”作为“本心”是否“发明”的界说，然后常人可“自得”为学之要领。

四、余论

所谓象山心学的平民性就是学问与德性完全敞开地面向所有主体的人，将圣贤的德性与平民的德性，从本原上给予平等的看待。这是基于“圣人之心与我心同然”的平等性，基于每个“自”“我”主体的主动性。这种平等性超越古今、超越地域，这种主动性超越阶级、直达天人。象山心学的主体是基于每个个体的主体，这就是其平民性；每个平民都可自觉地挺立“自我”的道德主体，这就是其主体性。陆象山的平民思想贯穿两个过程：平民百姓由“被动性”地接受教化转变为“主动性”地明德笃行；由“主观性”地趋于私利转变为“主体性”地践行公义。在自我主体处生发仁心，进而明了主体之所以为主体，人之所以为人。生命的尊严、人性的高贵、学问的质朴也就开显出来了。同时，象山心学的平民精神也启发我们，学者的工作，无论是“觉君行道”，还是“觉民行道”，都应回归到“觉己行道”的本来状态，“己欲立而立人，己欲达而达人”（《论语·雍也》），“己所不欲，勿施于人”（《论语·颜渊》），回归不是复古，而是体贴孔子、孟子、荀子所处时代下其精神的可贵与独立。人只有把“自”“我”认识清楚才能看到我们人生的意义。只有主体确立主体、自我确立自我才能算是“成人”。

《民藏》编纂

《民藏》编纂论证报告

《民藏》编辑部

一、编纂《民藏》的价值与意义

中国历来有整理文化遗产的传统，其中的集大成者称之为“藏”，蕴含有“宝藏”之意。将大型丛书称之为“藏”，始于佛教《大藏经》，其中“藏”源自古印度语。于友先先生在《影印〈碛砂大藏经〉序言》中指出：“‘藏’在古印度语的原意是‘筐子’，汉译为‘藏’，转指佛教经典总汇。”在古汉语中，“藏”有归藏、收藏之意，《易传·系辞》曰“显诸仁，藏诸用”，又说“神以知来，知以藏往”；《易传·说卦》曰“乾以君之，坤以藏之”；引申为“宝藏”“脏（通‘藏’）腑”。

我国历史上曾多次把佛教经典及其注疏编纂为《大藏经》，也曾多次把道教经典及其注疏编纂为《道藏》。20 世纪 80 年代以来，我国又编纂出版了《中华大藏经·初编》《中华大藏经·续编》，使佛教典籍的集成进入了一个新的阶段。同时，中国道教协会也编纂出版了标点本《中华道藏》，为读者提供了一个更便于利用的文本系统。儒释道为中华传统文化三大组成部分，而尤以儒为主干。为弥补仅有《佛藏》《道藏》，而无“儒藏”的重大缺失和遗憾，20 世纪 90 年代以来，四川大学、北京大学相继启动《儒藏》编纂工作，以系统体现儒家典籍文献在中华文化中作为独立体系的历史价值与地位，目前均取得积极进展。2003 年以后，华东师范大学、山东大学先后开启了《子藏》与《子海》的编纂工作。2015 年，北京大学牵头启动了《马藏》编纂工程，计划用约 20 年时间，通过汇集与编纂马克思主义形成和发展过程中的相关文献，系统、全面展现马克思主义发展历程，以期成为世界范围内一部较为完备的马克思主义研究文献总汇，截至目前已出版 4 部 14 卷，共 900 万字。另外，浙江大学古籍研究所目前也正在编纂、出版《中华礼藏》，以“礼学”为标帜，以期充分展示中华礼仪实践和礼学研究的全貌以及发展变化的轨迹。

不难看出，在当前盛世修典的时代，《儒藏》《子藏》《马藏》《礼藏》等丛书的编撰，早已突破传统语境中“佛藏”“道藏”的含义，转而更接近古汉语、古印度语“藏”的本义，以“藏”为某一类书籍之汇编，为中华优秀传统文化的知识宝库、归藏之所。基于此，我们所谓“民藏”，也就不再拘泥于传统的遗规，而是意为中国古代民本思想与实践的文献宝藏。我们计划将《民藏》编纂成一套大型文献丛书，其中既有对经史子集民本思想相关篇章的辑录，对与民本思想、民本思想之实践密切相关的书籍，亦整本收录。

民本思想始见于夏商周时期，发展于春秋战国时期，成型于汉代，此后历朝历代虽然内涵不断丰富演变，但其重民爱民、惠民利民、安民富民的思想主旨始终没有变。一直以来，民本思想都是中华优秀传统文化特别是政治思想的核心内容，在中国传统治国之道中被奉为治国安邦的指导思想而居于首要位置，为维护国家稳定、抑制专制、安定社会秩序、保障民众安居乐业发挥了重要作用。进入新时代，在“创造性转化、创新性发展”方针指引下，启动《民藏》编纂与研究这一集学术性、实用性和普及性为一体的学术文化工程，系统收集整理体现民本思想的相关文献典籍，具有十分重大的意义。

二、《民藏》的编纂计划

本丛书由《民藏初编》《民本思想精要》《民藏续编》《中国民本通史》四大板块构成。

（一）《民藏初编》（200 本）

选取中国古代关于民本思想的最具代表性的著作，进行分类、点校、注释。每本书前撰写一篇《本书提要》。这些书之中一部分是全书收录，一部分是节选收录。对于选录的图书，将根据内容重新命名。

（二）《民本思想精要》（1 本）

选择经学、诸子学中关于民本的重要论述；在古代帝王、名臣、学人的实录、论著之中，尤其注重历史节点上民本政策举措的讨论与实施过程的记载，关注在战争、基建等既要耗用民力也要保民养民的两难乃至多重难题下，与“民”有关的争论与决策过程，关注均贫富与促发展、富国与富民之间的矛盾的协调过程、具体举措及近期与远期影响。参照唐代魏徵等人所编《群书治要》的形式，选取古代民本思想最精华的篇章、段落进行整理、点校、注释，使之成为符合各级党政干部和传统文化爱好者阅读的通行本，用以向党政干部、人民群众介绍中国古代民本思想。

（三）《民藏续编》（200—300 本）

在《民藏初编》基本完成以后，再辑录、遴选古代民本思想著作 200—300 本，包括中国古代与民众生活密切相关的家礼、家训、善书、宝卷、日用类书、日用礼书、类书、地方志等文献，以及记载中国古代平民生活的诸史，如《列女传》《孝子传》《孝义传》《隐逸传》《忠义传》，以及其他相关的别传、杂传，等等。

（四）《中国民本通史》（1 套，10 本）

在《民藏初编》《民藏续编》的基础上，整合各书《提要》，编写《中国民本通史》，计划出书 10 本，共 300 万字左右。

三、《民藏》的分类方法

不同于上述《儒藏》《佛藏》《道藏》以学派分类收录，《民藏》以民本思想为专题分类收录。专题性丛书的主要功能应该是“辨章学术”“考镜源流”，因此，《民藏》结合专题文献的实际，根据专题研究的学术需要，也遵从当代读者的阅读习惯，进行新式分类。

《民藏》突破了传统的“四部”分类法，将入选丛书分为九个部分：中国经典民论、历代宝训民论、历代学人名臣民论、历代官箴民论、历代荒政民论、历代司法典籍民论、历代农书民论、历代教育典籍民论、历代文学作品之民情。

《民藏》以朝代为纲，以类别为纬，既可反映民本思想和实践之内容，也可体现民本思想发展的历程。

四、《民藏初编》书目草案

《民藏初编》是《民藏》编纂工程的关键部分，计划用10年左右时间完成。《初编》拟收录200册，某些部头较大的，采用一部多册的形式进行出版。本草案暂列书目226部。其中中国经典民论26部，历代宝训民论18部，历代学人名臣民论76部，历代官箴民论44部，历代荒政民论17部，历代司法典籍民论11部，历代农书民论8部，历代教育民论9部，历代文学作品之民情17部。

（一）中国经典民论（26部）

中国经典民论包括经部民论与先秦诸子民论，是中国古代民本思想的精华与基础。

经部民论，选取儒家经典之中与“民”相关的部分，集合各代名家对本段落的注解，在此基础上进行翻译、述评，而非机械地进行全文收录。经过归纳与合并，具体分为《尚书民论》（上）、《尚书民论》（下）、《周礼民论·仪礼民论》、《礼记民论》（含《大学》《中庸》）、《周易民论》、《诗经民论》、《左传民论》、《公羊传民论》、《穀梁传民论》、《论语民论·孝经民论》、《孟子民论》11部。

先秦诸子民论，选取先秦诸子经典中与“民”相关的部分，集合各代名家对本段落的注解，在此基础上进行翻译、述评。其中较为重要的经典，如《荀子》《老子》《庄子》《墨子》《商君书》《韩非子》《吕氏春秋》《晏子春秋》等，单本编辑出版。其余按照学派进行归纳，分为《儒家民论》《道家民论》《法家民论》《杂家民论》等。

1. 经部民论（11 部）

《周易民论》、《尚书民论》（上）、《尚书民论》（下）、《诗经民论》、《周礼民论·仪礼民论》、《礼记民论》（含《大学》《中庸》）、《左传民论》、《公羊传民论》、《穀梁传民论》、《论语民论·孝经民论》、《孟子民论》。

2. 先秦诸子民论（15 部）

《晏子春秋民论》《荀子民论》《儒家民论》《墨子民论》《老子民论·庄子民论》《道家民论》《管子民论》《商君书民论》《韩非子民论》《法家民论》《兵家民论》《名家民论》《吕氏春秋民论》《杂家民论》《出土简帛民论》。

参考文献（部分）：

经类·易之属：《子夏易传》《周易正义》《周易集解》《东坡易传》《伊川易传》《周易本义》《周易集注》《周易郑康成注》。

经类·书之属：《尚书注疏》《逸周书》《东坡书传》《书集传》《尚书古文疏证》《尚书今古文注疏》。

经类·诗之属：《毛诗注疏》《毛诗正义》《韩诗外传》《诗经集传》。

经类·礼之属：《周礼注疏》《仪礼注疏》《礼记正义》《周官新义》《书仪》《仪礼经传通解》《家礼》。

经类·春秋之属：《春秋左传正义》《春秋公羊传注疏》《春秋穀梁传注疏》《春秋繁露》。

经类·其余之属：《孝经注疏》《孟子注疏》《论语注疏》《孟子解》《四书章句集注》。

诸子类·儒家之属：《晏子春秋》《荀子》《孔丛子》。

诸子类·道家之属：《鬻子》《管子》《道德经》《阴符经》《关尹子》《列子》《文子》《庄子》《鹖冠子》。

诸子类·法家之属：《商君书》《慎子》《申子》《韩非子》。

诸子类·名家之属：《邓析子》《尹文子》《公孙龙子》。

诸子类·墨家之属：《墨子》。

诸子类·兵家之属：《孙子》《吴子》《司马法》。

诸子类·医家之属：《黄帝内经·素问》《瘟疫论》。

诸子类·杂家之属：《子华子》《鬼谷子》《尸子》《吕氏春秋·上农》。

（二）历代宝训民论（18部）

“宝训”又称圣训，是古代帝王训谕的汇编。本部分所收录的内容为历代帝王关于民的作用与地位的论述及“救民、安民、富民”的举措。

本部分具体取材涉及历代《宝训》《圣训》《实录》《诏令》，并从历代正史中的“帝王本纪”和其他史书如《资治通鉴》等中进行搜集。《帝王经世图谱》涉及古代帝王的著作也是本部分的重要参考资料。对于历史地位突出、民论内容丰富的帝王，则旁采古籍，单独列为一书。如根据李世民所著《帝范》、吴兢所编《贞观政要》等，编为《唐太宗民论》。其他具有代表性的帝王如明太祖、清圣祖也同样各自编为单书。其余则按照朝代顺序进行编排，分为先秦两汉、魏晋南北朝、隋唐、宋元、明清几类。

《先秦两汉宝训民论》、《魏晋南北朝宝训民论》、《唐太宗民论》、《唐玄宗民论》、《隋唐宝训民论》、《宋真宗民论》、《宋仁宗民论》、《宋元宝训民论》（上）、《宋元宝训民论》（下）、《明太祖民论》、《明成祖民论》、《明宣宗民论》、《清世祖民论》、《清圣祖民论》、《清世宗民论》、《清高宗民论》、《明代宝训民论》、《清代宝训民论》。

参考文献（部分）：

《帝范》《贞观政要》《唐顺宗实录》《宋太宗皇帝实录》《唐大诏令集》《宋朝大诏令集》《帝王经世图谱》《庭训格言》《明实录》《清实录》。

（三）历代学人名臣民论（76 部）

此部分包括历代学人民论和历代名臣利民史料。此部分体现出古代学人与官员对民的重视，体现了民本思想的具体践行。

历代学人名臣民论，广收历代名臣和学者关于“民”的论述。其内容主要来自历代名臣奏议以及秦以后学者的思想著述，如王通《文中子》、顾炎武《日知录》等。古代史评议论历代得失，也含有丰富的民本认知，故历代史评，如王夫之《读通鉴论》《宋论》等亦在收录之列。另外，宋代以来尤其是明清时期，有大量个人著述，其中当有不少湮没于历史之中、尚不为我们所熟悉的民本思想家，应该大力发掘这些为目前的主流思想史所忽视的人物，并校勘、标点其著述，以丰富我们对中国古代民本思想的认识。这也将会是本项目的重大学术价值之一。

历代名臣利民史料，偏重收录历代名臣的救民实践事迹，其内容主要来自正史《循吏传》《良吏传》，以及正史中其他利民事迹比较突出的官吏传记。尤其是一些比较重要、事迹更为丰富的循吏良臣，反而单独列传，并不在《循吏传》之中，这也是我们所应该着力发掘的。其他史书，如《资治通鉴》《宋名臣言行录》《名臣碑传琬琰集》等也都蕴藏着丰富的材料，本部分将择要收录。

此二部分选择具有代表性的人物进行选录，最具代表性的，如二程、朱熹、包拯、海瑞等，各自编为一书，其余按照各自朝代进行汇编。

1. 历代学人民论（44 部）

《贾谊民论》、《董仲舒民论》、《扬雄民论》、《王符民论》、《王充民论》、《崔寔民论》、《仲长统民论》、《应劭民论》、《徐幹民论》、《秦汉学人民论》、《葛洪民论》、《刘昼民论》、《颜之推民论》、《魏晋南北朝学人民论》、《赵蕤民论》、《韩愈民论》、《柳宗元民论》、《隋唐学人民论》、《欧阳修民论》、《二程民论》、《张载民论》、《周敦颐民论》、《苏轼民论》、《王安石民论》、《叶適民论》、《朱熹民论》、《吕祖谦民论》、《两宋学人民论》、《吕坤民论》、《王阳明民论》、《唐甄民论》、《李贽民论》、《丘濬民论》、《顾炎武民论》、《黄宗羲民论》、《王夫之民论》、《魏源民论》、《郑观应民论》、《王韬民论》、《康有为民论》、《严复民论》、《元明清学人民论》（上）、《元明清学人民论》（中）、《元明清学人民论》（下）。

参考文献（部分）：

《新语》《新书》《盐铁论》《说苑》《新序》《法言》《太玄》《潜夫论》《风俗通义》《政论》《昌言》《论衡》《忠经》《孔子家语》《中论》《刘子》《文中子》《颜氏家训》《长短经》《千秋金鉴录》《家范》《帝学》《张子全书》《二程遗书》《童蒙训》《袁氏世范》《近思录》《朱子语类》《戒子通录》《少仪外传》《东宫备览》《治世龟鉴》《呻吟语》《大学衍义补》《潜书》《明夷待访录》《曾文正公家训》《校邠庐抗议》《治平通议》《大同书》《仁学》《增订盛世危言新编》《复礼堂文集》《抱朴子》《淮南子》《白虎通义》《金楼子》《长短经》《两同书》《化书》《昭德新编》《仕学规范》《自警编》《习学记言》《言行龟鉴》《伯牙琴》《焚书》《藏书》《日知录》。

2. 历代名臣利民辑录（32 部）

《诸葛亮利民辑录》《魏徵利民辑录》《狄仁杰利民辑录》《包拯利民辑录》《范仲淹利民辑录》《富弼利民辑录》《韩琦利民辑录》《曾巩利民辑录》《司马光利民辑录》《陈傅良利民辑录》《刘基利民辑录》《张居正利民辑录》《海瑞利民辑录》《于成龙利民辑录》《阮元利民辑录》《郑板桥利民辑录》《曾国藩利民辑录》《张之洞利民辑录》《胡林翼利民辑录》《郭嵩焘利民辑录》《林则徐利民辑录》《秦汉名臣利民辑录》《魏晋名臣利民辑录》《南朝名臣利民辑录》《北朝名臣利民辑录》《隋唐名臣利民辑录》《北宋名臣利民辑录》《南宋名臣利民辑录》《辽金名臣利民辑录》《元代名臣利民辑录》《明代名臣利民辑录》《清代名臣利民辑录》。

参考文献（部分）：

《史记》《汉书·循吏传》《后汉书·循吏列传》《三国志》《晋书·良吏列传》《宋书·良吏列传》《南齐书·良政列传》《梁书·良吏列传》《魏书·良吏列传》《北齐书·循吏列传》《隋书·循吏列传》《南史·循吏列传》《北史·循吏列传》《旧唐书·良吏列传》《新唐书·循吏列传》《宋史·循吏列传》《辽史·能吏列传》《金史·循吏列传》《元史·良吏列传》《明史·循吏列传》《清史稿·循吏列传》《竹书纪年》《资治通鉴》《国语》《战国策》《贞观政要》《燕翼诒谋录》《太平治迹统类》《宋名臣言行录》《名臣碑传琬琰集》《名贤氏族言行类稿》《鹿洲公案》《吴越春秋》《越绝书》《华阳国志》《注陆宣公奏议》《包孝肃奏议集》《范文正奏议》《宋名臣奏议》《历代名臣奏议》《曾文正公奏稿》《史通》《唐鉴》《宋大事记讲义》《读通鉴论》《宋论》《廿二史札记》《廿二史考异》《十七史商榷》《皇明经世文编》《皇朝经世文编》《皇朝经世文续编》《清经世文三编》《庸书》《（嘉靖）莱芜县志·人物志·乡贤》《（嘉靖）南宁府志·人物志·乡贤》《（嘉靖）普安州志·人物志·乡贤》《（嘉靖）广德州志·人物志·乡贤传》《石湖志·乡贤》《（万历）雷州府志·乡贤志》《（嘉靖）铜陵县志·人物篇·乡贤》。

（四）历代官箴民论（44 部）

官箴指做官的各种戒规，是为官的行为准则。官箴书中涉及各种爱民养民的理念与具体措施。这是民本思想作为一种施政指导思想的体现。本部分基于《官箴书集成》，对历代官箴文献进行搜集、辑录、点校、注释、串讲。其中不见于《官箴书集成》的，用“ * ”标识。由于历代官箴书大多卷帙不多，故本部分约以 10 卷为 1 部，共 44 部。在具体编纂、整理过程中，会根据实际情况进行分合。

第 1 部：*《秦汉魏晋南北朝隋唐官箴文献辑录》。

第 2 部：《臣轨》二卷、《州县提纲》四卷。

第 3 部：《作邑自箴》十卷。

第 4 部：《官箴》一卷、《昼帘绪论》一卷、《百官箴》六卷。

第 5 部：《为政善报事类》十卷、《为政忠告牧民忠告》二卷、《风宪忠告》一卷、《庙堂忠告》一卷、《薛瑄撰薛文清公从政录》一卷、《御制官箴》一卷、《官箴集要》二卷。

第 6 部：《牧鉴》十卷。

第 7 部：《宦游日记》一卷、《抚黔纪略》一卷、《新吾吕先生实政录》七卷。

第 8 部：《居官水镜》四卷、《新官到任仪注》一卷、《新官轨范》一卷、《璞山蒋公政训》一卷、《牧民政要》一卷、《初仕要览》一卷、《初仕录》一卷。

第 9 部：《居官必要为政便览》二卷、《居官格言》一卷、《治谱》十卷。

第 10 部：《政学录》五卷、《总制浙闽文檄》六卷。

第 11 部：《宦海慈航》一卷、《莅政摘要》二卷、《已畦琐语》一卷、《莅蒙平政录》一卷、《未信编》六卷、《司牧宝鉴》一卷。

第 12 部：《福惠全书》三十二卷（上）。

第 13 部：《福惠全书》三十二卷（中）。

第 14 部：《福惠全书》三十二卷（下）。

第 15 部：《治安文献》二卷、《州县事宜》一卷、《治镜录集解》二卷、《从政遗规》二卷、《学仕遗规》四卷。

第 16 部：《天台治略》十卷。

第 17 部：《学仕遗规补编》四卷、《在官法戒录》四卷。

第 18 部：《健余先生抚豫条教》四卷、《幕学举要》一卷、《办案要略》一卷、《刑幕要略》一卷（附《赘言十则》一卷）。

第 19 部：《居官寡过录》六卷、《图民录》四卷。

第 20 部：《筮仕金鉴》二卷、《学治臆说》二卷、《学治续说》一卷、

《学治说赘》一卷、《佐治药言》一卷、《续佐治药言》一卷、《宋州从政录》三卷。

第 21 部：《晋政辑要》八卷、《宦游纪略》二卷。

第 22 部：《励治撮要》一卷、《自治官书》不分卷、《州县须知》一卷、《蜀僚问答》一卷、《读律心得》三卷、《庸吏庸言》二卷（附《庸吏余谈》一卷）。

第 23 部：《海陵从政录》一卷、《共城从政录》一卷、《治浙成规》八卷。

第 24 部：《学治一得编》不分卷、《自历言》一卷、《外官新任辑要》一卷。

第 25 部：《牧令书》二十三卷（上）。

第 26 部：《牧令书》二十三卷（下）。

第 27 部：《牧令要诀》一卷、《平平言》四卷、《陆清献公莅嘉遗迹》三卷、《贡愚录》一卷。

第 28 部：《居官日省录》六卷、《求治管见》一卷、《续增》一卷、《从公录》一卷、《从公续录》二卷、《从公三录》一卷。

第 29 部：《宦游纪略》六卷（《续》一卷）。

第 30 部：《得一录》十六卷（上）。

第 31 部：《得一录》十六卷（下）、《州县初仕小补》二卷。

第 32 部：《事宜须知》四卷（附《续增》八条一卷）、《敬简堂学治杂录》四卷。

第 33 部：《宦乡要则》七卷。

第 34 部：《牧令须知》六卷、《居官镜》一卷、《佐杂谱》二卷、《书生初见》一卷。

第 35 部：《公门果报录》一卷（附《续录》一卷）、《佐治果报法戒录》一卷、《杖疮方》一卷、《停琴余牍》一卷、《学治识端》一卷、《宰惠纪略》五卷。

第 36 部：《卢乡公牍》四卷（《补遗》一卷）、《牧民赘语》一卷、《吏皖存牍》三卷。

第 37 部：《樊山政书》二十卷（上）。

第 38 部：《樊山政书》二十卷（下）。

第 39 部：《陶甓公牍》十二卷。

第 40 部：《宦游偶记》二卷、《从政琐记》一卷、《将吏法言》八卷。

第 41 部：*《廉矩》、*《牧津》、*《明职》、*《仕学全书》。

第 42 部：*《皇明经世实用编》、*《全史吏鉴》。

第 43 部：*《钦定台规》、*《学仕录》、*《从政观法录》。

第 44 部：*《御制人臣儆心录》、*《为政第一编》、*《百僚金鉴》、*《吏治辑要》。

（五）历代荒政民论（17 部）

荒政是赈济饥荒的政令或措施。《周礼·地官司徒》提出“十二荒政”说：“以荒政十有二聚万民：一曰散利，二曰薄征，三曰缓刑，四曰弛力，五曰舍禁，六曰去几，七曰眚礼，八曰杀哀，九曰蕃乐，十曰多昏，十有一曰索鬼神，十有二曰除盗贼。”中国历朝历代为了凝聚民心，巩固统治基础，必然非常重视灾荒的赈济，积极应对自然灾害，相应产生了大量荒政书。荒政书体现了民本思想的具体实践。本部分对古代的荒政书进行精选，全文收录。

《救荒活民补遗书》《拯荒事略》《经济类编》《荒政丛言》《荒政考》《荒政汇编》《荒政要览》《荒政考》《荒政条议》《救荒事宜》《荒政丛书》《孚惠全书》《钦定康济录》《灾赈全书》《荒政备览》《捕蝗图说·捕蝗要说》《历代正史五行志荒政辑要》。

参考文献（部分）：

《汉书·五行志》《后汉书·五行志》《晋书·五行志》《宋书·五行志》《南齐书·五行志》《魏书·灵征志》《隋书·五行志》《旧唐书·五行志》《新唐书·五行志》《旧五代史·五行志》《宋史·五行志》《金史·五行志》

《元史·五行志》《明史·五行志》《清史稿·灾异志》《中国地方志历史文献专集·灾异志》。

（六）历代司法典籍民论（11部）

中国古代法律实践有“为民、治民”的考量。如《说苑》中有“知为吏者奉法利民，不知为吏者枉法以害民”。古代的司法官吏一方面注重执法的公正性，维护社会安定，另一方面在执法中注重教化的作用，避免百姓走上违法的歧途。在司法实践中产生了大量法律文献，这些法律文献中也蕴含着丰富的民本思想。是为民理念在法律、司法中的体现。本部分对中国古代的法令条文以及指导司法实践的书籍进行收录。

《秦汉律令、奏谳书民论》《〈唐律疏义〉民论》《〈龙筋凤髓判〉民论》《〈天圣令〉民论》《〈庆元条法事类〉民论》《〈宋刑统〉民论》《〈大明律〉民论》《〈大清律例〉民论》《宋提刑洗冤集录》《名公书判清明集》《合例判庆云集》。

参考文献（部分）：

《唐律疏义》《龙筋凤髓判》《疑狱集》《重详定刑统》《庆元条法事类》《折狱龟鉴》《棠阴比事》《宋提刑洗冤集录》《宋刑统》《大明律》《大清律例》《名公书判清明集》。

（七）历代农书民论（8部）

国以民为本，民以食为天。农业生产与百姓的生活息息相关，也是一个国家的根基命脉。中国古代重农的大环境催生出领先世界的农书。本部分将收录中国古代指导农业生产的典籍，收录方式为择要收录，按照时代排序。

《氾胜之书》《四民月令》《齐民要术》《农桑辑要》《农书》《农政全书》《补农书》《历代农业典籍民论》。

参考文献（部分）：

《氾胜之书》《四民月令》《齐民要术》《农书》《农桑辑要》《救荒本草》《农政全书》《知本提纲》《半半山庄农言著实》《代耕架图说》。

（八）历代教育典籍民论（9部）

《学记》云："建国君民，教学为先。"古代国家教育与民间教育并行。京中有太学、国子监，地方也有官方书院及私人书院。书院文献在近年来逐渐成为热门。隋朝产生的科举考试制度保证百姓能够相对公平地参与政治，是中国古代教育的重要内容。本部分主要收录中国古代有关科举和书院的典籍。收录方式为择要收录，按照时代排序。

《先秦两汉教育典籍民论》《魏晋南北朝教育典籍民论》《隋唐教育典籍民论》《宋元教育典籍民论》《明代教育典籍民论》《清代教育典籍民论》《科举典籍民论》《国子监典籍民论》《书院典籍民论》。

参考文献（部分）：

科举类：《历代贡举志》《游艺塾文规正续编》《钦定学政全书》。

书院类：《钦定国子监志》《国子监志》《钦定国子监则例》《岳麓书院志》《东林书院志》《白鹿洞书院志》《白鹿洞书院新志》《白鹿洞志》《白鹿书院志》《石鼓书院志》《紫阳书院志》《问津院志》《汉口紫阳书院志略》《国朝石鼓志》《长沙府岳麓志》《东坡书院志略》。

（九）历代文学作品之民情（17部）

中国古代诗歌、散文、戏剧、楹联作品中，有许多或者表达民众生计、或者反映当时的民情民意。历代官署衙门之中，有大量楹联作品，其中亦有相当精品，反映中国古代政治文化中的民本思想，有进行辑录的价值。本部分将对这类文学作品进行选录，如《楚辞》、汉赋、唐诗、宋词，骈文、戏曲与小说也酌情予以选录。诗歌、散文按照朝代进行排列，骈文、戏曲、小说则各为一书。

《历代楹联民论》《先秦两汉诗歌之民情》《魏晋南北朝诗歌之民情》《隋唐诗歌之民情》《宋元诗歌之民情》《明代诗歌之民情》《清代诗歌之民情》《先秦两汉散文之民情》《魏晋南北朝散文之民情》《隋唐散文之民情》《宋元散文之民情》《明代散文之民情》《清代散文之民情》《骈文之民情》《戏

曲之民情》《歌谣谚语之民情》《少数民族文学之民情》。

参考文献（部分）：

《楚辞补注》《古诗源》《乐府诗集》《玉台新咏》《屈原集校注》《王粲集》《建安七子集》《阮籍集》《江文通集》《庾子山集》《陆机集》《陆云集》《何逊集》《陶渊明集》《徐陵集校笺》《鲍照集校注》《张说集校注》《李太白全集》《杜诗详注》《白居易集》《柳宗元集》《卢照邻集》《杨炯集》《沈佺期宋之问集校注》《张九龄集》《王维集校注》《高适诗集编年笺注》《岑嘉州诗笺注》《刘长卿诗编年笺注》《韦应物诗集系年校笺》《刘禹锡集》《元稹集》《李商隐诗歌集解》《李商隐文编年校注》《杜牧集系年校注》《李长吉歌诗编年笺注》《张籍集系年校注》《丁卯集笺证》《贯休歌诗系年笺注》《罗隐集》《温庭筠全集校注》《南唐二主词笺注》《蒋捷词校注》《刘克庄集笺校》《乐章集校注》《张孝祥词校笺》《刘克庄集笺校》《欧阳修全集》《苏轼诗集》《苏轼文集》《苏轼词编年校注》《苏辙集》《曾巩集》《黄庭坚诗集注》《杨万里集笺校》《后山诗注补笺》《张耒集》《陈与义集》《乐章集校注》《姜白石词笺注》《梦窗词集校笺》《清真集校注》《朱淑真集注》《重辑李清照集》《山中白云词》《汇校详注关汉卿集》《元好问文编年校注》《元好问诗编年校注》《王恽全集汇校》《袁桷集校注》《徐渭集》《明文海》《顾亭林诗笺释》《顾亭林诗文集》《王船山诗文集》《魏叔子文集》《戴名世集》《戴名世遗文集》《船山诗草》《洪亮吉集》《饮水词笺校》《龚自珍己亥杂诗注》《韩昌黎诗集编年笺注》《顾太清集校笺》。

《民藏》编纂体例

《民藏》编辑部

一、全书构成

本丛书由《民藏初编》《民本思想精要》《民藏续编》《中国民本通史》四大板块构成。选收范围包括传世文献和出土文献。

（一）《民藏初编》（200本）

选取中国古代关于民本思想的最具代表性的著作，进行分类、点校、注释。每本书前撰写一篇《本书提要》。这些书之中一部分是全书收录，一部分是节选收录。对于选录的图书，将根据内容重新命名。

（二）《民本思想精要》（1本）

选择经学、诸子学中关于民本的重要论述，在古代帝王、名臣、学人的实录、论著之中，尤其注重历史节点上关于民本政策举措的讨论与实施过程的记载。关注在战争、基建等既要耗用民力也要保民养民的两难乃至多重难题下，与“民”有关的争论与决策过程，关注均贫富与促发展、富国与富民之间的矛盾的协调过程、具体举措，及近期与远期影响。参照唐代魏徵等人所编《群书治要》的形式，选取古代民本思想最精华的篇章、段落进行整理、点校、注释，使之成为符合各级党政干部和传统文化爱好者阅读的通行本，用以向党政干部、人民群众介绍中国古代民本思想。

（三）《民藏续编》（200—300 本）

在《民藏初编》基本完成以后，再辑录、遴选古代民本思想著作 200—300 本，包括中国古代与民众生活密切相关的家礼、家训、善书、宝卷、日用类书、日用礼书、类书、地方志等文献，以及记载中国古代平民生活的诸史，如《列女传》《孝子传》《孝义传》《隐逸传》《忠义传》，以及其他相关的别传、杂传，等等。

（四）《中国民本通史》（1 套，10 本）

在《民藏初编》《民藏续编》的基础上，整合各书《提要》，编写《中国民本通史》，计划出 10 本，共 300 万字左右。

二、编纂体例

（一）字数要求

每一部书成书 20 万字左右（可根据体量略有增减）。典籍字数多者，可根据实际情况分上下卷或上中下卷，如《春秋民论》《三礼民论》，取自“春秋”三传、“三礼”，可分别成三卷。

（二）导论说明

每一部书前有导论 2—3 万字，其内容可按如下栏目，分类展开：

1. 作者生平事迹。如其著作在某部类中首次出现，生平简介应相对详细一些；再次出现时，可较为简略。

2. 重点介绍本书的民本思想（可分主题），其历史影响、现代价值。

3. 编选原则，版本源流及注释情况，确定底本校本的说明等。

此部分汇集起来，作为《中国民本通史》（10 卷本）基本素材。

（三）编选原则

《民藏》是关于中国古代民本思想与实践的大型文献丛书，其《初编》主要包括中国经典民论、历代宝训民论、历代学人名臣民论、历代官箴民论、历代荒政民论、历代司法典籍民论、历代农书民论、历代教育典籍民论、历代文学作品之民情等九大类，所涉及的四部文献数百乃至上千种。如何从浩如烟海的典籍中进行去取，首先需要确立若干原则。

为了能够更为全面地反映中国古代的民本思想及其在历史中的实践，我们采用“先宽后严”的方法，既不漏“吞舟之鱼”，也不“竭泽而渔”。对于与民本思想、民本思想之实践、历代良臣循吏之吏民事迹紧密相关的文献，尽量全篇乃至全书收录。对于部分相关的，则选录其有关部分。具体到各类文献，可初步采取以下原则：

1. 经、子类文献，篇幅不长，除去无关宏旨的部分，如《论语·乡党》篇，其余全收，保持其完整性与独立性，以示全面、客观。

2. 史部、集部文献，选取紧扣民本主旨或关乎吏民事迹的篇目，若相关度较高，则全书、全篇采录；若其文简明，采用全篇；若其文赡富，则择要节选。节选应注意文意完整，不断章取义，并以文字加以注明，具体处理方式详见校订体例之九。具体又可拟定如下细则：

历代正史《循吏传》，以及其他不在《循吏传》之中，而传主利民事迹比较突出的，应该全篇收录；若仅有部分涉及，则可节选。

历代学人名臣民论，若全篇相关，则全篇收录；若长篇文章中仅有部分相关，则可节选。

历代官箴文献，由于与民本思想的具体实践紧密相关，可以全书收录，进行校勘、标点、注释；其他如历代荒政类书籍、农书等，若相关度较高，亦可全书收录。

历代司法典籍之中，可收录与民法、民众日常生活、国家日常统治有关的条文、判例。律令条文整条收录，判例整则收录。

历代文学作品之中，其能反映民众生计、日常生活、民言民情的，应该整首、整篇收录。

3. 在撰写样章的过程中，针对各类文献，应该用具体的方式，说明何者应收，何者不应收，以明确收录界限，方便后续的编纂工作。

（四）撰写体例

1. 按原书篇目编选，如《尚书》，分别为：《尧典》《舜典》《大禹谟》等篇之节选。原文无篇目，可自行添加，依据选录资料酌定。

2. 各篇词句之注释、解说，题解之提示、申论，尽量剖析疑难，发挥义蕴。详情如下。

篇旨（题解）：简要介绍此篇内容。

原文：选取反映民本思想的原文，编选原则见（三）。以相对完整的一段或几段文字为单位。

注释：经、子类文献涉及义理问题较多，采集注，历代训注解述者，无虑百数十家，采其长而略其短；关键概念，根据需要另附现代诠释；难字、生僻字注音；其余，加注解释重要名物、史实、概念，难字、生僻字注音即可。

点评：总述大意，阐发现代价值等。

（五）点校体例

1. 收集所能见到的各种版本进行比较研究，弄清版本源流，选定内容最完整、错误最少、校刻最精的版本作为原文及集释底本。

2. 未整理文献若无完整的善本作底本，可以选择属于同一系统、文字比较好的两个残本互补，合成一个内容完整的底本。

3. 未经整理文献（包括出土文献），选录时加新式标点。并根据文字内容，依据如下原则，适当划分段落。

记事者（如史书）当以时间或事件的顺序为依据，论说者（如诸子）当以论点层次为依据，抒情者（如诗文）当以感情的发展为依据。段落的划分允许有校点者自己的理解。

4. 简体、横排，繁简字转换依据《“非对称繁简字”对照表》（冯寿忠撰，原文载于香港中国语文学会《语文建设通讯》1997 年总第 53 期）。

5. 使用句号（。）、问号（？）、叹号（！）、逗号（，）、顿号（、）、分号（；）、冒号（：）、引号（‘’、“”）、括号（（））、书名号（《》）、

间隔号（·）等符号进行规范化标点。

6. 关于引号。

原文引用者及删略引用者，加冒号、引号，末尾引号内加句号、问号或叹号。

举称大意者，加冒号，不加引号。

部分节引，只加引号。

原文中有大段引文（如史文中有长篇诏奏、辞赋、疏议等），可采用另起低四格，转行一律低两格的形式，起讫不必加引号。

7. 关于书名号。

书籍统称不加书名号，如五经、四书、三礼、二十四史等；书名简称需加书名号，如《毛诗》《论》《孟》《说文》等；丛书加书名号，如《五经正义》《十三经注疏》等。

附属于某书的注释之作不加书名号，如传、注、笺或毛传、李（善）注、郑笺等。

《春秋》、《左传》（或《公羊传》、《穀梁传》）加年份的标点，一律作《春秋》某公某年、《左传》（或《公羊传》、《穀梁传》）某公某年，而不把年份前加间隔号标在书名号之内。如但引某公某年文字而略去其前书名者，则某公某年应加书名号，作《某公某年》。

所引篇名后有“篇”字者，须查看原书篇名是否带有“篇”字，如有，则将“篇”字标在书名号内；如无，则将“篇”字标在书名号外。如《论语》原作《学而第一》《为政第二》，则标为《论语·学而》篇、《为政》篇、《荀子》原作《劝学篇第一》《修身篇第二》，则标为《荀子·劝学篇》《修身篇》等。

8. 关于六十四卦卦名、爻名的标点。

乾、坤、屯、蒙等卦名，在每卦卦首出现时，不加书名号，后加逗号，接排卦辞。初九、六二等爻名，亦不加书名号，下加逗号，接排爻辞。例如：

乾，元亨利贞。初九，潜龙勿用。九二，见龙在田，利见大人。……（见《周易》）

一般行文中，提及乾、坤、屯、蒙等卦名，如果仅作为卦名使用，亦不加书名号；如引用卦中文字时，须加书名号。例如：

《乾·彖传》曰："大明终始，六位时成。"《晋·彖传》曰："明出地上，顺而丽乎大明。"离为明，坤为顺，乾为大明。坤丽乎乾成离，故曰"顺而丽乎大明"。大谓乾，非谓离也。……（见惠士奇《易说》卷一）

一般行文中，提及爻名时，无论是作为爻名使用还是引用其爻辞，都不加书名号。例如：

伏羲作《易》，分布六爻，以五为君位，阴为虚，阳为实。故用九之义，乾之九二当升坤五，以坤虚无君，九二有君德，故升坤五。……（见惠栋《易例》卷上）

《乾》九二曰："见龙在田，利见大人。"述曰：临坤为田，大人谓天子。阳始触阴，当升坤五为天子，故曰"见龙在田，利见大人"。……（见惠栋《易例》卷上）

9. 节选文字，著一"略"字，并施以圆括号，即"（略）"。此"（略）"字只用于行文之中间，行文首尾虽有省略亦不用。

10. 文字校勘，不使用增删符号（方括号等），一律在注释中加以说明。文字校勘基本格式如下：

（1）出异文

"甲"，某本作"乙"。

"甲"，某本无此字。

"甲乙"，某本无此二字。

"甲"上（或"下"），某本有"乙"字。

"甲"上（或"下"），某本有"乙丙"二字。

"甲乙"，某本作"乙甲"（或"某本此二字互乙"）。

“甲”，某本重文（或“某本作‘甲甲’”）。

“甲甲”，某本不重文（或“某本作‘甲’”）。

（2）正讹文

“甲”，原误作“乙”，今据某本改。

（3）补脱文

“甲”，原脱，今据某本补。

（4）删衍文

“甲”上（或“下”），原衍“乙”字，今据某本删。

“甲”上（或“下”），原衍“乙丙”二字，今据某本删。

（5）正倒文

“甲乙”，原误作“乙甲”，今据某本改。

“甲乙”，此二字原误乙（或“误倒”），今据某本改（或“今据某本乙正”）。

（6）补阙文，包括空格与墨丁

“甲”，原为空格，今据某本补。

“甲”，原为墨丁，今据某本补。

（7）补、删重文

“甲甲”，原不重文（或“原作‘甲’”），今据某本补。

“甲”，原重文（或“原作‘甲甲’”），今据某本删。

（8）漫漶不清

“甲”，原漫漶不清，今据某本补。

“□□□”，此三字原漫漶不清。

以上仅列出了基本格式。由于实际情况比较复杂，出校时可酌情而定。另有如下说明：

标引原文中与校勘直接相关的字，如果只校勘句中一二字，径出此一二字即可，不宜将其他字或全句出注。

如果一句之中有多处异文，一般分列数条，依照异文的次序分别出注，各条之间的分隔要用句号。如：

（√）“学”，甲本作“某”。“时”下，甲本有“某某”二字。“习”，乙、丁二本作“某”。

（×）“学而时习之”，甲本“学”作“某”，“时”下有“某某”二字，乙、丁二本“习”作“某”。

如果情况比较复杂，也可以为全句出注，例如：

（√）“君子所居者皆化也”，邢本作“君子所居则化”。

（×）“者皆”，邢本作“则”。“也”，邢本无此字。

所校勘之字在句中出现两次者，出文当标明“上‘某’字”或“下‘某’字”；有两字以上者，可连及上下文入出文。

所校勘者为一句时，出文为整句。如此句较长，出文用“某某”至“某某”的格式；所校勘者为多句时，亦用此格式。

在说明篇目的存佚及位置移易等问题时，正文中的校记标号应标在篇名之下。

理校并非本书校勘的重点。倘应用理校，指出某处有误时，需使用“疑误”“恐非”等字样；提出改字意见时，需使用“疑当作某”等字样，并扼要说明理由。

11. 书中帝王年号括注公元纪年，依据《中国历代帝王世系年表》（杜建民编著，齐鲁书社 1995 年版）。

12. 出土文献，由于性质特殊，按照通行的惯例进行整理。

13. 以上规定，原则上要求统一。有些细节，可视各书的不同情况在一部书之内统一。

以人民为中心，为人民做学问

——《民藏》编纂工作研讨会综述

范云飞

2021 年 10 月 29 日下午，武汉大学与贵阳孔学堂文化传播中心、贵州省孔学堂发展基金会在武汉大学图书馆报告厅召开研讨会，正式成立《民藏》编纂委员会及其编辑部、办公室，全面启动《民藏》系列丛书编纂工作。会议由武汉大学国学院教授、《民藏》总编纂郭齐勇主持，海南省委副书记李军，武汉大学党委常委、副校长徐业勤，湖北省社科联党组书记、常务副主席喻立平，以及来自武汉大学、华中科技大学、华中师范大学、湖北大学、贵阳孔学堂、湖北人民出版社、中国出版集团东方出版中心的数十位专家学者出席会议，共同探讨《民藏》的编纂体例、分工、项目申报、出版等事项。

与会学者围绕如下五个方面的问题展开热烈讨论：

《民藏》的编纂宗旨。与会学者一致认为，民本思想是中华优秀传统文化的核心组成部分，是中国传统治国安邦的指导思想，在维护国家稳定、抑制君主专制、安定社会秩序、保障民众安居乐业等方面发挥了重要作用。在当下，为促进传统文化的创造性转化、创新性发展，启动《民藏》编纂与研究这一集学术性、实用性和普及性为一体的学术文化工程，系统收集整理体现民本思想的相关文献典籍，具有十分重大的意义。在对民本思想的理解上，与会学者各呈高见。武汉大学哲学学院胡治洪教授指出，《民藏》的编撰目的，

作者简介：范云飞，武汉大学中国传统文化研究中心讲师。

应是重新定义民本，建立中国文化自信，而非照搬西方的民主理念。武汉大学历史学院谢贵安教授认为，《民藏》的编撰目的，是为了发展优秀传统文化，同时也不排斥西方文明，应寻求传统民本思想与现代民主政治的结合。

《民藏》的体裁与性质。学者指出，我国历史上曾多次把佛教经典及其注疏编纂为《大藏经》，也曾多次把道教经典及其注疏编纂为《道藏》。近年来全国各高校也陆续启动《儒藏》等大型文化工程。武汉大学历史学院杨华教授建议，可以参考借鉴《大藏经》《道藏》《子藏》《礼藏》和《马藏》的范式来编纂《民藏》。武汉大学文学院于亭教授认为，所谓“藏”，应该是某一类文献的集成。《民藏》应以文献为中心，不能以思想为中心，要系统地梳理和整理民惟邦本的历史脉络，在体例问题上，可以参考丛书、政书和类书，既要有自己的特色，也要保持“藏”的基本特质。经过研究，“藏”在古汉语中有归藏、收藏之意，引申为“宝藏”“脏（通‘藏’）腑”。“藏”为某一类书籍之汇编，为中华优秀传统文化的知识宝库、归藏之所。基于此，“民藏”可以不再拘泥于传统的遗规，而是意为中国古代民本思想与实践的文献宝藏。这可作为《民藏》体裁与文本性质的认知基础。

《民藏》的取材范围。学者对此讨论热烈。杨华教授认为，《民藏》的内容大体可以概括为思想、人物和著作三大类，历代官箴中涉及很多为政之道，例如如何勤政爱民，怎样做一名基层官员等思想；历代《列女传》作为“民”的重要记录，不容忽视；历代农民起义中，有大量均贫富、等贵贱的与民相关的思想；明清时期的民间日用类书也记载了与民众日常生活息息相关的各方面内容。凡此种种，都不应忽略。于亭教授指出，要特别关注宋元明清时期的基层文献，里面有很多诸如功过格、劝民为善等文献，同时也要慎重对待朝鲜、日本的民论文献，不要简单地收入进去。武汉大学文学院罗积勇教授指出，历代文学作品、对联、寓言之中也有不少与民本思想关系密切的内容，可以发掘。武汉大学中国传统文化研究中心欧阳祯人教授指出，出土简帛文献、兵书、文学作品、家训文献也不应忽视。谢贵安教授强调，历代与农民、妇女有关的文献，小说、医书文献，都应受到重视。对于其他类别的文献，学者也提示了在编纂过程中可能会遇到的困难，比如经典之中既有民本思想，也有等级思想，如何别择；历代教育典籍中、法律典籍中的民本文献如何界定；历代宝训中既有爱民、养民的内容，也有剥削、压迫民众的内容；小说中与民众生活相关的内容太多，如何去取。如此等等，都是需要继续论证，并在编纂过程中需要格外留心。

古籍点校与整理方法。武汉大学文学院邓福禄教授建议，一般编撰工作可分为集注、注释、翻译三个层次。注释本比较专业，非专业人士难以读懂，不适合成为普及本。只有翻译成白话，才能成为大家看得懂的普及本。可以根据实际情况和需要，决定各部分的成果做成注释本还是翻译本。于亭教授建议以类书为范例，编撰一部《民藏》精华本，可供政府官员和学者查阅。

《民藏》的出版工作。中国出版集团东方出版中心副总编辑刘佩英指出，《民藏》丛书可分为文献系列、研究系列、普及系列。文献系列以点校、整理相关古籍为主，研究系列为学者对民本思想的研究专著，普及系列为供一般民众、政府官员阅读的普及本。除了图书的编撰，还要同步做好数据库的开发和纪录片的拍摄工作；要充分发挥主管部门的支持，进一步得到国家层面的支持；确定分类后，尽快确定主编，组建团队，分头开展工作；注释的工作量很大，可以先推出无注释版，再推出注释版。湖北人民出版社副社长马骏建议，要注重编撰效率，主编要切实进行把关，保证编撰质量；建立比较好的沟通机制，确保编撰工作顺利有序进行；同时争取国家“十四五”基金的支持。

总而言之，与会学者的讨论深入而且具体，虽在若干问题上有不同意见，但整体上共识大于分歧。郭齐勇教授在总结中指出，习近平总书记把“坚持以人民为中心”作为新时代坚持和发展中国特色社会主义的基本方略之一。可见，民本思想在新时代仍具有旺盛的生命力，对推进国家治理体系和治理能力现代化有着诸多启发、推动和实践意义。《民藏》编纂工作意义重大、资料丰富，但学术性要求非常高，压力很大，我们要联合兄弟院校、科研院所一起完成，切实为今后相应领域的学术研究奉献系统的文献史料，进而与时俱进地开展深入研究，填补中华传统文化整理、传承、研究的空白。

最后，李军书记说到，《民藏》是一项规模浩大的系统工程，需要集众人之智、众人之力，持之以恒地坚持10年、20年乃至更长时期才能大功告成。就像当初北大准备开始编《儒藏》时，汤一介先生说的那样，要“事不避难，义不逃责”。在当前，开展《民藏》编纂与研究，可以说既是必要的，也是应该的，更是可能的，因为它充分体现了“为人民做学问”的学术追求，课题也有强大的支持保障。希望学者们以各种形式积极参与到这一重大学术工程中，实现个人成长与学科发展双赢。

周密组织，精心规划

——2021 年 7 月以来的《民藏》编纂工作

《民藏》编辑部

2021 年 7 月以来，经专家多次研讨，武汉大学与贵阳孔学堂决定启动《民藏》的编纂工作。《民藏》突破传统的“四部”分类法，将入选丛书分为九个部分：中国经典民论、历代宝训民论、历代学人名臣民论、历代官箴民论、历代荒政民论、历代司法典籍民论、历代农书民论、历代教育民论、历代文学作品之民情。《民藏》以朝代为纲，以类别为纬，既可反映民本思想和实践之内容，也可体现民本思想发展的历程。《民藏》不仅收录常见的传世文献，而且收录新发现（出土）的文献和域外文献。《民藏》收录的文献，经过简明校勘及新式标点，以简体、横排的方式印刷出版，还将制作成可供全文检索的电子文本，便于阅读和利用，以更好地满足文化传承和学术研究的需要，为研究民本思想及相关领域的学者提供一个权威、全面的平台。在此基础上，对《民藏》进行持续研究，使有关民本思想的著述更加丰富完备、更加体现时代特色，推动民本思想实现创造性转化、创新性发展。本丛书由《民藏初编》（200 本）、《民本思想精要》（1 本）、《民藏续编》（200—300 本）、《中国民本通史》（1 套，10 本）四大板块构成，拟首先启动《民藏初编》200 本的编纂工作。

2021 年 10 月 5 日，由四川大学古籍所舒大刚教授担任评审组长的《民藏》编纂论证会议在贵阳孔学堂召开。与会专家通过审阅资料、听取汇报，充分质询，形成了一致的评审意见。专家们认为，民本思想是中国传统政治思想的核心内容，启动《民藏》编纂与研究这一集学术性、实用性和普及性为一体的学术文化工程，系统收集整理体现民本思想的相关文献典籍，既具有填补该领域研究空白的学术意义，又具有服务于当下社会的现实意义。《民藏》所采取的新式分类方法突破了传统的“四部”分类法，设置合理、详略得当、具有创新性，研究方法的科学性、操作性强，所涉及的整理及研究路径切实可行。

10月29日，武汉大学、贵阳孔学堂文化传播中心、贵州省孔学堂发展基金会三方在武汉举行合作编纂《民藏》备忘录签约仪式。《民藏》编纂委员会编辑部正式揭牌，《民藏》编纂工作研讨会也于当天举行。目前《民藏》编纂工作已列入武汉大学人文社会科学发展“十四五”规划，学校已成立由党委书记韩进为组长的《民藏》编纂领导小组，明确由郭齐勇教授、李军研究员担任总编纂，并设立了编纂委员会编辑部、办公室。贵州省孔学堂发展基金会已安排首批启动经费1000万元，也邀请了一批国内知名学者担任《民藏》编纂顾问及各分部负责专家。

修订编纂计划，明确编纂体例

——2021 年 10 月以来《民藏》编辑部的主要工作

《民藏》编辑部

一、组建编委会，明确分工负责人

自《民藏》编纂启动大会召开以来，《民藏》编辑部协调联系武汉大学、湖北大学、湖南大学、深圳大学、海南大学、杭州师范大学、贵阳孔学堂等高校及科研单位的著名专家学者，组成《民藏》编纂委员会，使之分别担任《民藏》各板块的负责人。专家学者各有专攻，具有各自组织学术团队、分工编撰的能力，这是《民藏》编纂工作得以顺利进行的必要条件。

二、修订《民藏》编纂计划

《民藏》编辑部先后多次召开内部会议，商讨、修订编纂计划。在充分吸收诸位专家的意见和建议之后，编辑部逐步修订、完善《民藏》编纂计划，更加明确了《民藏》的内容、性质、体例及价值意义。编辑部全面梳理中国古代民本思想文献，落实《民藏初编》书目 227 部，其中中国经典民论 26 部，历代宝训民论 18 部，历代学人名臣民论 76 部，历代官箴民论 44 部，历代荒政民论 17 部，历代司法典籍民论 11 部，历代农书民论 8 部，历代教育典籍民论 9 部，历代文学作品之民情 18 部。

三、明确《民藏》编纂体例

《民藏》编辑部广泛参考了北京大学《儒藏》计划、山东大学“全球汉籍合璧”计划等重大古籍整理项目的工作条例，在古籍整理与出版一般规范的基础上，结合《民藏》的内容与性质，明确了《民藏》的编撰体例，细化到书目编选原则、各书字数要求、导论撰写说明、内容撰写体例、古籍点校体例等各个方面，为撰写做好前期准备工作。

四、撰写《民藏》样章

《民藏》编辑部分工撰写了中国经典民论、历代学人民论、历代名臣利民辑录、历代司法典籍民论、历代官箴民论等各部分的样章，分别是《尚书民论》《孟子民论》《董仲舒民论》《苏轼民论》《两晋名臣利民辑录》《张家山汉简〈二年律令〉民论》《〈福惠全书〉民论》《〈昼帘绪论〉民论》，总计逾 17 万字，为进一步细化各部分的撰写方式提供讨论基础。

五、落实协调经费

《民藏》编辑部与贵阳孔学堂协调落实经费，形成课题管理办法。目前贵州省孔学堂发展基金会已经安排 2022 年 50 本、2023 年 10 本的启动资金，2022 年经费已经到武汉大学账上。

确定首批课题，启动丛书编纂

——《民藏》编纂工程阶段性情况报告

《民藏》编辑部

2022年3月5日，“《民藏》编纂工作研讨会”在三亚南海文化研究院召开，会议审议了《民藏》编纂方案、体例及课题管理办法，并确定了年度工作任务，即2022年启动50本《民藏》丛书编纂工作。为切实落实好会议精神，民藏编辑部按计划开展了系列工作，有序推动《民藏》编纂工程向前发展。

一、做好《民藏》课题申请发布工作

前期，《民藏》编辑部负责起草了《〈民藏〉编纂工程课题申报公告》（以下简称《公告》）、《〈民藏〉编纂工程课题申请书》（以下简称《申请书》）和《〈民藏〉编纂工程课题成果鉴定书》（以下简称《鉴定书》），并多方征求意见。4月6日、11日，《民藏》编辑部先后两次召开专题办公会，进一步研究讨论、修改完善了《公告》《申请书》和《鉴定书》。4月18日，《民藏》编纂工程课题相关申报文件在武汉大学国学院网站正式发布。

二、确定《民藏》编纂工程首批课题

前期，在与《民藏》编纂分部负责人充分沟通的基础上，确定了《民藏》编纂工程首批课题，共计41项，其中经部民论9项、子部民论10项、历代宝训民论4项、历代学人名臣民论2项、历代官箴民论2项、历代荒政民论3项、历代文学作品之民情11项，郭齐勇、吴根友、丁为祥、杨华等知名专

家学者参与其中。经统计，《民藏》编纂工程首批课题申请人中，教授21人，占比51.2%；副教授8人，占比19.5%；讲师12人，占比29.3%。申请单位涵盖武汉大学、湖南大学、暨南大学、陕西师范大学、湖北大学、西南大学、贵州大学、广西大学、海南大学、延安大学、温州大学、山东师范大学、湖南师范大学、大连理工大学、湖北理工大学、武汉工程大学、中国戏曲学院、湖北经济学院等18所高校，这为《民藏》编纂工程高效高质量推动奠定了坚实基础。

三、协同推进《民藏论丛》编辑工作

为扩大《民藏》系列丛书编纂与研究工作影响力，全面呈现编纂工作阶段性成果，武汉大学国学院、贵阳孔学堂高等研究院共同编纂《民藏论丛》，目前已基本确定栏目框架，并完成向相关专家学者的约稿工作，我们希望通过这一学术平台，让《民藏》工程在研究中编纂，在编纂中传承，在传承中创新，在创新中转化，进一步推进民本思想研究的创造性转化和创新性发展。

下一步，《民藏》编辑部将根据课题准备成熟程度，适时公布《民藏》编纂工程第二批6—8项课题，同时做好首批41项课题《申请书》的审核、评审工作，力求各项工作落细落实，取得实效。

《民藏》编纂工作通讯

《民藏》办公室

导语: 2021年10月5日,"民本思想的当代转化"学术工作坊暨《民藏》编纂论证会召开;2021年10月29日,武汉大学、贵阳孔学堂文化传播中心、贵州省孔学堂发展基金会三方合作编纂《民藏》备忘录签约仪式暨交流座谈会举行;2022年4月18日,《〈民藏〉编纂工程课题申报公告》在武汉大学国学院网站正式发布;2022年6月15日,《民藏》编纂工程首批41项课题评审通过……

自《民藏》编纂启动以来,我们通过《民藏通讯》,用心用情记录编纂过程中那一次次会议研讨、一件件工作推进、一个个成果产出,努力让《民藏》编纂这一集学术性、实用性和普及性为一体的学术文化工程,更加全面、立体、清晰地呈现在世人面前。目前,《民藏通讯》已成稿9期,我们衷心希望,《民藏通讯》能够成为人们认识《民藏》编纂的窗口,并由此引发关注,营造良好的学术氛围。

《民藏》编纂论证会议召开

2021年10月5日,"民本思想的当代转化"学术工作坊暨《民藏》编纂论证会议在贵阳孔学堂召开,会议由郭齐勇先生主持。出席会议的有李军、吴光、傅治平、彭京宜、舒大刚、徐圻、吴根友、欧阳祯人、李春林、周小华、刘京希、刘曙光、问永宁、陈华森、郭红军、胡胜源、李彩霞、杨娜等国内学者，《民藏》编纂论证报告起草组孙劲松、李画、王朋飞等专家老师，贵阳孔学堂文化传播中心领导索晓霞、肖立斌，贵州省孔学堂发展基金会领导王大鸣、耿欣，孔学堂书局、孔学堂杂志社负责人苏桦、张发贤以及贵阳孔学堂高等研究院有关人员等。

图1 郭齐勇教授主持《民藏》编纂论证会

论证会上，《民藏》编纂论证报告起草组组长、武汉大学国学院副院长孙劲松教授首先介绍，《民藏》编纂与研究对于保存、继承、利用和发展中国民本思想，贯彻落实习近平总书记关于“要对我国古代治国理政的探索和智慧进行积极总结”的重要指示精神，推动中华优秀传统文化“创造性转化、创新性发展”，实现国家治理体系和治理能力现代化等方面具有重要价值和意义。孙教授对《民藏》编纂计划、分类方法进行了说明，提出将《民藏》分为《民藏初编》《民本思想精要》《民藏续编》《中国民本通史》四大板块的初步计划，并向与会专家详细汇报了《民藏初编》草案。《民藏初编》结合专题文献的实际和专题研究的学术需要，遵从当代读者的阅读习惯，进行新式分类，将入选文献分为九个部分，其中中国经典民论 24 部、历代宝训民论 16 部、历代名臣学人民论 59 部、历代官箴民论 16 部、历代荒政民论15部、历代司法典籍民论7部、历代农书民论7部、历代教育典籍民论7部、历代文学作品之民情13部，计划于2022年启动，10年左右时间完成。

与会专家通过审阅相关资料、听取论证汇报，充分质询，形成了一致的评审意见。专家们认为，民本思想是中国传统政治思想的核心内容，启动《民藏》编纂与研究这一集学术性、实用性和普及性为一体的学术文化工程，系统收集整理体现民本思想的相关文献典籍，既具有填补该领域研究空白的学术意义，又具有服务于当下社会的现实意义。专家们对《民藏》的四大板块分类给予了充分肯定，认为《民藏》所采取的新式分类方法突破了传统的“四部”分类法，设置合理、详略得当、具有创新性，为古籍文献的分类整理提供了新的可借鉴的范式。此外，专家们也指出了目前《民藏》编纂计划中存在的分类粗疏、收录书目尚未明确、参考书目不足等问题。经过反复讨论，与会专家们认为，《民藏》编纂计划整体设计合理、论证充分，研究目的明确，研究方法科学性、操作性强，所涉及的整理及研究路径切实可行，一致同意通过评审。

图2 《民藏》编纂论证会专家合影

附件1：《民藏》编纂论证会议参会人员

《民藏》编纂策划指导

郭齐勇　武汉大学哲学学院暨国学院教授，孔学堂学术委员会主席

李　军　海南省委副书记，研究员

《民藏》编纂专家论证会评审组

评审组组长：

舒大刚　国际儒学联合会副会长，四川大学国际儒学研究院院长、古籍所所长，孔学堂学术委员会委员

评审委员：

吴　光　浙江省社会科学院研究员，浙江省文史研究馆馆员

傅治平　海南省孔子学会专家委员会主任、教授

徐　圻　国际儒学联合会副理事长，孔学堂学术委员会执行主席，教授

彭京宜　海南省孔子学会会长，海口经济学院执行校长、学术委员会主任，教授

李春林　《光明日报》原副总编辑，北京师范大学新闻传播学院院长，高级编辑，孔学堂学术委员会委员

周小华　《北京联合大学学报》主编、编审，《孔学堂》杂志执行副主编

欧阳祯人　武汉大学中国传统文化研究中心教授、国学院教授，孔学堂学术委员会委员

刘京希　《文史哲》杂志副主编，教授，山东大学政党研究中心研究员

吴根友　武汉大学哲学学院教授、文明对话高等研究院院长，孔学堂学术委员会委员

刘曙光　《北京大学学报（哲学社会科学版）》常务副主编、编审

陈华森　贵州师范大学历史与政治学院院长、教授

问永宁　深圳大学人文学院党委书记、哲学系教授

郭红军　贵州大学马克思主义学院副院长、教授

胡胜源　海南师范大学历史文化学院讲师

李彩霞　海南大学人文传播学院副院长、教授

杨　娜　海南大学马克思主义学院副院长、教授

《民藏》编纂论证报告起草组成员

孙劲松　武汉大学国学院副院长，哲学学院暨国学院教授，孔学堂学术委员会委员

李　画　海南省委政策研究室综合研究处处长

王朋飞　山东师范大学齐鲁文化研究院讲师

贵州省孔学堂发展基金会

王大鸣　贵州省孔学堂发展基金会秘书长

耿　欣　贵州省孔学堂发展基金会办公室主任

向国政　贵州省孔学堂发展基金会工作人员

贵阳孔学堂文化传播中心

索晓霞　贵阳孔学堂文化传播中心党委书记、主任，研究员

肖立斌　贵阳孔学堂文化传播中心党委委员、副主任，研究员

李直娴　贵阳孔学堂高等研究院副研究员

杨雅捷　贵阳孔学堂高等研究院学术交流科科长、文化交流联络中心主任（兼）

王吉祥　贵阳孔学堂高等研究院工作人员

孔学堂书局、《孔学堂》杂志社

苏　桦　孔学堂书局、《孔学堂》杂志总编辑、编审

张发贤　孔学堂书局、《孔学堂》杂志副总编辑、编审

附件 2：《民藏》编纂专家认证会评审意见

《民藏》编纂专家论证会评审意见

2021 年 10 月 5 日，贵阳孔学堂举办《民藏》编纂论证会议。与会专家审阅相关资料，听取课题论证汇报，充分质询，形成如下意见：

一、民本思想是中国传统政治思想的核心内容，以重民爱民、惠民利民、安民富民为思想主旨，

在维护国家稳定、抑制君主专制、安定社会秩序、保障民众安居乐业上发挥了重要作用。启动《民藏》编纂与研究这一集学术性、实用性和普及性为一体的学术文化工程，系统收集整理体现民本思想的相关文献典籍，既具有填补学术空白的意义，又与社会现实紧密相连，具有现实意义。

二、该课题论证充分，研究目的明确，研究方法科学性、操作性较强，所设计的研究路径切实可行。

三、该课题的四大板块《民藏初编》《民本思想精要》《民藏续编》《中国“民本”通史》，设置合理，互有区分又紧密相关，详略得当。

四、该课题所采取的新式分类方法具有创新性，突破了传统的“四部”分类法，为民本文献的分类整理提供了新的可资鉴的范式。

五、该课题目前尚存在的问题有：

《民藏初编》所划分的九个部分，分类略显粗疏。建议进一步研究完善，避免同一文献重复收录。

《民藏初编》《民藏续编》所收录的书目尚未确定。还需要重点梳理，确定具体书名以及所涉及的内容。

所列参考书目不足。要进一步扩充，在尽可能多地搜罗文献的基础上，择其精要。

与会专家认为：该课题设置合理，可行性强，一致同意通过鉴定。

评审组组长：舒大刚

评审委员：　吴光　傅治平　徐圻　彭京宜　李春林　周小华

欧阳祯人　刘京希　吴根友　刘曙光　陈华森

问永宁　郭红军　胡胜源　李彩霞　杨娜

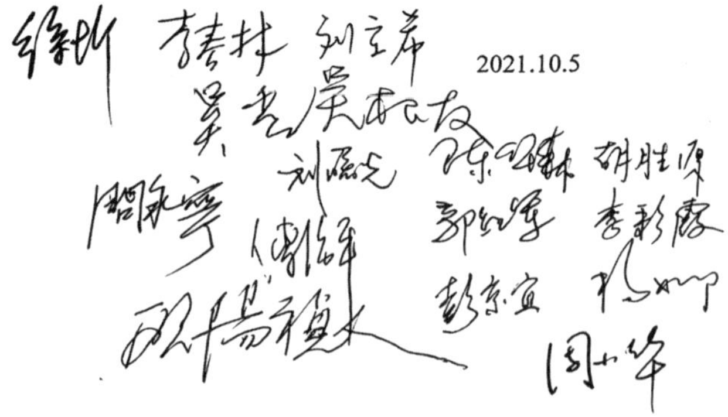

2021.10.5

《民藏》编纂筹备工作第一次会议召开

2021 年 10 月 7 日上午，《民藏》编纂筹备工作第一次工作会议在孔学堂研修社区草堂召开，会议由李军主持，武汉大学国学院郭齐勇、孙劲松，贵州省孔学堂发展基金会王大鸣、向国政，贵阳孔学堂文化传播中心索晓霞、杨雅捷、王吉祥参加了会议。会议讨论确定了以下事项：

（一）关于编纂项目合作

建议由武汉大学与贵阳孔学堂共同合作开展《民藏》编纂项目，具体的合作形式、合作内容等有关事宜，由李军同志与贵阳孔学堂文化传播中心、贵州省孔学堂发展基金会负责人于近期赴武汉大学，同学校负责人洽谈、商定。

（二）关于机构设立

1. 建议成立《民藏》编纂领导小组。由武汉大学主要负责人担任组长，武汉大学分管负责人、贵阳孔学堂文化传播中心主要负责人担任副组长，武汉大学人文社会科学研究院和国学院、贵阳孔学堂高等研究院、贵州省孔学堂发展基金会、孔学堂书局及孔学堂杂志社等有关部门主要负责人为成员，负责统筹、指导《民藏》编纂工作，协调《民藏》编纂工作中的重要事宜。

2. 建议成立《民藏》编纂委员会。由郭齐勇教授、李军研究员担任总编纂，由武汉大学国学院、贵阳孔学堂高等研究院主要负责人以及相关专家担任委员。编纂委员会下设编辑部、办公室。其中，编辑部设于武汉大学国学院，主要负责编纂委员会的学术性工作，包括撰写并确定《民藏》编纂方案，邀请、组织研究团队及研究人员开展《民藏》编纂、校点审订，协调编纂的进展，组织国家社科基金重大委托项目及省级课题、贵州省孔学堂发展基金会课题的申报等；办公室设于贵阳孔学堂高等研究院，主要负责编纂委员会的事务性工作，包括领导小组及委员会的日常联络及协调服务，相关会议的组织和筹备，拟写并发送工作通讯、简报，编写《民藏》编纂大事记等。

（三）关于《民藏》编纂的经费保障

1. 贵州省孔学堂发展基金会以重大研究项目形式对《民藏》编纂项目进行持续资助。由编纂委员会拟定编纂方案、经费预算，通过公益资助项目申请、评审程序，纳入基金会每年的资助资金使用计划。同时，要制定《〈民藏〉编纂项目资助管理办法》，规范和加强该项目资助资金管理，提高资金使用效益，确保资助工作顺利开展。

2. 积极向国家有关部门申报，争取将《民藏》列入国家社科基金重大委托项目，获得一定资金支持。

3. 积极申报湖北、海南、贵州等地的省级课题以及贵州省孔学堂发展基金会重大课题。

4. 编纂组联合出版社申请“国家古籍整理出版资助项目”，争取出版经费。

5. 争取其他社会公益资金的支持。

（四）《民藏》丛书出版及成果刊发

1. 与中华书局等知名出版社联系，争取与孔学堂书局联合出版《民藏》。

2. 由《孔学堂》杂志设置专栏，不定期刊发以民本思想的当代转化为主题的相关研究成果。

武汉大学、贵阳孔学堂文化传播中心、贵州省孔学堂发展基金会联合启动《民藏》编纂工程

2021 年 10 月 29 日上午，武汉大学、贵阳孔学堂文化传播中心、贵州省孔学堂发展基金会三方合作编纂《民藏》备忘录签约仪式暨交流座谈会在武汉大学行政楼举行。海南省委副书记、研究员、《民藏》总编纂李军与武汉大学党委书记韩进出席会议，共同为《民藏》编纂委员会编辑部揭牌。湖北省委办公厅副主任陈滢，湖北省社科联党组书记、常务副主席喻立平，《民藏》总编纂、武汉大学哲学学院教授、博士生导师郭齐勇以及武汉大学人文社会科学研究院、文学院、国学院，贵阳孔学堂高等研究院、贵州省孔

图 3　合作编纂《民藏》备忘录签约仪式

学堂发展基金会秘书处等有关负责人出席签约仪式。武汉大学人文社会科学研究院院长方卿，贵阳孔学堂文化传播中心党委书记、主任索晓霞，贵州省孔学堂发展基金会秘书长王大鸣代表合作三方签约。武汉大学党委副书记沈壮海主持签约仪式。

韩进在致辞中指出，三方合作编纂《民藏》，既是讲好中国故事的生动素材，更是展示中华文化的重要标识，立意高远，影响深远。启动《民藏》系列丛书编纂与研究工作，有利于更好地保存、继承、利用和发展传统民本思想，让传统民本思想成为中华文化的重要活水源头。他建议这一文化工程在开放协同的框架下，邀约汇聚全国有关专家学者共同参与。要加强顶层设计，在研究中编纂，在编纂中传承，在传承中创新，切实规划好、统筹好、实施好编纂进程，并着力在传统民本思想精华精髓的提炼阐释上下功夫、在典籍资源的活化利用上下功夫、在价值理念的融入融合上下功夫。

索晓霞表示，贵阳孔学堂文化传播中心将在武汉大学和贵州省孔学堂发展基金会的支持下，竭力做好《民藏》编委会的协调与保障工作，统筹配合做好研究成果的出版和刊发，共同为系统整理民本思想，推动中华优秀传统文化创造性转化、创新性发展作出积极贡献。

王大鸣指出，规范、有效、系统地推进中华优秀传统文化公益性传播、创新性发展，弘扬中华优秀传统文化是贵州省孔学堂发展基金会的宗旨。基金会将按照《民藏》工程的要求，扎实助力编纂工作顺利完成。

座谈会上，与会人员围绕《民藏》编纂与研究的政治价值、时代价值、学术价值以及具体目标、着力方向等展开了讨论。

郭齐勇在发言中指出，民本思想在新时代仍具有旺盛的生命力，对推进国家治理体系和治理能力现代化有着诸多启发、推动和实践意义。但迄今民本思想一直没有得到系统的整理，散见于相关文献典籍之中。启动《民藏》编纂工作，目的就是通过对民本思想相关文献资料的收集、整理，为今后相

图 4　《民藏》编纂委员会编辑部正式揭牌

应领域的学术研究奉献系统的文献史料，进而与时俱进地开展深入研究，填补中华传统文化整理、传承、研究的空白。他还表示，这项编纂工作意义重大、资料丰富，但学术性要求非常高，压力很大，将联合兄弟院校、科研院所一起来做。

喻立平在发言时指出，《民藏》编纂工作是对习近平新时代中国特色社会主义思想的学习和贯彻。编纂好《民藏》，编纂委员会必须要站在马克思主义的立场上，站在人类文明的角度上，深入挖掘整理民本思想在中华文明发展中的作用。他表示，非常期待武汉大学、贵阳孔学堂文化传播中心、贵州省孔学堂发展基金会三方携手，将《民藏》做成精品文化工程，湖北省社科联也将积极参与到《民藏》编纂这一具有重大意义的文化整理工程中来。

图 5　《民藏》交流座谈会现场

李军在讲话中指出，《民藏》编纂研究这一学术文化工程的正式启动，是学术界、文化界、出版界的一件大事。《民藏》集学术性、实用性和普及性为一体，是坚持古为今用、推陈出新，探索国家治理体系和治理能力现代化的迫切需要；是坚定文化自信，推进马克思主义与中华优秀传统文化相结合的迫切需要；是系统整理民本思想遗产，推动民本思想实现当代转化的迫切需要。他还表示，《民藏》编纂与研究是一项规模浩大的文化“三峡”工程，绝非一家之力、一日之功所能完成的，需要各方通力合作、持之以恒地攻坚克难、深入推进。

附件 3：合作编纂《民藏》签约仪式暨座谈会参会人员

海南省委

李　军　《民藏》总编纂，海南省委副书记，研究员

曹远新　海南省委副秘书长，财经办主任

刘　旭　海南省委政策研究室副主任

李　画　海南省委政策研究室综合研究处处长

莫照定　领导秘书

湖北省有关部门

陈　滢　湖北省委办公厅副主任

喻立平　湖北省社科联党组书记、常务副主席

武汉大学

韩　进　武汉大学党委书记

沈壮海　武汉大学党委副书记

徐东兴　武汉大学党政办公室主任

方　卿　武汉大学人文社会科学研究院院长

张发林　武汉大学人文社会科学研究院副院长

李佃来　武汉大学哲学学院院长

刘安志　武汉大学历史学院院长

于　亭　武汉大学文学院院长、国学院教授

杨　华　武汉大学中国传统文化研究中心主任、国学院教授

郭齐勇　武汉大学国学院教授

孙劲松　武汉大学国学院副院长

贵州省孔学堂发展基金会

王大鸣　贵州省孔学堂发展基金会秘书长

耿　欣　贵州省孔学堂发展基金会办公室主任

向国政　贵州省孔学堂发展基金会工作人员

贵阳孔学堂文化传播中心

索晓霞　贵阳孔学堂文化传播中心党委书记、主任，研究员

肖立斌　贵阳孔学堂文化传播中心党委委员、副主任，研究员

李直娴　贵阳孔学堂高等研究院副研究员

杨雅捷　贵阳孔学堂高等研究院学术交流科科长、文化交流联络中心主任（兼）

王吉祥　贵阳孔学堂高等研究院工作人员

《民藏》编纂工作研讨会召开

2021 年 10 月 29 日下午，《民藏》编纂工作研讨会在武汉大学图书馆报告厅举行，30 余位专家学者齐聚一堂，围绕《民藏》的编纂体例及分工启动、项目申报、出版等事宜进行了深入研讨。会议由《民藏》总编纂、武汉大学教授郭齐勇主持。

研讨会上，《民藏》编辑部主任、武汉大学国学院院长孙劲松介绍了《民藏》编纂工作进展情况。他指出，《民藏》编纂与研究是在习近平总书记传

统文化“创造性转化、创新性发展”方针指引下，对我国传统民本思想当代转化的重要实践。10月初，《民藏》编纂论证会议在贵阳孔学堂召开，与会专家认为，《民藏》编纂计划整体设计合理、论证充分，研究目的明确，研究方法科学性、操作性强，所涉及的整理及研究路径切实可行，一致同意通过评审。目前，《民藏》编辑委员会及编辑部、办公室均已成立，标志着《民藏》编纂与研究工作全面启动。

图6 《民藏》编纂工作研讨会现场

与会专家在审阅相关资料、听取工作汇报的基础上，提出了众多建设性意见。武汉大学文学院院长于亭教授指出，《民藏》应以文献为中心，在体例上可以参考丛书、政书和类书，既要有自己的特色，也要保持“藏”的基本特质。同时可以以类书为范例，编撰一部《民藏》精华本，供政府官员和学者查阅。武汉大学历史学院杨华教授指出，《民藏》大体的内容可以概括为思想、人物和著作三大类。历代官箴中涉及很多为政之道，例如，如何勤政爱民，怎样做一名基层官员等思想，可以收录进来。同时在历代农民起义中，有大量均贫富、等贵贱的与民相关的思想，是不容忽视的。武汉大学古籍研究所罗积勇教授指出，在分类问题上，历代王朝荒政民论，可以将汉晋合为一处，南北朝、隋朝合为一处，唐五代合为一处，这样更显均衡。同时要关注文学作品，如楹联里面的民本思想，建议收录进去。武汉大学中国传统文化研究中心胡治洪教授指出，《民藏》编撰的目的，是树立中华文化自信的具体举措，不能简单的套用西方“民主”思想。体例选择方面，丛书是全收，类书是节选，《民藏》可以结合起来，可全收也可节选，同时对于样章的撰写，建议在正文前把整本书的框架通过导论的形式呈现出来。

此外，与会专家还围绕取材范围、体例规范、分类标准、叙述方式等方面，就《民藏》编纂与研究具体工作，从各自研究领域出发，发表了意见和建议。

《民藏》总编纂、海南省委副书记李军在总结讲话中指出，《民藏》编纂与研究集文献价值和现实意义于一体，是探索国家治理体系和治理能力现代化、推动马克思主义和中华优秀传统文化相结合的生动实践。中国知识分子历来有为人民做学问的学术追求，专家学者应把自己的学术抱负和科研情怀融入到《民藏》编纂与研究中来。李军表示，对与会专家的真知灼见，编辑部要认真梳理吸纳，进一步完善《民藏》论证报告，制定高质量的编纂体例，确保《民藏》工程是一个精品工程。

《民藏》总编纂、武汉大学教授郭齐勇在总结时表示，民本思想是中华优秀传统文化中政治思想的核心内容，在中国传统治国之道被奉为治国安邦的指导思想。《民藏》编纂与研究是浩大的学术工程，肯定会遇到各种各样的难题，我们要秉持开放包容的心态，接受学术界的建议甚至是批评，以持之以恒的信心，攻坚克难的决心，用心用情打造《民藏》，使之成为辑录民本思想的文献宝库。

附件4：《民藏》编纂工作研讨会参会人员

专家学者

郭齐勇　《民藏》总编纂，武汉大学哲学学院暨国学院教授，孔学堂学术委员会主席

李　军　《民藏》总编纂，海南省委副书记，研究员

吴根友　武汉大学哲学学院、国学院教授

谢贵安　武汉大学历史学院、国学院教授

于　亭　武汉大学文学院院长、国学院教授

欧阳祯人　武汉大学中国传统文化研究中心教授、国学院教授

邓福禄　武汉大学文学院教授、古籍所副所长

罗积勇　武汉大学文学院教授、古籍所副所长

杨　华　武汉大学中国传统文化研究中心主任、国学院教授

胡治洪　武汉大学中国传统文化研究中心教授

孙劲松　武汉大学国学院副院长、教授

文碧芳　武汉大学哲学学院、国学院教授

储昭华　武汉大学哲学学院、国学院教授

谢远笋　武汉大学国学院副教授

任慧峰　武汉大学国学院副教授

肖　航　武汉大学国学院副教授

刘乐恒　武汉大学哲学学院副教授

吴默闻　武汉大学马克思主义学院副教授

连　凡　武汉大学哲学学院副教授

李健君　武汉大学哲学学院副教授

姚才刚　湖北大学哲学学院教授

刘莉莎　华中师范大学马克思主义学院讲师

唐　琳　华中科技大学哲学学院教授

马　骏　湖北人民出版社副社长

刘佩英　中国出版集团东方出版中心副总编辑

贵州省孔学堂发展基金会

王大鸣　贵州省孔学堂发展基金会秘书长

耿　欣　贵州省孔学堂发展基金会办公室主任

向国政　贵州省孔学堂发展基金会工作人员

贵阳孔学堂文化传播中心

索晓霞　贵阳孔学堂文化传播中心党委书记、主任，研究员

肖立斌　贵阳孔学堂文化传播中心党委委员、副主任，研究员

李直娴　贵阳孔学堂高等研究院副研究员

杨雅捷　贵阳孔学堂高等研究院学术交流科科长、文化交流联络中心主任（兼）

王吉祥　贵阳孔学堂高等研究院工作人员

《民藏》编纂委员会编辑部第一次工作推动会召开

2021 年 11 月 8 日上午，《民藏》编纂委员会编辑部第一次工作推动会在武汉大学哲学学院 214 报告厅举行，会议结合前期《民藏》编纂工作研讨会专家意见，进一步讨论修改了《〈民藏〉论证报告》，并对相关工作进行安排部署。武汉大学国学院郭齐勇、孙劲松、胡治洪、肖航、谢远笋、范云飞，武汉大学古籍研究所骆瑞鹤、罗积勇参加会议。会议由郭齐勇主持。

图 7　工作推进会现场

会议讨论确定了以下事项：

（一）《〈民藏〉论证报告》开头先说明“藏”在历史上的含义，以及现代语境中的转化，为《民藏》正名。

（二）扩展暂拟书目，把《民藏》初编的目录增添到 227 种，根据文献的实际内容与体量，对原目录进行分合。比如《论语民论》《孝经民论》体量较小，内容相关，合为一书，《老子民论》《庄子民论》也合为一书。但《尚书民论》因为体量大，相关内容多，分为上下册，《春秋》三传也为三册。在历代名臣利民事迹中，除了诸史《循吏传》之外，各篇传记中也有不少名臣利民事迹，着意搜寻的话，体量应该不小，所以魏晋、南朝、北朝、两宋、明代、清代，原本合为一册的，现在都分开。尤其是宋代以来的文献，可谓浩如烟海，远不止正史，仅就正史而言，如《宋史》《明史》《清史稿》之体量，从中辑录名臣利民事迹，也应不少。至于历代学人名臣民论，宋以来个人著述、文集，简直数不胜数，目前所列主要还是那些我们已经非常熟悉的大思想家、政治家的著述、文集。如果能深入发掘宋以来尤其是明清尚不为人知的民本思想家，将其著作整本收录、点校出版，不仅有文献整理之功，也是深入发掘中国古代民本思想的必要步骤。官箴、荒政、司法典籍这几类，根据《四库全书》《四库未收书辑刊》《续修四库全书》，又增补了数十种。对于列朝正史《五行志》，暂拟把其中的荒政资料辑录一册。文学类，增加楹联，删去小说。

（三）明确《民藏》初编、续编虽有节选本，但整体属于丛书，不是类书，《民本思想精要》属于类书性质。进一步明确《民藏初编》《民本思想精要》《民藏续编》《中国民本通史》四大板块的选材范围。《民藏初编》（200 本）选取中国古代关于民本思想最具代表性的著作，进行分类、点校、注释，每本书前撰写一篇“本书提要”。这些书之中一部分是全书收录，一部分是节选收录。对于选录的图书，根据内容重新命名，《民本思想精要》选择经学、诸子学中关于民本的重要论述。在古代帝王、名臣、学人的实录、论著之中，尤其注重历史节点上民本政策举措的讨论与实施过程的记载，关注在战争、基建等既要耗用民力，也要保民养民的两难乃至多重难题下，与“民”有关的争论与决策过程，关注均贫富与促发展、富国与富民之间的矛盾协调过程、具体举措，及近期与远期影响。参照唐代魏徵等人所编《群书治要》的形式，选取古代民本思想最精华的篇章、段落进行整理、点校、注释，使之成为符合各级党政干部和传统文化爱好者阅读的通行本，用以向党政干部、人民群众介绍中国古代民本思想。《民藏续编》（200—300 本）主要包括初编未收录的重要文献以及中国古代与民众生活密切相关的家礼、家训、善书、宝卷、日用类书、日用礼书、类书、地方志等文献，以及记载中国古代平民生活的诸史《列女传》《孝子传》《孝义传》《隐逸传》《忠义传》以及其他相关的别传、杂传等等。《中国民本通史》（1 套，10 本）是在《民藏初编》《民藏续编》的基础上，整合各书“提要”进行梳理编写。

（四）制定《民藏编纂点校体例》，附于《论证报告》之后。

（五）为 1 月中旬海南会议做准备，确定样章的编写人员。谢远笋撰写

《尚书民论》（经部）样章、王朋飞撰写《孟子民论》（子部）与《宋代学人民论》样章、范云飞撰写《律令民论》与《名臣循吏民论》样章、孙劲松、温珍金、王吉祥、王军撰写《官箴民论》样章、肖航撰写《秦汉学人民论》样章，样章完稿时间为元月初。

（六）《民藏》编纂与研究，目前已经列入贵州省孔学堂发展基金会重点资助计划、武汉大学人文社科发展重要规划、湖北省中华优秀传统文化传承发展工程“十四五”重点项目规划。正在争取社会多渠道资助，积极争取国家社科基金委托项目。

2022年度首次《民藏》编纂工作研讨会召开

2022年3月5日，《民藏》编纂工作研讨会在三亚南海文化研究院召开。此次会议通过线上线下相结合的方式进行，出席会议的有《民藏》总编纂郭齐勇、李军，《民藏》编委会顾问舒大刚，《民藏》编委会及编辑部、办公室成员罗积勇、吴根友、文碧芳、杨华、欧阳祯人、谢贵安、姚才刚、张鹏飞、问永宁、陈仁仁、殷慧、李彩霞、范忠信、张发林、索晓霞、肖立斌、孙劲松、王徵、肖航、任慧峰、谢远笋、王朋飞、范云飞、戴芳、杨雅捷、温珍金、王吉祥、王军、沈小芩，《孔学堂》杂志执行副主编周小华，海南省政策研究室处长李画、工作人员李良，贵州省孔学堂发展基金会秘书长王大鸣、秘书处耿欣、向国政，以及南海文化研究院有关人员等。

（一）会议讨论了《民藏》编纂方案及体例

会上，孙劲松介绍了前期《民藏》编纂编委会组建、编纂计划和体例修订、样章撰写、经费协调等方面的工作推进情况。郭齐勇、罗积勇分别介绍了“经部民论”和“历代文学作品之民情”的辑录、编纂计划，谢远笋、范云飞分别介绍了《民藏》编纂体例和样章的编纂情况，其他分部的负责同志也分别介绍了《民藏》编纂的构思计划。谢远笋认为《民藏》编纂不是简单的文献点校，要集学术性、思想性和现代性于一体，阐释文献中蕴含的民本思想；

范云飞指出了《民藏》编纂各部类文本性质、题材、所处时代均有差异，样章内容还存在撰写体例、繁简程度和选材原则上的不统一问题；李彩霞认为《民藏》编纂各部类之间体例可以不完全一致，但每个部类内部注释格式和繁简程度要相对统一，即遵循个性当中有统一的原则。其他与会专家也围绕各部类书目、编撰体例、样章内容等方面进行了交流探讨。

图 8　南海文化研究院主会场

（二）会议审议了《民藏》编纂相关课题申报、管理、成果鉴定等有关事宜

会上，王大鸣介绍了《〈民藏〉编纂项目管理办法》，他指出，《办法》本着共同协作，各有分工的原则，做好事前立项合规合法、过程管理注重细节、成果提交按时有效的过程管理，抓好经费保障和阶段性成果落实，确保立项规范化、审核规范化、结项规范化，助力《民藏》编纂工程加快步伐、提速增效。肖立斌介绍了《民藏》课题项目申报及成果鉴定相关事宜，他指出，《民藏》课题项目主要参考贵州省国学单列课题的工作流程来管理，即

由武汉大学负责项目立项，由贵阳孔学堂负责成果鉴定，双方既分工协作，又相互制衡，确保课题管理的客观、公正、高效。张发林介绍了武汉大学科研经费使用管理规定及《民藏》课题保障措施，他指出，目前武汉大学同湖北省社科联、湖北省委宣传部理论处等管理部门联络，计划以申报湖北省社科基金后期资助项目方式（通道）进行资助。同时，武汉大学将按照国家关于优化科研经费管理办法的具体要求，针对《民藏》编纂工作的特殊性，编制有关项目包干制工作原则，切实保障《民藏》编纂项目的顺利实施。与会专家围绕课题管理方案展开了交流讨论，并针对课题申报程序、科研经费保障、成果鉴定方式、审稿编辑出版等方面提出了意见和建议。

图 9　武汉大学国学院分会场

（三）会议议定了《民藏》编纂年度工作计划

会议初步确定了 2022 年度启动 50 本《民藏》丛书的编纂工作任务，包括“中国经典民论”“历代宝训民论”和“文学作品之民情”三个部类，并同步统筹推进其他分部的 1—2 本样书，要求尽快确定书目和作者，着手各部类编撰体例和样章的撰写、审核，按期形成代表性成果。

（四）与会专家总结发言

索晓霞在讲话中指出，《民藏》编纂要强化过程管理，事前选好丛书编纂专家，事中督查编纂阶段性成果，事后做好项目绩效评审，确保《民藏》编纂工程实现高质量预期。她还表示，贵阳孔学堂作为合作编纂方，将认真按照会议议定的编纂方案和管理办法，保质保量完成好所承担的工作任务，同时进一步加强与武汉大学、贵州省孔学堂发展基金会的沟通交流，协同解决好项目推进过程中存在的问题和困难。

舒大刚在讲话中指出，《民藏》编纂工程意义重大，能够突出中华民族文化的核心价值，对当代有着重要的执政借鉴价值，同时也有利于向海外展示中华民族以人为本的文化形态。他认为，推进《民藏》编纂工作首先是传承。要把中华民族几千年演进中形成的关于“民”的多种多样的认识以及实施的各种各样的措施，原原本本地保存下来，实现经典的传承。其次是转化，要深挖民本思想的深刻内涵并加以阐释，特别是在推进马克思主义与中国优秀文化相结合、推进国家治理体系和治理能力现代化等方面要有所贡献，呈现民本思想的当代价值。具体建议将《民藏》编纂工作分为两步走，首先选取经典版本原文，保证文本基本元素不出错，采用古代编学案的方式，介绍作者、书目等内容，相当于提要；然后再对原文加以注释、点评和现代阐释，确保基础扎实、选材稳妥。

李军在讲话中指出，《民藏》编纂是一个规模浩大、涉及面广、周期较长的学术文化工程。自去年 10 月《民藏》编纂与研究工作正式启动以来，在武汉大学和贵阳孔学堂文化传播中心、贵州省孔学堂发展基金会的大力支持和各位学者的共同努力下，得益于编辑部克服困难，精心组织，工程进展明显，特别是首批“经部民论”有了开局。下一步，一是编委会要继续多方征求意见。通过举办高层次座谈会等形式，邀请权威人士对《民藏》工程多方面的重大价值和整理利用进一步论证研究，同时积极争取在国家社科重点课题申报等方面得到更大的支持，为《民藏》工程推进创造良好保障条件；

二是编辑部要尽快制定交稿、审读的相关制度及流程。坚持质量第一，在首批经典民论书目编纂的版本筛选、校勘、标点、注解、阐释等各个环节坚持高标准、严要求，有序推进，以严谨的治学态度、务实的学术作风编纂好各书目，让《民藏》成为经得起历史检验的精品佳作；三是编纂工作要把握编以致用、服务现实的原则。在整理的基础上，从学术史、思想史等角度，对民本思想的发展演进过程进行研究探讨，深入开展民本思想的研究，真正做到“辨章学术，考镜源流”。李军建议《孔学堂》杂志策划编辑第一辑《民藏论丛》，将 2021 年 10 月以来各位专家在民本文献整理和研究方面的成果汇编成册出版。

郭齐勇在总结讲话中指出，此次研讨会，与会专家在编纂方案、编纂体例、首批书目等重大问题上达成了共识，课题管理、经费保障等细则措施也已基本明确，为持续高效推进《民藏》编纂工程奠定了坚实基础。他表示，《民藏》编纂工程量大、学术性强，希望编纂专家们充分发挥求真崇实、刚毅坚韧的学术精神，保持定力、坚定信心、久久为功，既各负其责、各尽所能，又团结配合、取长补短，齐心协力克服编纂过程中遇到的各种困难问题，力争首批启动的《民藏》丛书按期成稿出版。

图 10　与会专家线上讨论

附件 5：2022 年度《民藏》编纂工作研讨会参会人员

《民藏》总编纂

郭齐勇　武汉大学国学院名誉院长、教授，孔学堂学术委员会主席

李　军　海南省委副书记，省人大常委会党组书记、副主任

《民藏》编纂委员会顾问

舒大刚　国际儒学联合会会长，四川大学国际儒学研究院院长、古籍所所长，孔学堂学术委员会委员

《民藏》编纂委员会委员

罗积勇　武汉大学文学院教授、古籍研究所副所长

孙劲松　武汉大学国学院院长、教授、《民藏》编辑部主任

吴根友　武汉大学哲学学院、国学院教授

文碧芳　武汉大学哲学学院、国学院教授

杨　华　武汉大学中国传统文化研究中心主任、国学院教授

欧阳祯人　武汉大学中国传统文化研究中心、国学院教授

谢贵安　武汉大学历史学院、国学院教授

姚才刚　湖北大学哲学学院教授

张鹏飞　湖北大学文学院院长、教授

索晓霞　贵阳孔学堂文化传播中心主任、党委书记，研究员

肖立斌　贵阳孔学堂文化传播中心副主任、研究员

问永宁　深圳大学人文学院党委书记、哲学系教授

陈仁仁　湖南大学岳麓书院副院长、教授

殷　慧　湖南大学岳麓书院哲学系主任、教授

李彩霞　海南大学人文传播学院副院长、教授

范忠信　杭州师范大学法治中国化研究中心主任、教授

贵州省孔学堂发展基金会

王大鸣　贵州省孔学堂发展基金会秘书长

耿　欣　贵州省孔学堂发展基金会办公室主任

向国政　贵州省孔学堂发展基金会工作人员

《孔学堂》杂志社

周小华　《孔学堂》杂志执行副主编

《民藏》编辑部、办公室及其他嘉宾

张发林　武汉大学人文社会科学研究院副院长

李　画　海南省委政策研究室综合研究处处长

王　徵　武汉大学人文社会科学研究院工作人员

肖　航　武汉大学国学院副院长、副教授

任慧峰　武汉大学国学院副院长、副教授

谢远笋　武汉大学国学院副教授

王朋飞　山东师范大学齐鲁文化研究院讲师

范云飞　武汉大学中国传统文化研究中心讲师

李　良　海南省委政策研究室综合研究处三级主任科员

戴　芳　武汉大学国学院办公室工作人员

温珍金　武汉大学国学院博士研究生

王吉祥　武汉大学国学院博士研究生

王　军　武汉大学国学院博士研究生

沈小芩　武汉大学国学院博士研究生

杨雅捷　贵阳孔学堂高等研究院学术交流科科长

南海文化研究院

李仲煦　海南省佛教协会秘书长、南海佛学院院长助理

王贵涛　海南南海文化研究院办公室主任

《民藏》总编纂专题办公会召开

2022 年 3 月 6 日上午，《民藏》总编纂专题办公会在位于三亚市的南海文化研究院召开，《民藏》总编纂郭齐勇、李军，《孔学堂》杂志执行副主编周小华，贵阳孔学堂文化传播中心肖立斌、王吉祥等参加了会议。会议由李军同志主持。

会议讨论确定以下事项：

（一）编辑出版《民藏论丛》

为扩大《民藏》系列丛书编纂与研究工作影响力，全面呈现编纂工作阶段性成果，建议由孔学堂书局每年策划组织出版一至两本《民藏论丛》，出版各位学者围绕经典民论、历代宝训、学人名臣、官箴、荒政、司法典籍、农书、教育典籍民论及文学作品之民情九大部类研究的成果，包括文献整理成果，民本思想研究成果，以及《民藏》编纂进展综述报告。今年内编辑出版第一本《民藏论丛》。

（二）召开《民藏》编纂工程高层次专家座谈会

今年 5 月，拟邀请北京大学、清华大学、中国社会科学院、中国人民大学、北京师范大学等专家学者，在北京召开一次《民藏》文化工程座谈会，认真听取专家学者的意见建议，对民论的学术价值和历史意义作进一步的论证。具体安排如下：

1. 郭齐勇教授负责协调邀请与会专家学者。

2. 《民藏》编辑部负责资料准备：一是结合 3 月 5 日研讨会讨论意见，修改完善《〈民藏〉论证报告》《〈民藏〉编纂体例》；二是围绕《民藏》编纂工程的整体谋划、重要价值及深远影响，草拟《关于〈民藏〉编纂必要

性的报告》，由与会专家联合签名后，呈报上级有关部门。

3.《民藏》办公室（孔学堂）负责会务准备。

（三）召开《民藏》编纂工作领导小组会议

今年上半年，拟在武汉大学召开一次《民藏》编纂领导小组工作会议，主要对去年10月启动《民藏》编纂工程以来的各项工作推进情况进行回顾总结、分析研判，并协调各方，重点落细落实参与编纂《民藏》专家学者的政策保障措施，更好推动《民藏》编纂工程。

（四）召开《民藏》编纂工作研讨会

今年8月上旬，拟在贵阳孔学堂召开2022年度第二次《民藏》编纂工作研讨会，主要研究以下事项：

1. 审定九大部类编纂体例，确保同一部类体例一致。

2. 审定“中国经典民论”“历代宝训民论”和“文学作品之民情”三大部类样章。

3. 充分发挥孔学堂学术委员会专家资源优势，组建《民藏》编纂审稿专班，规范审稿程序，加强过程管理，确保丛书的高水准、高质量。

《民藏》编辑部办公会会议纪实

（一）2022年4月11日下午，2022年度第一次《民藏》编辑部办公会在武汉大学国学院会议室召开，《民藏》编辑部主任孙劲松，副主任谢远笋，成员范云飞、戴芳、王吉祥参加了会议。会议由孙劲松主持。

会议研究讨论、修改完善了《〈民藏〉编纂工程课题申报公告》《〈民藏〉编纂课题申请书》和《〈民藏〉编纂课题成果鉴定书》，并初步确定了第一批《民藏》编纂课题公开申报书目。

会议议定，拟于4月15日向社会发布《〈民藏〉编纂工程课题申报公告》，尽快启动第一批《民藏》书目的申报、编纂工作。会议还研究讨论了课题经费分配方案、《民藏论丛》框架、结构及专家约稿等相关事宜。

（二）5月10日，2022年度第二次《民藏》编辑部办公会在武汉大学国学院会议室召开，《民藏》编辑部主任孙劲松，副主任谢远笋，成员范云飞、戴芳、王吉祥、温珍金参加了会议。会议由孙劲松主持。

会议听取了《〈民藏〉编纂课题申请书》申报反馈情况，并重点讨论了《关于编纂〈民藏〉的联名信》撰写事宜。

会议指出，要按照《〈民藏〉编纂工程课题申报公告》要求，进一步加强和《民藏》各分部负责人的沟通联系，督促课题申请人按期提交《〈民藏〉编纂课题申请书》，为《民藏》课题立项评审会的顺利召开做足准备。会议强调，《民藏》是一套系统整理民本典籍、深入阐发民本思想、兼具研究性与普及性的大型丛书，要从深入挖掘古籍蕴含的哲学思想、人文精神、价值理念、道德规范的站位高度，认真草拟《关于编纂〈民藏〉的联名信》，届时由相关专家学者联合签名后，呈报上级有关部门。

（三）6月9日，2022年度第三次《民藏》编辑部办公会在武汉大学国学院会议室召开，《民藏》编辑部主任孙劲松，副主任谢远笋，成员范云飞、王徵、戴芳、王吉祥、温珍金、沈小芩参加了会议。会议由孙劲松主持。

会议研究讨论了《民藏》编纂工程首批课题评审会和《民藏》编纂工作研讨会相关事宜。

会议议定，拟于6月15日下午召开《民藏》编纂工程首批课题评审会，届时由《民藏》编委会成员讨论确定立项课题，武汉大学人文社会科学研究院进一步明确课题经费分解使用办法。同时把拟于在贵阳孔学堂召开的《民藏》编纂工作研讨会的会议时间、主旨、议程等作为重要讨论内容。会议还研究讨论了《民藏论丛》组稿以及在部分学术期刊开设《民藏研究专栏》等事宜。

《民藏》编纂工程首批课题评审会会议召开

2022年6月15日下午，《民藏》编纂工程首批课题评审会在武汉大学哲学学院振华楼B301会议室召开。《民藏》总编纂郭齐勇，《民藏》编纂委员会委员罗积勇、孙劲松、吴根友、文碧芳、谢贵安、姚才刚、张鹏飞，武汉大学人文社会科学研究院张发林、王徵，《民藏》编辑部谢远笋、范云飞、戴芳、王吉祥、温珍金、沈小芩、王军等参加了会议。

会议深入学习了《关于推进新时代古籍工作的意见》、中共中央政治局就深化中华文明探源工程进行第三十九次集体学习等文件精神。与会专家一致认为，《意见》的出台，充分显示了中央对古籍工作在赓续中华文脉、推进中华优秀传统文化创造性转化和创新性发展、铸牢中华民族共同体意识中的地位和作用的高度重视，具有十分重要的现实意义和长远的战略意义。《民藏》编纂集文献价值和现实意义于一体，是系统整理民本思想遗产、探索国家治理体系和治理能力现代化、推动马克思主义和中华优秀传统文化相结合的生动实践，非常契合中央文件精神，可谓恰逢其时，正当其势。要通过《民藏》编纂和研究，更好地保存、继承、利用和发展传统民本思想，让传统民本思想成为中华文化的重要源头活水，为我们党执政为民提供不竭思想源泉，也为各级官员施政务本提供有益借鉴，推动传统民本思想的创造性转化、创新性发展。

会议对《民藏》编纂工程首批课题进行了现场评审。会上，范云飞介绍了《民藏》编纂工程首批41项课题申报情况，各分部负责人就《民藏》编纂前期工作进行了阶段性汇报，与会专家从选题依据、研究内容、思路方法、学术简历等方面，逐一对《〈民藏〉编纂工程课题申请书》进行评议审定。大家一致认为，《民藏》编纂工程首批41项课题（经部民论9项、子部民论10项、历代宝训民论4项、历代学人名臣民论2项、历代官箴民论2项、历代荒政民论3项、历代文学作品之民情11项），符合《民藏》编纂工程课题申请要求，建议给予立项。会后由《民藏》编辑部按程序进行课题立项公示，并配合武汉大学人文社会科学研究院做好课题立项经费的拨付工作。

图 11 《民藏》编纂工程首批课题评审会现场

会议研究了 2022 年 8 月在贵阳孔学堂召开《民藏》编纂工作会议的相关事宜。为更好推动《民藏》编纂工作向纵深发展，拟于今年 8 月在贵阳孔学堂召开《民藏》编纂工作会议，讨论、研究《民藏》编纂现阶段成果、存在问题及下一步工作打算。经研究，会议时间将根据孔学堂学术委员会年会时间而定，后期加强沟通协调，尽快明确会议具体时间。会议内容暂定两个方面，一是《民藏》分部负责人要做好统筹协调，对编纂体例进行统一规范，形成相对成熟的编纂体例或样章，提交会议讨论；二是《民藏》课题申请人要认真撰写编纂导论，并从中提炼出学术论文，届时可通过学术工作坊的形式，进行学术报告，开展学术交流。

会议商讨了《民藏论丛》组稿及在部分学术期刊开设《民藏研究专栏》的相关事宜。为扩大《民藏》系列丛书编纂与研究工作影响力，全面呈现编纂工作阶段性成果，武汉大学国学院和贵阳孔学堂高等研究院联合编纂《民藏论丛》，计划于 2022 年 8 月出版发行。目前在理论研究栏目，还缺少专家学者相关研究成果，约稿难问题亟需解决。对此，与会专家一致认为，要做好和《武汉大学学报》《湖北大学学报》《孔学堂》《人文论丛》《哲学评论》等学术期刊的沟通联系，协调开设《民藏研究专栏》，产出一批关于民本思想研究的代表性理论文章，在丰富《民藏论丛》理论研究部分的基础上，进一步扩大宣传影响，全方位呈现《民藏》编纂的研究成果。

郭齐勇做总结讲话。他指出，民本思想博大精深，其典籍汗牛充栋，亟待整理发掘。今年4月，习近平总书记在中国人民大学考察调研时指出："要深入挖掘古籍蕴含的哲学思想、人文精神、价值理念、道德规范，推动中华优秀传统文化创造性转化、创新性发展。"《民藏》的编纂、研究与出版，能够突出中华民族文化的核心价值，对当代有着重要的执政借鉴价值，意义深远而重大。首批《民藏》课题的立项，标志着《民藏》编纂工作进入新的阶段，课题组成员要发扬实事求是的学风，以严谨、务实的态度把所负责的书目编纂好、整理好，力争首批启动的《民藏》丛书按期出版，成为质量上乘的精品佳作。

（通讯员：杨雅捷、王吉祥）

《民藏》编纂工程首批课题立项公告

《民藏》编辑部

2022年6月15日，《民藏》编纂委员会在武汉大学召开《民藏》编纂工程首批课题评审会议，41项课题通过会议评审，现将立项名单公告如下：

编号	课题名称	课题负责人	负责人工作单位
1	《〈诗经〉民论》	曹建国	武汉大学
2	《〈尚书〉民论》	谢远笋	武汉大学
3	《〈周礼〉〈仪礼〉民论》	杨　华	武汉大学
4	《〈礼记〉民论》	郭齐勇	武汉大学
5	《〈周易〉民论》	孙劲松	武汉大学
6	《〈公羊传〉民论·〈穀梁传〉民论》	秦　平	武汉大学
7	《〈左传〉民论》	任慧峰	武汉大学
8	《〈论语〉民论·〈孝经〉民论》	杨柳岸	湖南大学
9	《〈孟子〉民论》	窦晨光	陕西师范大学
10	《〈晏子春秋〉民论》	姜含琪	大连理工大学
11	《〈荀子〉民论》	李　巍	武汉大学
12	《〈墨子〉民论》	崔海亮	延安大学
13	《〈老子〉民论·〈庄子〉民论》	吴根友	武汉大学
14	《黄老道家民论》	肖　平	湖南师范大学
15	《〈管子〉民论》	黄敦兵	湖北经济学院
16	《〈韩非子〉民论》	郑朝晖	广西大学
17	《〈吕氏春秋〉民论》	孙邦金	温州大学

续表

编号	课题名称	课题负责人	负责人工作单位
18	《先秦杂家民论》	黄燕强	暨南大学
19	《出土简帛民论》	陈仁仁	湖南大学
20	《唐太宗民论》	宗　亮	湖北大学
21	《宋仁宗民论》	谢贵安	武汉大学
22	《清世祖民论》	金诗灿	武汉工程大学
23	《清圣祖民论》	谢　盛	武汉工程大学
24	《两晋南朝名臣利民事迹辑录》	范云飞	武汉大学
25	《陶澍利民辑录》	朱明数	武汉大学
26	《〈臣轨〉民论·〈州县提纲〉民论·〈作邑自箴〉民论》	王朋飞	山东师范大学
27	《〈樊山政书〉民论》	李彩霞	海南大学
28	《〈救荒活民书〉民论》	林　华	贵州大学
29	《〈荒政丛书〉民论》	栾成斌	贵州大学
30	《〈钦定康济录〉民论》	祝浩涵	贵州大学
31	《隋以前诗歌之民情》	胡　涛	湖北大学
32	《隋唐五代诗词之民情》	张鹏飞	湖北大学
33	《宋代诗歌之民情》	童向飞	湖北大学
34	《辽金元诗歌之民情》	杨　帅	湖北经济学院
35	《清代诗歌之民情》	李世英	中国戏曲学院
36	《隋以前散文之民情》	何越鸿	西南大学
37	《隋唐五代散文之民情》	朱克理	湖北理工学院
38	《宋代散文之民情》	刘会龙	湖北理工学院
39	《清代散文之民情》	温显贵	湖北大学
40	《古代辞赋之民情》	彭安湘	湖北大学
41	《中国历代对联之民情》	罗积勇	武汉大学

《民藏》编辑部

2022 年 6 月 20 日

《民藏》编纂大事记

2021年度

2021年10月5日，“民本思想的当代转化”学术工作坊暨《民藏》编纂论证会议在贵阳孔学堂召开，李军、吴光、傅治平、彭京宣、舒大刚、徐圻、吴根友、欧阳祯人等20余名专家学者参加会议。与会专家通过审阅相关资料、听取论证汇报，充分质询，形成了一致的评审意见，并联合签署了《〈民藏〉编纂论证会评审意见》。会议由《民藏》总编纂、武汉大学教授郭齐勇主持。

2021年10月7日，《民藏》编纂筹备工作第一次工作会议在孔学堂研修社区草堂召开。会议研究讨论了《民藏》编纂项目合作、机构设立、经费保障、丛书出版及成果刊发等方面事宜。会议由《民藏》总编纂李军研究员主持。

2021年10月29日上午，武汉大学、贵阳孔学堂文化传播中心、贵州省孔学堂发展基金会三方合作编纂《民藏》备忘录签约仪式暨交流座谈会在武汉大学行政楼举行。海南省委副书记、研究员、《民藏》总编纂李军与武汉大学党委书记韩进出席会议，共同为《民藏》编纂委员会编辑部揭牌。武汉大学人文社会科学研究院院长方卿，贵阳孔学堂文化传播中心主任、党委书记索晓霞，贵州省孔学堂发展基金会秘书长王大鸣代表合作三方签约。武汉大学党委副书记沈壮海主持签约仪式。

2021 年 10 月 29 日下午，《民藏》编纂工作研讨会在武汉大学图书馆报告厅举行，30 余位专家学者齐聚一堂，围绕《民藏》的编纂体例及分工启动、项目申报、出版等事宜进行了深入研讨。会议由《民藏》总编纂、武汉大学教授郭齐勇主持。

2021 年 11 月 8 日，《民藏》编纂委员会编辑部第一次工作推动会，在武汉大学哲学学院 214 报告厅举行，会议结合前期《民藏》编纂工作研讨会专家意见，进一步讨论修改了《民藏论证报告》，并对相关工作进行安排部署。会议由《民藏》总编纂、武汉大学教授郭齐勇主持。

2022 年度

2022 年 3 月 5 日，《民藏》编纂工作研讨会在三亚南海文化研究院召开，40 余人通过线上、线下相结合的方式参加了此次会议。会议讨论了《民藏》编纂方案及体例，审议了《民藏》编纂相关课题申报、管理、成果鉴定等事宜，并议定了《民藏》编纂年度工作计划。会议由《民藏》总编纂、武汉大学教授郭齐勇主持。

2022 年 3 月 6 日，《民藏》总编纂专题办公会在位于三亚市的南海文化研究院召开，会议就编辑出版《民藏论丛》，召开《民藏》编纂工程高层次专家座谈会、《民藏》编纂工作领导小组会议、《民藏》编纂工作研讨会等三大会议相关事宜进行讨论研究。会议由《民藏》总编纂李军研究员主持。

2022 年 4 月 11 日，《民藏》编辑部办公会在武汉大学国学院会议室召开，研究讨论、修改完善了《〈民藏〉编纂工程课题申报公告》《〈民藏〉编纂课题申请书》和《〈民藏〉编纂课题成果鉴定书》，并初步确定了第一批《民藏》编纂课题公开申报书目。会议由《民藏》编辑部主任、武汉大学教授孙劲松主持。

2022 年 5 月 10 日，《民藏》编辑部办公会在武汉大学国学院会议室召开，听取了《〈民藏〉编纂课题申请书》申报反馈情况，并重点讨论了《关于编纂〈民藏〉的联名信》撰写事宜。会议由《民藏》编辑部主任、武汉大学教授孙劲松主持。

2022年6月9日，《民藏》编辑部办公会在武汉大学国学院会议室召开，会议研究讨论了《民藏》编纂工程首批课题评审会、《民藏》编纂工作研讨会、《民藏论丛》组稿以及在部分学术期刊开设《民藏研究专栏》等事宜。会议由《民藏》编辑部主任、武汉大学教授孙劲松主持。

2022年6月15日，《民藏》编纂工程首批课题评审会在武汉大学哲学学院振华楼B301会议室召开。会议深入学习了《关于推进新时代古籍工作的意见》等文件精神，对《民藏》编纂工程首批课题进行了现场评审，研究了8月在贵阳孔学堂召开《民藏》编纂工作会议的相关事宜，并商讨了《民藏论丛》征稿及学术期刊开设《民藏研究专栏》的相关事宜。会议由《民藏》编辑部副主任谢远笋主持。